普通高等教育人力资源专业系列教材

人力资源管理案例教程

主　编　张惠琴　李　璞

副主编　熊孟进　杨德祥

参　编　（按姓氏笔画排序）

　　　　刘瀚龙　张君美　李梨花

　　　　杨　帆　汪　鑫　易　姝

　　　　胥　莉　唐　竞

机械工业出版社

本书以"实践出真知"、"学以致用"为理念，着眼于企业发展对人力资源管理的要求，立足于中国企业发展的现状，以科学解决企业人力资源管理问题为主题，以企业"招人"、"用人"、"育人"、"留人"为主线，对人力资源管理的现象和实践案例进行阐述，提出了解决实际问题的操作方法，并进行实战模拟，从而帮助读者全面掌握人力资源的管理理念和实施工具。

全书分为 8 篇，作者基于多年教学经历和专业咨询经验，分别以国有企业、民营企业、外资企业为背景，精选 24 个案例，每篇 3 个案例。每个案例按照"现象—实例—专家评析—专家点拨—相关知识链接—实战模拟"的结构编写，描述了企业在实际运作过程中遇到的问题、处理问题的方式和优秀企业的成功经验教训，全面梳理了职务技能，从中反思、感悟、拓展思路，培养学生运用这些理论去分析和解决实际问题的能力。

本书内容新颖、知识系统全面、针对性和操作性强，既可作为人力资源管理的教材，也可作为管理和财经专业研究人员、企业领导及具体管理岗位实际工作者的阅读和参考读物。

图书在版编目（CIP）数据

人力资源管理案例教程/张惠琴，李璞主编．—北京：机械工业出版社，2013.1（2023.1 重印）
普通高等教育人力资源专业系列教材
ISBN 978-7-111-40183-4

Ⅰ．①人… Ⅱ．①张… ②李… Ⅲ．①人力资源管理—案例—高等学校—教材
Ⅳ．①F241

中国版本图书馆 CIP 数据核字（2013）第 008621 号

机械工业出版社（北京市百万庄大街 22 号　邮政编码 100037）
策划编辑：王玉鑫　责任编辑：李大国
封面设计：张　静　责任校对：张　力
责任印制：邰　敏

中煤（北京）印务有限公司印刷

2023 年 1 月第 1 版第 11 次印刷
184mm×260mm・13 印张・368 千字
标准书号：ISBN 978-7-111-40183-4

定价：39.00 元

电话服务　　　　　　　　网络服务
客服电话：010-88361066　机　工　官　网：www.cmpbook.com
　　　　　010-88379833　机　工　官　博：weibo.com/cmp1952
　　　　　010-68326294　金　书　网：www.golden-book.com
封底无防伪标均为盗版　机工教育服务网：www.cmpedu.com

前　言

人力资源是经济社会的重要稀缺资源这一理念已得到普遍认可，也为一些发达国家的发展经验所证实。目前国内大部分院校在经管类院系已先后开设了人力资源管理专业或课程，该课程已经成为高等院校管理类课程中最重要的专业基础课之一。

人力资源管理理论虽然来源于管理实践，但一经形成由概念、原理、原则、方法构成的理论体系，就有了高度概括、抽象甚至凝固的特点。而管理者们所面临的日常管理活动却永远是丰富多彩、变化不息的。因此，在人力资源管理的教学与研究中，提供一种与理工科学生常用的实验室相当的手段来模拟管理活动，使学生能够身临其境就显得至关重要，而案例是管理工作的仿真和缩影，案例教学恰恰可以起到这样的作用。案例教学法由美国哈佛商学院首创，作为适合于管理教学特点的独特而有效的教育方法之一，逐渐被人们所认识，并不断地得到普及和推广。

案例质量是人力资源管理案例教学成功的首要因素。现代管理学是东西方各国人民生产实践、摸索总结与不断相互学习的共同结晶，一国的管理教育也应该立足于本国管理实践与管理文化，不断学习借鉴外部成果。全书共 8 篇 24 个案例，每篇分别以国有企业、民营企业、外资企业为背景选择 3 个案例。在融合东方人力资源管理与西方人力资源管理理论的基础上，探索适用于中国经济发展需要的人力资源管理规律，兼顾中国文化特色与西方先进的管理理论与方法，培养学生的实际操作能力，为能胜任人力资源管理工作打下基础。

现在呈现在大家面前的这本书是我们不断努力的结果，我们的编写团队有从事多年高校人力资源管理教学、科研工作的一线教师，有从事多年人力资源管理实践活动的企业专家以及从事人力资源管理专业研究工作的博士和硕士研究生。全书由张惠琴教授拟定各章节大纲和写作内容，团队集体分工合作，其中前言由张惠琴编写；第一、二篇由张惠琴，汪鑫编写；第三、四篇由熊孟进，胥莉编写；第五篇由熊孟进，杨德祥编写；第六篇由李璞，李梨花编写；第七篇由李璞，熊孟进编写；第八篇由杨德祥，唐竞编写。张惠琴、李璞、杨帆承担了书稿的修改、统稿和最后审定工作。几位研究生帮助作者进行了大量的资料收集和资料整理工作，他们是成都理工大学管理科学学院的研究生杨帆、张君美、易姝、刘瀚龙，在此对他们的辛勤努力表示感谢。

在本书的编写过程中参考和借鉴了前人和同行的大量研究成果、专著和论文，参考文献中列出了他们的姓名和著作，在这里对他们表示感谢。同时，非常感谢案例中涉及的企业，祝愿各企业蒸蒸日上，大展宏图！本书是"成都理工大学中青年骨干教师培养"资助项目的成果之一，是"成都理工大学优秀创新团队培育计划"资助项目的成果之一，书稿能够顺利出版得到了成都理工大学教务科彭直兴老师的大力支持，在此深表谢意。

人力资源管理案例教学在我国还未能全面普及，其理论体系和教研体系正在构建中。作为一次探索，本书难免有不足之处，我们期望广大专家、学者和社会各界人士给予批评指正，以便我们进一步改进和完善。

编　者

目　录

前言

第一篇　人力资源战略与制度篇 ……… 1
现象 …………………………………………… 2
案例 1-1　海尔的人力资源发展战略 ……… 2
案例 1-2　美的人力资源战略的制订 ……… 8
案例 1-3　沃尔玛人力资源战略的
　　　　　实施和管理 ………………… 12
实战模拟 …………………………………… 18

第二篇　人力资源规划与发展篇 ……… 21
现象 ………………………………………… 22
案例 2-1　G 公司的人力资源规划的制订 … 22
案例 2-2　S 阀门厂人力资源规划的缺失 … 27
案例 2-3　J 器材公司 2012 年度人力
　　　　　资源管理规划 ………………… 36
实战模拟 …………………………………… 42

第三篇　岗位与职务篇 …………………… 45
现象 ………………………………………… 46
案例 3-1　A 公司职位分析 ………………… 46
案例 3-2　神州数码的岗位责任制 ………… 53
案例 3-3　摩托罗拉特色的"知人善任" … 58
实战模拟 …………………………………… 64

第四篇　招聘与用人篇 …………………… 71
现象 ………………………………………… 72
案例 4-1　WY 公司部门经理的招聘 ……… 72
案例 4-2　鼎好电子商场的多元化招聘 …… 79
案例 4-3　松下招聘实录 …………………… 83
实战模拟 …………………………………… 90

第五篇　培训与开发篇 …………………… 93
现象 ………………………………………… 94
案例 5-1　海立集团"Y"形人才
　　　　　培养模式 ……………………… 94
案例 5-2　华为的人才培养机制 ………… 103
案例 5-3　英特尔学习型组织的构建 …… 109
实战模拟 ………………………………… 116

第六篇　绩效与管理篇 ………………… 121
现象 ……………………………………… 122
案例 6-1　H 航空食品公司绩效考核机制 … 122
案例 6-2　某民营企业绩效评估的差距 … 127
案例 6-3　IBM 的绩效管理分析 ………… 133
实战模拟 ………………………………… 140

第七篇　薪酬与激励篇 ………………… 143
现象 ……………………………………… 144
案例 7-1　宽带模式砸碎国企薪酬枷锁 … 144
案例 7-2　慧聪的劳动股权制 …………… 151
案例 7-3　富士通公司的人事薪酬改革 … 160
实战模拟 ………………………………… 168

第八篇　劳动关系与法律篇 …………… 175
现象 ……………………………………… 176
案例 8-1　电信公司的劳资纠纷 ………… 176
案例 8-2　SQ 汽车股份有限公司工会的
　　　　　作用分析 …………………… 185
案例 8-3　微软公司员工流失解析 ……… 192
实战模拟 ………………………………… 198

参考文献 ………………………………… 201

第一篇

人力资源战略与制度篇

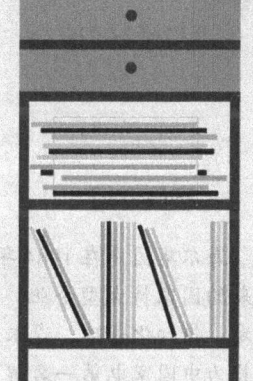

➡ 企业只有具备了明确的任务和目的，才可能制订明确和现实的企业目标。
——彼得·德鲁克

➡ 战略制定者的任务不在于看清企业目前是什么样子，而在于看清企业将来会成为什么样子。
——约翰·W·蒂兹

➡ 有什么样的战略，就应有什么样的组织结构。然而这一真理往往被人们忽视。
——戴尔·麦康基

➡ 企业或事业唯一真正的资源是人，管理就是充分开发人力资源以做好工作。
——托马斯·彼得斯

现　象

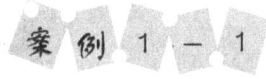

快速变化的外部世界使战略在企业管理中比以往任何时候都更为重要，同时也使得战略的制定和实施更加困难。企业经营战略所确定的目标是由产业方向、经营目标、产品结构、科学技术、工艺水平等具体的发展计划表达的，其中的每一项计划都与特定的人力资源数量、质量和结构分不开。如果企业不能根据战略实施的不同阶段、不同时间，及时提供符合质量和必要数量要求的劳动力，就无法有效地实现战略所提出的任务，贻误战机。因此，必须把人力资源管理提升到战略的高度来对待。

案例 1-1

海尔的人力资源发展战略

 **案例介绍**

海尔集团是在1984年引进德国利勃海尔电冰箱生产技术成立的青岛电冰箱总厂的基础上发展起来的国家特大型企业。在总裁张瑞敏提出的"名牌战略"思想指导下，海尔集团通过运用技术开发、精细化管理、资本运营、兼并控股及国际化等方法，使一个亏损147万元的集体小厂迅速成长为中国家电第一名牌。海尔现有员工20 000多人，已在海外发展了62个经销商，30 000多个营销点。到1999年，海尔产品包括58大门类9 200多个品种，企业销售收入以平均每年81.6%的速度高速、持续、稳定增长，集团工业销售收入实现215亿元。海尔从引进冰箱技术起步，现在依靠成熟的技术和雄厚的实力在东南亚、欧洲等地设厂，实现了成套家电技术向欧洲发达国家出口的历史性突破。

一、海尔的发展历程大体经历了以下几个战略阶段

（一）名牌战略阶段（1984～1991年）

企业要增强竞争力以及实现可持续发展，必须大力实施名牌战略。名牌战略的核心是设计开发满足市场需要的产品或服务。

（二）多元化战略阶段（1992～1998年）

多元化战略是指企业同时经营两种以上基本经济用途不同的产品或服务的一种发展战略。海尔在多元化战略阶段，其产品从一种向多种发展，同时通过"吃休克鱼"的方式盘活有形资产，在最短的时间里以最低的成本把企业做强。

（三）国际化战略阶段（1998～2005年）

企业国际化战略是企业产品与服务在本土之外的发展战略。随着企业实力的不断壮大以及国内市场的逐渐饱和，海尔开始把目光投向中国本土以外的全球海外市场。在这一阶段，海尔产品销往全球主要市场，同时开始营建自己的海外经销商与售后服务网络。

海尔的国际化战略经过了播种、扎根、结果三个阶段：

播种阶段——通过出口创牌，创海尔国际市场知名度。

扎根阶段——通过"三位一体"本土化实现扎根，创海尔国际市场信誉度。所谓"三位一体"，就是指产品的设计、制造、营销都做到当地化。

结果阶段——通过"三融一创"，创海尔国际市场美誉度。创本土化名牌，是国际化海尔的最终体现。唯有如此，才能做到超前满足当地消费者不断变化的个性化需求。

（四）全球化品牌战略阶段（2005年至今）

品牌全球化是海尔国际化战略的延续，企业在进行跨国生产经营的活动中推出全球化品牌，并占领世界市场的过程。这一过程中，企业不仅要利用本国的资源和市场，还必须利用国外的资源和市场，进行跨国经营。

为了开拓海外市场，保护自己的品牌和知识产权，海尔在102个国家抢先注册了海尔商标。同时，海尔取得了8个国家和地区的质量认证，其冰箱、冷柜、空调器相继通过ISO9001国际认证。凭借强大的品牌优势，在海外市场，海尔产品已进入欧洲15家大连锁店的12家，美国10家大连锁店的8家。

二、海尔人力资源发展的战略

（一）海尔人力资源中心

20世纪80年代，海尔制订名牌战略为导向的公司发展战略，施行以全面质量管理为主导的管理体系，人力资源战略和管理制度的核心以质量观念教育、敬业爱岗培训、质量考评和奖酬为主要内容。由于当时海尔员工整体素质不高，许多员工不能真正理解，更难以自觉接受质量理念。因此为了提高员工的质量意识，张瑞敏采用了特殊的质量观念教育方法，他带领员工亲手砸毁了76台质量不合格的冰箱。这一事件给员工内心带来了巨大震撼，人们对"有缺陷的产品就是废品"的质量理念有了刻骨铭心的理解和记忆，对"品牌"与"饭碗"之间的关系也有了更加切身的感受。

从1989年开始，海尔正式实施"OEC管理法"。OEC管理法可以概括为："日事日毕，日清日高"。由OEC管理法形成的监督体系囊括所有员工，在海尔任何一家下属公司都可以看到"日清栏"上的表扬和批评，并且都会在下一个月的工资单上得到相应体现。

1999年8月，为了配合集团公司"三大转移"战略的实现，公司决定把金字塔式直线结构转变成矩阵式水平结构，最终实现扁平化、信息化和网络化管理，自此，原来的人力资源职能管理部门全部从各个事业本部分离出来，成为独立经营的服务公司，海尔人力资源中心成了一个真正意义上的服务部门。

为配合海尔国际化战略的制订和实施，海尔人力资源中心下设生产效率组（主要针对各产品事业本部）、市场效率组（主要针对商流、物流、资金流等推进本部）、中心主管和培训部三个子部门。前两者通过内部市场从其他事业本部、事业部获得需要提高效率的"订单"，将"订单"分别传递给人力资源主管和人事、分配、用工、培训管理员，人力资源主管和人事、分配、用工、保险等管理员在操作过程中，从中心主管和培训部获得有关信息、政策等方面的支持，最终完成"订单"。这样就形成了一个以生产效率组、市场效率组为核心，中心主管和培训部为支持的流程体系。

（二）"国际化的企业，国际化的人"——海尔人力资源开发目标

在总裁张瑞敏"走国际化的道路，创世界名牌"的思想指导下，海尔集团通过实施名牌战略、多元化战略和国际化战略，使其品牌价值不但稳居中国家电业榜首，在国际市场的美誉度也越来越高。1997年，国家经贸委确定海尔为冲击世界500强的6家试点之一，自此海尔国际化经营驶入快车道，在国际市场上也赢得了越来越多的尊重。海尔清醒地认识到，若想使海尔成为国际化名牌，每一个员工首先应成为国际化人才。因此，海尔集团人力资源开发的目标，必须适应企业实施国际化战略的大目标，为企业培养真正具备国际化素质和国际竞争力的人才。海尔在人力资源开发过程中始终坚持观念创新、制度创新的理念，营造一种公开、公平、公正的氛围，建立一套充分发挥个人潜能的机制，在实现企业大目标的同时，给每一名员工提供充分实现自我价值的发展空间——"你能翻多大的跟头，就给你搭建多大的舞台"。海尔人力资源的开发流程如图1-1所示。

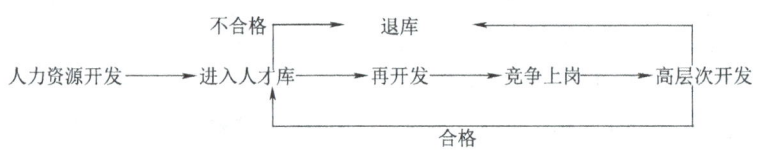

图1-1 海尔人力资源开发流程

人才是企业发展的核心动力，人力资源已成为国有（集体）企业、民营企业以及外企抢夺的主要资源。尽快扭转计划经济时期的"分配思想"，制订人力资源战略是国有企业适应时代发展的需要。海尔集团的成功，为我国国有（集体）企业提供了一个很好的模式。海尔管理模式已被作为成功案例写进哈佛大学、洛桑国际管理学院、欧洲工商管理学院的案例库，成为全球商学院的通用教材。

1. 紧跟时代浪潮，建立创新型现代人力资源管理制度

现代管理大师彼得·德鲁克（P.Drucker）曾说过："企业只有一项真正的资源：人。管理就是充分开发人力资源以做好工作。"加入WTO后，中国企业和各跨国公司之间的竞争将是更为激烈的人才之争。人才资源的缺乏，特别是高素质人才的匮乏，是企业面临的严峻问题。

海尔始终重视人才问题，把人力资源管理和企业各时期发展战略任务结合起来，渗透到企业各项管理中去，坚持常抓不懈。将发现人才、造就人才、任用人才、培养人才作为人力资源管理的核心任务，放到企业战略的高度来认识，实行人力资源与生产、科技创新一体化管理。具体体现在："先造人才，再造名牌"的名牌战略；"日清日高"的现场管理到"市场链"的自主管理；"用户永远是对的"到"真诚到永远"的市场营销理念；海尔的组织结构、技术创新、管理模式、营销服务等各个方面。以上措施从根本上保证了海尔的生机与活力，增强了企业竞争力，从而赢得了巨大财富。

2. 人力资源管理制度和企业发展战略相结合

（1）"OEC管理法"与名牌战略相结合的人力资源战略

海尔运用具有独特性、科学性和严密性的"OEC管理法"，有力地配合和推动了名牌战略的实施，

使海尔集团创造了产品质量"零缺陷",用户使用"零抱怨、零投诉"的奇迹。海尔员工认为:"OEC就是让每个人做自己的CEO,它鞭策着我们,使我们日事日毕,日清日高"。

(2) "挑战自我"与创新型战略相契合的人力资源战略

为了激发员工的创新性和积极性,海尔提出"挑战满足感、经营自我、挑战自我"的战略人力资源管理理念,设计了把"外部市场竞争效应内部化"的市场链机制。

海尔认为:企业将资源作为"负债"提供给员工,可以促使员工产生通过经营使资源增值的意识,将外部市场效应内部化,又可以使员工追求最佳效益目标。每个员工都通过"赛跑"来实现自己的价值,并最终达到经营自我、战胜自我、超越自我的境界。

在工资分配政策的制订和执行上,海尔一直坚持"公开、公平、公正"的原则,对每一个岗位、每一个行为都进行科学的测评,计点到位,绩效薪酬。在海尔,高素质、高技能获得高报酬,人才的价值在工资分配中得到了真正体现,极大地调动了员工的生产积极性。

(3) "国际化的人"与国际化战略相契合的人力资源战略

海尔清醒地意识到:企业要打造国际化名牌,每一名员工首先应成为国际化的人才。因此,新时期海尔集团的人力资源管理必须为企业提供和培养真正具备国际化素质和国际化竞争力的人才。为了形成与国际接轨的管理体制,海尔探索实施了"市场链(SST)"的管理模式,把外部市场竞争效应内部化,构建一个让每名员工充分发挥自身才能的新天地。为了打造国际化的人才队伍,海尔还开设了内部培训管理员网络,以SST流程建立市场链索薪酬机制及培训工作考核机制。每月对培训工作进行考评,并与部门负责人及培训管理员工资挂钩,通过激励政策来调动培训网络的灵活性和能动性。适时的人力资源战略调整,有力地保证了海尔国际化战略的顺利实施。

3. 建立全方位人才管理机制

企业要形成聚才、用才、留才的局面,就要建立一整套育才、出才、储才的人力资源管理机制。它包括两个方面:

1) 竞争机制。海尔建立"赛马不相马"的公开、公平、公正的竞争机制,使人才能够脱颖而出;建立"海豚升迁、三工转换"的严格考核和动态管理机制,在优胜劣汰的自然法则下筛出一颗颗珍贵的黄金。

2) 激励机制。海尔建立了与企业文化相结合的激励机制,其内容的丰富和新颖程度,令中外企业界友人在参观时叹为观止。其内容主要包括:员工真正参与民主管理的制度;以爱厂敬业的崇高精神激励人才机制;以与员工劳动贡献相适应的报酬留住人才的机制;员工职业生涯设计制度,自我实现和企业的发展相结合,用事业凝聚人才的机制。

这些措施都促使员工与企业共成长,共进退,共发展。

由于国企长期受到计划经济体制的影响,目前仍不能完全改变传统人事管理的束缚,其主要表现为:一是传统人事管理以"事"为中心,只见"事",不见"人",其管理的形式和目的是"控制人";二是把人作为一种成本,当做一种"工具",注重的是投入、使用和控制;三是传统人事管理局限于企业某一职能部门,与其他职能部门的关系不大。

在宏观环境和传统人事管理体制的惯性作用下,我国国有企业的人力资源管理改革多处于运作层,只注重解决眼前实际问题,而未上升到战略层。加入 WTO 以后,我国国有企业面临着前所未有的挑战。而海尔的战略人力资源管理为我国国有企业乃至民营企业的人力资源管理树立了一面光辉的旗帜。

企业管理者们必须认识到:激烈的市场竞争已转变为对人才的竞争,谁拥有了人才,谁就拥有了今天和未来市场的准入证,而对人才竞争的焦点又转化为各企业人力资源管理制度和企业文化的竞争,归根结底就是各个公司人力资源战略层面的角力。用制度竞争、用文化竞争,竞相建立吸引人才、激励人才、鼓励人才的软环境成为应对激烈市场竞争的法宝。

在西方学者的研究中,人力资源战略被定位于企业的职能战略层次上,是在企业战略基础上形成的,通过发挥其对企业战略的支撑作用,促进企业战略的实现。1992 年,沃尔里奇(Ulrich)基于人力资源必须落实公司战略的考虑指出,公司战略必须与人力资源战略一致,公司战略与人力资源战略的合作有三个方面的优点:①使公司执行能力增强;②使公司适应变化的能力增强;③能产生"战略一致性",从而使公司更能符合顾客需求与接受挑战。

可见,企业战略和人力资源战略是密不可分的,企业战略决定人力资源战略,人力资源战略支撑和影响企业战略的实施。因此,企业在制订人力资源战略时必须与企业战略保持一致,只有这样才能更好地适应企业的发展。

人力资源战略与企业战略的结合

(1)通用汽车公司。公司收缩战略下的人力资源战略:解雇;降薪;提高生产率;工作再设计;重新谈判劳动协议。

(2)英特尔公司。公司增长战略下的人力资源战略:大量解聘和雇用;快速提升工资;职位创造;扩展培训和发展计划。

(3)克莱斯勒公司。公司复兴战略下的人力资源战略:管理下的流动;选择性解雇;组织发展;调动、重新安置;提高生产率。

(4)肯德基公司。公司集中战略下的人力资源战略:专业化下的职位创造;消减其他工作;专业化的培训和发展。

(5)通用电气公司。公司收购战略下的人力资源战略:选择性解雇;调动、安置、工作合并;上岗引导和培训;管理文化过渡。

相关知识链接

1. 人力资源战略

人力资源战略是一种职能战略,通常情况下,它与公司战略、竞争战略一样,同属于企业职能层次的战略。人力资源战略是指组织对人力资源管理的一种方向性的谋划,它是一种旨在充分合理地运用企业各种人力资源,使其发挥出最大优势,以符合企业的战略需求、实现组织目标的各种人力资源使用模式和活动的综合。

人力资源管理战略是指为实现组织战略目标,有计划地实施人力资源管理的模式,以及相关的各种活动。通常包括两方面的含义:一方面,人力资源战略是企业战略的重要组成部分;另一方面,人力资源战略与企业战略相互影响。

2. 人力资源战略与企业战略的关系

企业战略决定人力资源战略，人力资源战略支撑和影响企业战略的实施。人力资源战略和企业战略的关系是一种动态适应和调整的关系，这种调整是在两者的相互作用与影响下不间断地进行的。也正是这种动态中的适应——调整——再适应——再调整，保证了企业战略和人力资源战略的生命力。

归纳起来，人力资源战略与企业战略之间的关系如图 1-2 所示。

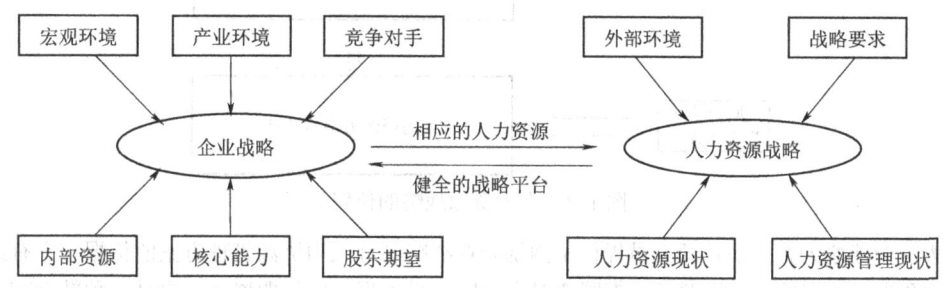

图 1-2　人力资源战略与企业战略的关系

企业战略对人力资源管理体系的设计和实施起着决定性作用，而人力资源战略是企业战略目标实现的有效保障。同时，人力资源战略和企业战略之间的相互配合是实现企业经营目标、提高企业竞争力的关键所在。因此，人力资源战略在不同战略类型的企业中发挥的作用是不同的。

人力资源战略与企业战略相配合，可以帮助企业增加利用市场的机会，提升企业内部的组织优势，帮助企业实现战略目标（Lewin，Mitchell，1995）。因此，人力资源战略与企业战略实际上是相辅相成的关系，二者互为制约、互为条件。这种关系可以用表 1-1 表示。

表 1-1　人力资源战略与企业战略的关系

企　业　战　略	人力资源战略
我们是什么样的企业	业务中需要什么样的人才
我们的目标	为达到目标需要什么样的组织
强项、弱项、机会、威胁	强项、弱项、机会、威胁与人力资源能力素质关联如何
完成任务的重要成功因素	何种程度上员工的质量、动机、承诺和态度有助/有害企业成功
主要战略问题	主要人力资源措施

3. 人力资源战略在企业中的地位

任何一个企业都是社会中的一个经济组织，它们的存在都有自己明确的目的，任何时候企业都会根据自身所处的环境变化制订自己的企业战略。任何一个企业的活动又都是由人来具体完成的，是人而不是企业在进行创新、做出决策、开发新产品、组织生产、开拓新市场、并有效地为顾客服务。因而如何使企业人力资源的活动符合企业的需要，与企业战略保持一致，就成为人力资源管理的最基本要求。詹姆斯·W·沃克将企业的基本人力资源问题表述为：如何保证拥有适当类型和数量的人员，并将他们适当地组织起来，对他们实施有效的管理，满足顾客的需求。企业中所有的人力资源活动都应当共同构成一个系统并与企业战略保持一致。

人力资源战略提供了一种通过人力资源管理获得和保持竞争优势的企业行动思路，在变化的环境中紧紧抓住对人的管理。通过确定人力资源问题和人力资源战略，人力资源管理就与企业战略紧密联系在一起，战略越明确，这种联系就越密切。图 1-3 直观地表明了这种关系。

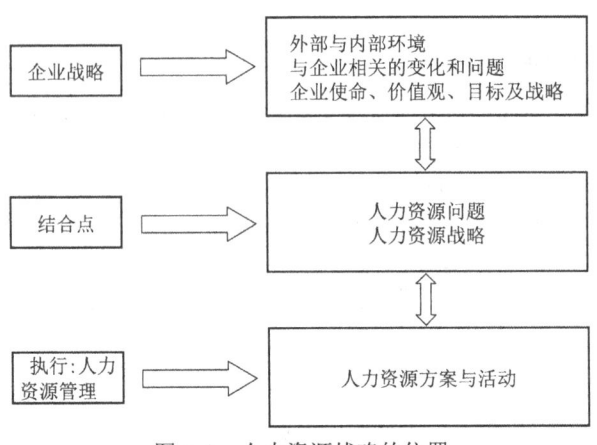

图1-3 人力资源战略的位置

人力资源战略为企业的管理人员提供了围绕企业战略制订人力资源管理方案的依据。它有助于确定、调动和指引所有的人力资源活动都围绕对企业影响最为直接的问题展开，它是一种粘合剂，能将所有的人力资源活动联系在一起并使管理人员了解它们的意义，做到心中有数。人力资源战略的作用可概括为以下几点：

- 确定实现企业目标面临哪些机遇和障碍。
- 为参与者提供比较广阔的视野。
- 促使参与者对所面临的问题产生新思路。
- 培育一种紧迫感和积极行动的精神。
- 检测管理行动投入的程度。
- 提出一种将资源分配给具体活动的过程。
- 建立一种针对今后一段时期重点问题的长期行动方针。
- 提出企业管理与管理人员开发的战略要点。

在人力资源管理过程中，人力资源战略将管理思想与具体行动联系起来，确定了如何通过一种合理的、一致的、以战略为核心的过程去进行人力资源管理。这不仅要求人力资源战略方案得到贯彻，而且要使管理人员懂得如何管理人力资源以取得更大成果。人力资源战略表明了现代社会管理人力资源的方式——确定和说明必要的问题，并通过周密思考问题的重点、次序及行动计划来处理这些问题。

美的人力资源战略的制订

 **案例介绍**

广东美的集团，前身是1968年靠5 000元集资款创办的一个民营塑料生产小组。历经40多年的风风雨雨，特别是近十年来超常、稳健的发展，今天已是中国最大的家电生产基地和出口创汇基地之一，年销售额近千亿元，在中国家电行业具有举足轻重的地位。解读"美的"超常发展的经验，人才起了决定性因素。

1. 美的的人才战略

在美的集团，一直以来都坚持"以人为本、科技为先"的经营理念，人才绝对是超越于货币的第一资本。美的总裁何享健提出的口号是："宁愿放弃100万元销售收入，也绝不放过一个有用之才。"在这样的人才观的指导下，美的的管理层非常重视科研人才队伍建设。他们不断加大科技投入，保证科技人员的待遇水平；并在全球范围内吸引更多的优秀专业人才，加大高精尖科技人才的引进和培养；提升科技人才的地位。集团制订了科技人才系列政策，清晰了科技投入和科技人员的含义，通过考核激励、设立科技发展促进基金等措施，引进科技人才，鼓励科技自主创新，推动产业升级。美的集团从事研究开发的科技人员有6000多人，随着科技实力的增强，美的开发的新产品和申请的专利数逐年翻番。

为实现将美的打造成世界级的"创新型企业"这一目标，他们不断创新用人机制，建立不同类型和层次的科技人才目标，采取顾问、暂聘、借用等形式多渠道利用人才。为解决相关产业技术领域的难题，1999年12月，经国家人事部批准，美的集团博士后科研工作站正式成立，并先后与西安交大、华中科技、上海交大、华南理工、成都电子科大、长安大学等国内高校建立了合作关系，招收博士后人员进站从事科研课题研究。自博士后工作站成立以来，已经出站博士有10人，其中5人继续留在美的担任重要科研工作，目前完成科研项目共10个，正在研究的科研项目有8个。

随着人才竞争的日益激烈，从2000年开始，美的启动了"世纪人才工程"，加大了引进优秀毕业生的力度，接收应届大学毕业生的数量逐年递增，层次也逐年提高。美的在全国17所重点院校设立"美的奖学金"，每年拿出60余万元奖励成绩优秀的在校生，既支持了教育事业，也扩大了企业在高校的影响。国内名牌高校毕业的MBA和其他能独当一面的人才，一进美的大门就可以享受年薪10万元人民币的优厚待遇，普通高校的上述人才也有8万元的年薪。美的唯才是用，能给予年轻人广阔的施展空间。因此，每年的校园招聘，美的不仅以其招聘人才的数量拔得头筹，也因为其开放务实的人才理念而受到莘莘学子的青睐，成为校园招聘的"明星企业"。

2. 基于企业发展战略的美的人力资源智能化战略

(1) 美的人力资源管理的新问题

在美的集团业务快速发展，员工队伍不断壮大的情况下，企业依靠原有经验，采用较少科学管理工具的做法已经不能适应企业需求。对核心员工的管理已成为企业发展的瓶颈。

从企业战略发展角度考虑，战略性人力资源管理、集团性人力资源管理、收购兼并等，要求人力资源管理工作要与公司的战略规划和发展方向相结合，要求人力资源专业化管理水平进一步提高。而这一切并非单纯依靠人力资源管理软件能够解决的。

实际上，员工招聘的分权管理在给各经营单位用人自主性与灵活性的同时，资源分散、缺乏共享平台、招聘成本增加较快等问题也日益突出。建立集团内部共享的招聘平台应成当务之急。

根据以上实际情况，美的集团提出了建设HR项目的构想，首先从当前人力资源基础工作着手，提升人力资源管理水平，进而促进人力资源信息系统的建设，实现美的集团人力资源管理的整体提升。美的人力资源战略思路基本形成。

(2) 建立智能化的人力资源信息系统

美的人力资源战略是，建立一套智能化的人力资源信息系统，为企业的发展战略提供科学、客观的支持。

2010年5月，美的集团新的人力资源管理系统第一阶段上线测试。按照集团人力资源管理系统的实施计划，整个项目从2009年10月开始，预计到2011年8月结束，初步满足集团的人力资源管理需求。

美的集团 IT 管理部基础建设经理阮群锟接受记者电话采访时介绍，集团目前正在使用的是公司自主开发的人力资源管理系统，这个系统基本上是人员信息基本管理，包括公司和福利的信息，最基本人事信息。

由于公司业务发展太快，目前员工达到六万多，其中管理人员已经超过一万。自主研发的人力资源管理系统已经无法满足当前管理工作的需要。因此，选择了商业化软件，并在此基础上进行自主研发。

（3）理清基础的人力资源信息

美的集团的人力资源管理系统项目的实施依照"统筹规划，分步实施"的原则推进，分步骤引进各咨询模块，完成一项，实施一项。

在第一阶段，集团主要实施了基础管理工作咨询和建设基础的人力资源信息系统。这一阶段的目的是通过准确的数据和优化的流程提升人力资源的管理水平和决策效率。将人力资源部门从大量的基础人事工作中解放出来，从而更有效地成为企业的策略伙伴也是第一阶段的目的。

在这部分的基础信息建设中，人力资源管理系统的功能模块包括人力资源能力设计、岗位的设计、组织架构的设计等。

（4）建立中高层人员选拔机制

据阮群锟介绍，美的集团人力资源管理系统第二个阶段的建设在 2011 年 6 月左右完成。建设的内容是，建立中高层人员的选拔机制和人力资源信息系统的支持部分。

"在美的，有一句非常流行的话，美的唯一不变的就是变。企业每年至少会有一次大的组织架构的调整，至少每年有一次大的变革和一次小的变革。"人力资源管理系统如何适应企业快速的发展和组织的变革，也是第二阶段必须解决的问题。按照规划，这一阶段的信息化建设完成后，人力资源管理系统可以极大地适应公司的变革。对于组织结构的分析、人员结构的分析、薪酬分析、绩效的考核和评估都可以提供强大的支持。

（5）最终全面实现智能化管理

第三阶段将达到人力资源管理的理想状态。这个阶段实施后，企业将明显地提升人力资源管理水平，建立智能化的人力资源信息系统，为企业的发展提供更为科学、客观的支持。具体而言，就是建成完善的绩效管理体系，实现多方位的绩效管理，包括对经营单位、对高管人员、对中层人员和一般人员等。

信息系统的智能化功能，可以为高管人员提供多种形式的分析功能，发现公司人力资源管理各方面的变化趋势，并可以和财务分析系统进行集成，通过预先设定的标准和指标对各经营单位、人员进行评估和考核。

美的集团作为民营企业中的佼佼者，它的人才战略告诉我们：企业不在于拥有多少一流人才，关键在于用人之长，发挥人才的潜力。让平凡的人创造出不平凡的业绩，把企业本身打造成实现员工价值的平台，做到人尽其才，人尽其用，人尽其值，这无疑值得更多的企业借鉴。

美的集团董事局主席何享健说过："人才是美的第一资源"。用机制选拔人才，用机会培养人才，用事业成就人才，美的一直实践着先进的人才观。"没有人才，就没有美的的过去、现在和未来。"美的集团的人力资源管理系统项目的实施依照"统筹规划，分步实施"的原则推进，通过这一阶段的项目实施，美的集团人力资源管理人员可有更多的时间从人才的选、用、育、留方面考虑问题，进而成为业务部门的策略伙伴，而不是简单的人事管理。通过管理和提供专业咨询意见，直接帮助企业提升绩效。这样，人力资源管理部门从人力资源的专业角度参与企业经营战略的制订。

同时，通过岗位类别的重新分类与界定，为其他人力资源管理工作打下坚实的基础。岗位清晰、职责明确后，对于该岗位由什么样的人员担任、工作绩效如何考核、岗位薪资如何核准、培训需求如何确定，都可以用科学、客观、合理的方法进行，可以改变以往种种不规范、不科学的做法。

值得一提的是，建立核心胜任能力模型，确定美的高绩效员工的能力模式，作为人员选择、评价与培训的基础是这一阶段的亮点。通过中高层人员选拔机制的建立和完善，可以使公司在选拔、考评、约束对公司经营影响较大的人员上，有一套科学的标准，不仅仅依靠主观的判断。同时该机制又作为公司考核体系重要的组成部分，可以有序地对目前责任制考核体系进行有益的补充，使对经营单位的考核从单一的财务指标向综合的、平衡的指标方向过渡，促进公司平衡的发展。

人力资源管理是企业发展战略的发动机，一个企业要想取得较大的发展，必须有一套完善、科学、规范、严密的人力资源管理体系。

我国民营企业在制订发展战略时，往往忽视人力资源战略规划，也不考虑本企业的人力资源状况及本企业的人力资源体系能否有效支持企业发展战略，人力资源与企业发展战略是否匹配。许多民营企业只有在人力资源成为企业发展的瓶颈时，才进行人才招聘、员工培训等。同时，我国许多民营企业存在功利主义，把人看作成本而不是资源，对人才只使用不培训，缺乏开发人才、培训人才、合理使用人才、有效管理人才的观念。人力资源战略规划的缺失，严重阻碍了企业发展战略的实现，陈旧的人才观念使企业的人才开发能力只能停留在现有水平上，不能挖掘人的潜能，不能调动员工的积极性和创造性，对企业发展极为不利。

民营企业规范性不强、生命周期较短，而且大多人力资源管理不成体系，但民营企业也有管理制度灵活的优势，因此应该尽早重视人力资源管理信息系统的开发和利用。人力资源管理信息系统的智能化功能，可以为高管人员提供多种形式的分析功能，发现公司人力资源管理各方面的变化趋势，并可以与财务分析系统集成，通过预先设定的标准和指标对各经营单位、人员进行评估和考核。人力资源管理体系建设要与企业的中长期发展战略结合起来，特别是在企业实施人力资源管理信息系统战略过程中，要尽早考虑有关人才的培养、引进以及对现有人才的再教育工作，只有这样才能从各方面都能起到人力资源管理作用，使企业实现可持续发展。

相关知识链接

1. 人力资源战略的制订途径

人力资源战略的制订主要可以分为自上而下和自下而上两种方式。

（1）自上而下的制订方式。这种方式往往是由企业管理层或企业聘请的外部顾问先对企业环境进行分析，然后再制订相应的战略对策和具体职能的战略。实施这种人力资源战略的一个关键问题是：要使企业中各层次的员工都与外部力量及变化相协调，促进各个层次计划与组织整体目标的高度一致。

（2）自下而上的制订方式。这一制订方式是一个逐步积累的过程。自下而上的人力资源战略制订方式要求每一个业务单位或事业部门确定重要的人力资源问题以及对这些问题的分析、预测和评价，然后将其纳入企业需要考虑的长期计划中，经企业层面反复论证和细致分析后决定方案的取舍和实施。

2．人力资源战略的制订步骤

由于人力资源管理战略与企业战略之间关系的不同，必然会导致人力资源战略制订所要考虑的因素存在一定的差异。人力资源战略的制订一般要经过三个步骤。

第一步：企业战略分析。企业战略是制订人力资源战略的出发点，它对人力资源管理体系具有决定和指导作用。企业战略类型的差异必然带来人力资源战略的差异，因此，制订人力资源战略之前需要弄清楚企业现行战略是什么。

第二步：内外部环境分析。环境分析为人力资源战略的制订提供了依据。在环境分析的过程中，需要从企业内部和外部两个方面去考虑企业所面临的优势、劣势、机会和威胁等。

研究人员对制订人力资源战略时需要考虑的因素有许多不同的看法。有的学者认为，应该从五个方面分析和设计人力资源管理系统，这是确保人力资源管理战略有效实施的关键。这五个因素是：第一，社会、政治、法律及经济环境；第二，劳动力状况；第三，组织文化；第四，组织战略；第五，生产技术和工作管理。这种观点基本能够说明人力资源战略制订所需考虑的环境因素。其中，外部因素主要包括政治、法律、社会及经济环境，以及劳动力市场发育水平和劳动力自身状况；内部因素主要包括企业战略、组织文化、生产技术水平等。

第三步：制订人力资源战略。环境评价之后，人力资源战略的制订还需要界定本企业人力资源管理方面的使命，设定本企业的人力资源管理方向，并将此结论转化为战略目标和广义的行动过程，包括计划、项目及程序等，最终制订出企业的人力资源战略。

沃尔玛人力资源战略的实施和管理

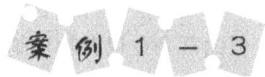

沃尔玛是世界上最大的零售业企业。1962年，沃尔玛创始人山姆·沃尔顿白手起家，在美国阿肯色州的本顿威尔小镇投资经营第一家沃尔玛折扣店，店名是Walmart，以"售价最低、保证满意"作为企业的经营理念。20世纪70年代，沃尔玛成长为全美最大的区域性零售公司，20世纪80年代又发展成为全美最大的折扣连锁公司，每年的销售额以40%的速度递增。到1990年11月，沃尔玛超过位居美国折扣百货业龙头达10年之久的凯马特（KMART），成为全美销售额第一的零售公司。1991年又超过自第二次世界大战后即名列全美第一的老百货业盟主西尔斯（SEARS），雄踞全美零售业榜首。2002年是沃尔玛自创业以来最辉煌的一年。在《财富》杂志公布的全球2001年度500强企业的排行榜中，沃尔玛以2 198.12亿美元的总收入，夺得全美乃至全球企业的第一把金交椅。现在，沃尔玛在全球27个国家开设了10 000家商场，下设69个品牌，全球员工总数

220多万人，组成了一个威力无比的"沃尔玛帝国"。

究竟是什么使沃尔玛打败业内的所有巨头，创造了世界零售业史上如此辉煌的奇迹呢？零售业的竞争归根结底是人才的竞争。沃尔玛最独特的优势是其员工的献身精神和团队精神。山姆·沃尔顿和他的继任者一再强调人对沃尔玛的重要性，员工被视为公司最大的财富。沃尔玛的人力资源战略可以归纳为三句话：留住人才、发展人才、吸纳人才。

留住人才

沃尔玛致力于为每一位员工提供良好和谐的工作氛围，完善的薪酬福利计划，广阔的事业发展空间，并且在这方面已经形成一整套独特的政策和制度。

（1）合伙人政策。在沃尔玛的术语中，公司员工不被称为员工，而被称为"合伙人"。这一概念具体的政策体现为三个互相补充的计划：利润分享计划、雇员购股计划和损耗奖励计划。1971年，沃尔玛实施了一项由全体员工参与的利润分享计划：每个在沃尔玛工作两年以上并且每年工作1000小时的员工都有资格分享公司当年的利润。截至20世纪90年代，利润分享计划总额已经约有18亿美元。此项计划使员工的工作热情空前高涨。之后，山姆·沃尔顿又推出了雇员购股计划，让员工通过工资扣除的方式，以低于市值15%的价格购买股票。这样员工利益与公司利益休戚相关，实现了真正意义上的"合伙"。沃尔玛公司还推行了许多奖金计划，最为成功的就是损耗奖励计划，如果某家商店能够将损耗维持在公司的既定目标之内，该店每个员工均可获得奖金，最多可达200美元。这一计划很好地体现了合伙原则，也大大降低了公司的损耗率，节约了经营开支。

在沃尔玛，管理人员和员工之间是良好的合伙关系。公司经理人员的纽扣刻着"我们关心我们的员工"字样，管理者必须亲切对待员工，必须尊重和赞赏他们，关心他们，认真倾听他们的意见，真诚地帮助他们成长和发展。总之，合伙关系在沃尔玛公司内部处处体现出来，它使沃尔玛凝聚为一个整体。

（2）门户开放政策。沃尔玛公司重视信息的沟通，提出并贯彻门户开放政策，即员工任何时间、地点只要有想法或者意见，都可以口头或者以书面的形式与管理人员乃至总裁进行沟通，并且不必担心受到报复。任何管理层人员如借"门户开放"政策实施打击报复，将会受到严厉的纪律处分甚至被解雇。这种政策的实施充分保证了员工的参与权，为沃尔玛人力资源管理的信息沟通打下了坚实的基础。沃尔玛以各种形式进行员工之间的沟通，大到年度股东大会小至简单的电话会谈，公司每年花在计算机和卫星通信上的费用达数亿美元。沃尔玛还是同行业中最早实现与员工共享信息的企业。授予员工参与权，与员工共同掌握公司的许多指标是整个公司不断升级的经营原则。分享信息和责任也是合伙关系的核心。员工只有充分了解业务进展情况，才会产生责任感和参与感。员工只有意识到自己在公司里的重要性，才会努力取得更好的成绩。

（3）"公仆"领导。在公司内，领导和员工是"倒金字塔"的关系，领导处于最底层，员工是中间的基石，顾客永远是第一位的。员工为顾客服务，领导则为员工服务，是员工的"仆"。对于所有走上领导岗位的员工，沃尔玛首先提出这样的要求："如果您想事业成功，那么必须要您的同事感觉到您是在为他们工作，而不是他们在为您工作。""公仆"不是坐在办公桌后发号施令，而是实行"走动式"管理，管理层人员要走出来直接与员工交流、沟通，并及时处理有关问题。在沃尔玛，任何一个普通员工佩戴的工牌注明"OUR PEOPLE MAKE DIFFERENCE"（我们的同事创造非凡）。除了名字之外，工牌上没有标明职务，包括最高总裁。公司内部没有上下级之分，可以直呼其名，这有助于营造一个温暖友好的氛围，给员工提供愉快的工作环境。另外，还有离职面试制度可以确保每一位离职员工离职前有机会与公司管理层交流和沟通，从而能够了解到每一位同事离职的真实原因，有利于公司制订相应的人力资源战略。挽留政策的实行，不仅使员工的流失率降低到最低,而且即使员工离职,仍会成为沃尔玛的一位顾客。

发展人才

沃尔玛的经营者在不断的探索中领悟到人才对企业成功的重要性。加强对员工的教育和培训是提高人才素质的重要渠道。因此,沃尔玛把加强对现有员工的培养和安置看做一项首要任务。

(1)建立终身培训机制。沃尔玛重视对员工的培训和教育,建立了一套行之有效的培训机制,并投入大量的资金予以保证。各分公司必须在每年的9月份与总会司的国际部共同制订并审核年度培训计划。培训项目分为任职培训、升职培训、转职培训、全球最佳实践交流培训和各种专题培训。在每一个培训项目中又包括30天、60天、90天的回顾培训,以巩固培训成果。培训又分为不同的层次,有在岗技术培训,如怎样使用机器设备、如何调配材料;有专业知识培训,如外国语言培训、计算机培训;有企业文化培训,全面灌输沃尔玛的经营理念。更重要的是,沃尔玛根据不同员工的潜能对管理人员进行领导艺术和管理技能培训,这些人将成为沃尔玛的中坚力量。沃尔玛非常注重提高分店经理的业务能力,并且在做法上别具一格。沃尔玛的最高管理层不是直接指导他们怎样做生意,而是让分店经理们从市场、从其他分店学习这门功课。例如,沃尔玛的先进情报信息系统,为分店经理提供了有关顾客行为的详细资料。此外,沃尔玛还投资购置专机,定期送各分店经理飞往公司总部,参加有关市场趋势及商品采购的研讨会。后来,又装置了卫星通信系统,总部经常召开电话会议,分店经理无需跨出店门便能彼此交换市场信息。

(2)重视好学与责任感。沃尔玛创始人山姆先生推崇小镇美国人的努力工作和待人友好,因此,他在用人中注重的是能力和团队协作精神,学历、文凭并不十分重要。在一般零售会司,没有10年以上工作经验的人根本不会被考虑提升为经理,而在沃尔玛,经过6个月的训练后,如果表现良好,具有管理员工、增长商品销售的能力,公司就会给他们一试身手的机会,先做助理经理或协助开设新店,如果干得不错,就有机会单独管理一个分店。

(3)内部提升制。过去,沃尔玛推行的是"招募、保留、发展"的用人哲学,现在则改为"保留、发展、招募"的模式。沃尔玛人力资源部资深副总裁科尔门·彼得森说:"这种变不仅是语意的改变,它表明了对保留与发展公司已经具有的人才的侧重强调,而不再是公司以前的不断招聘的用人特点。"公司期望最大限度地发挥员工的潜能并创造机会使其工作内容日益丰富和扩大,尽可能鼓励和实践从内部提升管理人员。对于每一位员工的表现,人力资源部会定期进行书面评估,并与员工进行面谈,存入个人档案。据了解,沃尔玛对员工的评估分为试用期评估、周年评估、升职评估等。评估内容包括这位同事的工作态度、积极性、主动性、工作效率、专业知识、有何长处以及需要改进之处等,这些将作为员工日后获得晋职提升的重要依据。及时发现人才,并积极创造环境以最大限度地发挥人才潜力,是沃尔玛的人才观。

吸纳人才

除了从公司内部选拔现有优秀人才之外,沃尔玛还从外部适时引进高级人才,补充新鲜血液,丰富公司的人力储备。在招聘员工时,对于每一位应聘人员,无论种族、年龄、性别、地域、宗教信仰等,沃尔玛都为他们提供平等的就业机会。从1998年开始,沃尔玛开始实施见习管理人员计划,即在高等院校举行 Career Talk(职业发展讲座),吸引了一大批优秀的应届毕业生。经过一段时间的培训,充实到各个岗位,此举极大地缓解了公司业务高速扩展对人才的需求。

沃尔玛总裁兼首席执行官大卫·格拉斯说:"是我们的员工创造了沃尔玛的价值体系。"沃尔玛的用人之道确实值得我们中国的零售行业深思与借鉴。员工是公司的主体,尊重员工,与员工建立利益共享的伙伴关系，最大限度地挖掘员工的创造潜力，让每一位员工充分实现个人的价值，在各项工作中达到卓越的境界，只有这样才能真正使企业实现跨越式发展。

人力资源战略管理不只是口号，还包括战略体系的实施战略目标，只有当战略与实施的各种制度和文化结合并被有效贯彻和实施，企业才能获得竞争优势，最终实现组织期望的目标。沃尔玛人力资源战略成功实施的基础在于以下几个方面。

1. **使雇员的期望与战略一致并分享成功**

无论组织采取什么战略，包括人力资源战略，只有得到实施才是有用的。实施战略的第一步就是管理人员通过传播组织发展的愿景使员工了解战略，并将战略层层分解到每位员工，让每位员工了解组织对自己的目标，在这基础上，需要考虑将员工自身的期望与组织对员工的目标结合起来，当期望和目标实现之后，保证每位员工能分享到成功。

沃尔玛在这方面做得非常出色，门户开放政策和合伙人政策充分说明了这一点。门户开放政策的实施充分保证了员工的参与权和知情权，战略提出来之后有了充分沟通和传递的渠道，从而让每位员工了解公司对他们的目标，也让公司了解了每一位员工的需求。由利润分享计划、雇员购股计划和损耗奖励计划共同组成的合伙人政策从制度上规定了员工共同分享公司成长的权利，从而将公司的发展与每位员工个人期望的实现紧密地结合在一起。这两个政策共同构成了沃尔玛人力资源战略体系实施的基础。

2. **组织架构的重新设计**

一个企业的组织架构在很大程度上取决于该企业的战略，而适当的组织架构反过来又推动着企业的战略实施，当然也包括人力资源战略的实施。沃尔玛为了适应"留住人才、发展人才、吸纳人才"的人力资源战略体系，在公司内倡导领导和员工的"倒金字塔"型组织关系，即领导处于最底层，员工是中间的基石，顾客永远是第一位的。员工为顾客服务，领导则是为员工服务。在这样的组织框架下，公司内部没有上下级之分，只有职位和职责的不同，这有助于营造一个温暖友好的氛围，给员工提供一个愉快的工作环境。在这样的前提下，人力资源战略的实施自然成为顺理成章的事情。

3. **开发雇员的能力**

雇员开发是区别比较成功的企业与不太成功企业的重要因素。作为一个期望获得竞争优势、不断改进、富有生机的公司，其需要对全体员工进行不断的开发，并通过为员工提供有针对性的培训与教育，设计个性化的个人发展计划，创造学习型的组织来保障组织人力资源战略体系的实施。在案例中可以发现，沃尔玛把加强对现有员工的培养和安置看做首要任务，通过建立一套行之有效的终身培训机制并投入大量的资金予以保证。更重要的是，沃尔玛根据不同员工的潜能，对其进行有针对性的培训，并在培训后重新安排工作岗位，有利于消除员工的"职业高原"问题。而对于员工发展通道的问题，沃尔玛的做法是，经过6个月的训练后，如果表现良好，具有一定的能力，公司就会给他们一试身手的机会，先做助理经理或协助开设新店，如果干得不错，就有机会单独管理一个分店。而沃尔玛的企业文化和特性也决定其内部存在着良好的学习氛围。

4. **使雇员能创造高绩效**

企业战略的实施要求员工得到实现行动计划和工作绩效目标所必需的指导、支持、权力和资源。

然而，对于很多组织而言，在现实与高绩效、高奉献的组织愿景之间存在巨大的差距，沃尔玛在这方面的工作也是值得借鉴的。沃尔玛对员工的评估周期分为试用期评估、周年评估、升职评估等，而评估指标包括这位同事的工作态度、积极性、主动性、工作效率、专业知识、有何长处以及需要改进之处等。细心的读者应该发现，沃尔玛使雇员能创造高绩效的方法时并没有用到考核这个词，而用的是评估，评估的范围和外延都比考核要大，不只注重结果本身，更关注绩效管理的整个过程，这一点也保证了员工的主动性和积极性，保证了沃尔玛良好的发展态势。

上述归纳的4点是沃尔玛人力资源战略体系得以实施的保障，也是沃尔玛在实施人力资源战略体系时的亮点，值得大家探讨和学习。

外资企业一般具有较先进的理念，人力资源管理也较为现代，但适应性有待加强。沃尔玛的案例在企业制订和实施企业人力资源战略时有很多启示：

在制订企业人力资源战略层面上，首先要对企业的生存和发展环境扫描；其次是确定企业人力资源管理中的问题；最后筛选这些问题，结合企业整体战略和管理层及员工的集体智慧，确定本企业的人力资源战略。

在实施企业人力资源战略层面上，首要的原则就是让每位员工清楚地了解战略是什么，并将企业与员工捆绑为利益共同体，保证员工从组织战略目标实现中分享成功；有必要结合战略，对企业的组织架构做有针对性的调整，使其更适应于企业战略目标的实施；通过培训学习计划，不断开发员工的潜能，以期为企业获得竞争性优势；在员工实现行动计划和工作绩效目标时更关注过程，并在过程中给予指导、支持、权力和资源。

对每个企业而言，不同的环境、制度和文化决定了其在战略制订和实施中的差异，因此，某个企业的成功做法不能简单地被复制，必须结合企业自身的特点制订有针对性的企业人力资源战略，并通过制度和文化保障，使其得以有效落实。

相关知识链接

一、人力资源战略的实施

人力资源战略的实施可以专门针对具体的人力资源管理实践，它不仅实现了人力资源战略的落实，更为重要的是，人力资源战略也可以作为方向性战略来指导企业进行重大的组织变革。因此，在内部与外部环境变化日益迅速的今天，人力资源战略的实施在组织变革中发挥着极为重要的保障作用。人力资源战略的实施包括以下五个步骤。

1. 明确变革方向

人力资源战略的实施首先要明确组织变革的方向。因为人力资源战略在协助实现组织变革的过程中，不再仅仅局限于专门职能的行动计划，而是必须丰富自己的内涵，必须能够阐明企业所面临的挑战，而且还要适应环境的变化，这就需要随着外界环境的变化来不断调整和逐步完善。

2．塑造员工期望

人力资源战略实施的第二步就是塑造员工的期望，使之与企业的战略变革方向相一致。在一个已经形成强大的主导文化的企业中，人们往往会怀疑变革的必要性和结果，进而产生抵触情绪，阻碍变革的顺利进行。这就需要人力资源管理的关注，在协助完成组织变革的过程中，员工会产生不同的问题，对于这些问题必须加以充分的解答，释清疑团，从而推动变革的深入。

3．改造结构、流程

人力资源战略实施的第三步是结构和流程的改造。由于企业战略的调整，组织结构和工作流程都会相应地发生变化。

企业的业务流程就是企业集合各类生产要素，制造客户所需产品的一连串活动。一般来说，客户需求是企业作业流程的起点。因此，对企业的改革要以流程为导向，即以客户需求为中心来组织工作。企业组织结构，就是把企业的目标任务分解到部门，再把部门职责分解到职位，然后由众多的部门组成垂直的权力系统和水平的工作协作系统的一个整体机构。组织结构是实现组织目标的手段，所以战略与结构必须紧密结合。特别是结构应当服从战略，如果组织的战略发生了调整，那么就需要调整结构以适应和支持这一变革。而结构的变化必然与工作分工、完成工作任务的方式密切相关。

4．重构组织文化

在结构和流程改造之后，为了更好地实施组织变革，管理人员还必须改变那些不利于变革的旧有的价值观、信念以及行为规则——员工在其中可能已经非常习惯的企业文化。新旧文化的碰撞是一个必须面对的棘手问题，但是管理人员必须促成二者的融合，只有这样才可以顺利实现组织变革。有关的变革包括：是强调风险创新还是认同沉稳扎实；是鼓励合作还是强调竞争；是强调一致还是鼓励多样化等。在组织文化的变革中，要根据企业战略的需要，使文化符合战略的方向。要保持和发扬企业文化中对新战略有支持作用的要素，改变那些与新战略相矛盾的方面。

5．改进人力资源管理体系

在完成以上步骤之后，就需要把总体战略进行细化，包括人员的获取、整合、保持、开发和控制调整五大体系。人力资源规划、工作分析与设计、招募与录用、培训与开发、绩效管理、薪酬与福利、职业生涯管理和劳动关系管理等八种职能都包括在这五大体系中。这一步骤的核心是将企业战略目标或人力资源战略目标转化为组织中各个层次的工作绩效期望标准，这种细化为评定和管理内部各部门、团队和个人的绩效提供了基本依据。首先，要想使企业战略得到成功的实施，就必须先对企业结构和职位进行科学的分析和设计；其次，人力资源职能需要确保企业获得实现战略目标的合适人选，这就需要进行人力资源供求分析、人员招聘与录用、员工培训和开发；再次，为了顺利实现企业战略，人力资源管理部门还必须构建起健全、合理的企业绩效考核与薪酬管理系统。另外，为了更好地激发员工的工作积极性、提高员工工作满意度，人力资源管理部门还要考虑到职业生涯管理、劳动关系管理等方面的问题。

二、人力资源战略管理

人力资源战略管理是一个有机体系，由战略性人力资源管理理念、人力资源规划、人力资源战略管理的核心职能和人力资源战略管理平台4部分组成。

1．战略性人力资源管理理念

战略性人力资源管理理念认为，人力资源是一切资源中最宝贵的资源，企业的发展与员工职业能力的发展是相互依赖的，企业鼓励员工不断提高职业能力以增强企业的核心竞争力，而重视人的职业能力必须先重视人本身，把人力提升到了资本的高度，一方面通过投资人力资本形成企业的核心竞争力，同时，人力作为资本要素，参与企业价值的分配。

2．人力资源规划

人力资源规划的目的是对企业人员流动进行动态预测和决策的过程，人力资源规划的目的是预测企业人力资源需求和可能的供给，确保企业在需要的时间和岗位上获得所需的合格人员，实现企业发展战略和人力资源的匹配。在规划过程中，重点应放在人力资源规划的度量上，同时也要适当注重人力资源规划和其他规划的一致性及协同性。

3．人力资源战略管理的职能

人力资源战略管理的核心职能包括人力资源配置、人力资源开发、人力资源评价和人力资源激励四方面，从而构建科学有效的"招人、育人、用人和留人"的人力资源管理机制。

战略性人力资源配置的核心任务就是要基于公司的战略目标来配置所需的人力资源，根据定员标准对人力资源进行动态调整，引进满足战略要求的人力资源，对现有人员进行职位调整和职位优化，建立有效的人员退出机制以输出不能满足公司需要的人员，通过人力资源配置实现人力资源的合理流动。

战略性人力资源开发的核心任务是对公司现有人力资源进行系统的开发和培养，从素质和质量上满足公司战略的需要。根据公司战略需要组织相应的培训，并通过制订领导者继任计划和员工职业发展规划来保证员工和公司的同步成长。

战略性人力资源评价的核心任务是对公司员工的素质能力和绩效表现进行客观的评价，一方面保证公司的战略目标与员工个人的绩效有效结合，另一方面为公司对员工的激励和员工的职业发展提供可靠的决策依据。

战略性人力资源激励的核心任务是依据公司战略需要和员工的绩效表现对员工进行激励，通过制订科学的薪酬福利和长期激励措施来激发员工的潜能，在为公司创造价值的基础上实现自身的价值。

4．人力资源战略管理平台的建立

有效建立人力资源战略管理职能并发挥预期效果的前提是，组织要为人力资源管理提供一个必要的平台，这个平台包括人力资源专业队伍、人力资源组织环境、人力资源专业化建设和人力资源基础建设四个方面，为构建人力资源战略体系提供相应的组织保证和专业能力。

人力资源专业队伍是构建人力资源战略体系的重要保障；合理的组织环境是构建人力资源战略体系的重要外部条件；人力资源专业化建设是构建人力资源战略体系的专业保障；人力资源基础建设是人力资源战略体系正常运行的基本保障。

 实战模拟

制订公司的人力资源战略

一、实战模拟的目的

通过本次实战模拟，初步掌握人力资源战略的制订原则、主要内容和程序步骤，能够编制基本的组织人力资源战略。

二、理论知识点

（1）制订人力资源战略的原则。
（2）人力资源战略的主要内容。
（3）制订人力资源战略的步骤。
（4）人力资源战略的发展趋势。

三、实战模拟所需条件

（一）实战模拟时间

实战模拟时间为两周，课堂授课时间为 4 课时/30 人，其余时间供调查访问、收集信息之用。

（二）实战模拟地点

深入一家有一定规模的企业开展实战模拟。

（三）实战模拟所需材料

教师提前给出目标公司的基本背景，学生根据前面介绍的理论知识做好实战模拟准备，搜集目标公司的历年人力资源数据，公司发展战略、职能结构、职位说明书等相关资料，以备分析讨论之用。

四、实战模拟内容与要求

（一）实战模拟内容

制订企业 2013~2015 年人力资源战略。

（二）实战模拟要求

（1）要求选择一家人力资源工作开展较为成熟的规模以上企业作为实战模拟基地。与企业进行良好沟通，取得制订人力资源战略所需的相关资料支持和人员支持。
（2）要求学生熟练掌握制订企业人力资源战略的原则、内容和步骤等基本理论，做好实战模拟前的知识准备。
（3）要求学生深入目标企业实际，通过查找资料、与高管面谈、走访相关行业其他企业等工作，结合所学知识，以组为单位，尝试制订基本的人力资源战略。
（4）要求教师在实战模拟过程中做好组织工作，给予必要的、合理的指导，使学生加深对理论知识的理解，提高实际分析、操作的能力。

五、实战模拟组织方法和步骤

第一步，教师与目标企业联系，获得企业的支持，确定学生到企业实践的时间。
第二步，教师向学生明确实践要求，规范学生行动，在实践的过程中不得干扰或影响企业的正常工作，必须在教师和企业专业人员指导下开展实践活动。

第三步，要求学生课前查阅相关理论与实践书籍，详细了解人力资源战略的制订原则、方法、内容及步骤。

第四步，学生分组进入实践岗位，深入到企业基层，对企业人力资源部门进行访问。小组成员可分工配合，各负责一部分，收集所需要的资料信息，在方便的时候与相关人员面谈或进行问卷调查。

第五步，在充分调查和研究基础上，参考该企业以前的人力资源战略，进行汇总、讨论。

第六步，教师提出指导意见，帮助学生完善自己的结论制订该企业年度人力资源战略。

第七步，总结并撰写实战模拟报告。

六、实战模拟考核方法

（一）成绩划分

实战模拟成绩按优秀、良好、中等、及格和不及格五个等级评定。

（二）评定标准

（1）是否掌握人力资源战略的编制原则、方法和内容。
（2）是否掌握人力资源战略的编制程序和步骤。
（3）能否结合企业的实际情况，编制合理的人力资源战略。
（4）是否记录了完整的实战模拟内容，做到文字简练、准确，叙述通畅、清晰。
（5）实践调查、讨论、分析占总成绩的75%，实战模拟报告占总成绩的25%。

第二篇

人力资源规划与发展篇

➜ 一个人如果认为自己在一生中能干出一番不同寻常的大事，就比没有远大理想的可怜虫，有着更多的成功的机会。
　　　　　　　　——伯纳德·马拉默德

➜ 只有知道了通往今天的路，我们才能清楚而明智地规划未来。
　　　　　　　　——斯蒂文生

➜ 现实是此岸，理想是彼岸，中间隔着湍急的河流，行动则是架在河上的桥梁。
　　　　　　　　——克雷洛夫

现 象

人无远虑，必有近忧。企业的"企"字，说的是"人""止"于事。面对市场的风云变幻，任何一个企业的人力资源部门都需要有一个长远的目光，不仅要处理日常人事问题，而且要进行长远的人力资源规划。人力资源规划是人力资源管理的首要步骤和基础，只有进行恰当的人力资源规划，才能使人力资源的管理做到有的放矢。

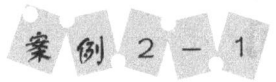

G 公司的人力资源规划的制订

 **案例介绍**

G 公司是一家国有控股的 IT 企业。公司一直以 IT 产品的代理销售为主业，同时也开展计算机网络及系统集成业务。2007年，公司将传统的以分销业务为主体的经营方式转变为以 IT 服务为主体的经营方式，从原有的分销、网络及系统集成三大业务开始向全面实施以 IT 服务为核心的战略转型。

多年来，G 公司在传统业务，特别是通用信息产品和企业级产品的分销上取得了稳定增长，在系统集成领域拥有持续稳定的市场占有率，在电子政务和企业信息系统建设领域的崛起也很快。

G 公司在 IT 服务方面的客户群比较稳定，公司现有的产品、解决方案和服务业务几乎覆盖了 IT 的所有领域。特别是公司在 2007 年初步完成了在软件服务领域的布局，同时大规模推出了网络计算机及应用系统，使公司能够在一些新兴的有前途的领域占领战略制高点。

多年来，G 公司一直有一脉相承的管理体系，再加上过去几年各项重点工作的落实，公司不断夯实着自己的管理基础。关键业绩指标体系的建设、数字神经网络的建设、包括风险控制在内的整个运作管理流程、经营管理体系以及持续创新的企业文化等，都是公司在与对手的竞争中取得胜利的保障。

G 公司的进一步发展也面临一系列问题，包括：①公司的业务管理模式单一，重点不突出，战略缺乏统筹性，战略管理职能有待加强；②研发队伍建设有待提高，高级技术人才短缺；③公司虽然把软件、IT 等新业务作为未来的利润增长点，但是在资源投入、业务模式经验等方面存在着不足，大大制约了新业务的发展；④产品的品牌认知度低、营销体系不够健全、行业基础薄弱，缺乏大型项目投标和运作的管理经验等。

高层面对公司的现存问题开始思考,经过多次会议讨论,结果显示问题出在公司的人力资源规划方面,所以公司做出了相应的人力资源规划。

根据公司人力资源战略的要求,公司进一步制订了人力资源发展规划,具体包括以下两方面的内容:

(1)人力资源战略规划。它是指在规划期内对人力资源规划的总目标、总政策、实施步骤及总预算进行的安排。

(2)人力资源业务规划。它包括人员补充规划、人员分配规划、接班人规划、培训与开发规划、工资激励规划、退休解聘规划以及劳动关系规划等。这些业务规划是战略规划的展开和具体化,每一项业务规划都由目标、任务、政策、步骤及预算等部分组成。

公司人力资源战略规划和各业务规划的内容要点见表2-1。

表2-1 公司人力资源战略规划和各业务规划的内容要点

规划类别	目标要点	政策要点	简要预算
战略规划	总目标:绩效、人力总量、素质、员工满意度	扩大人力资源总体规模	每年人力资源整体费用递增10%
人员补充规划	人员类型、数量、层次、人员素质结构	确定人员素质标准 扩大人员来源范围	招聘挑选费用每年递增5%
人员分配规划	制订部门编制 优化人力资源结构 职务轮换制度	提高任职条件 扩大职位轮换范围	按使用范围及人员状况决定工资福利预算
接班人规划	保持后备人员数量、提高人才结构及绩效目标	全面竞争、择优晋升、甄选标准、提升比例	职务变动引起的工资变动
培训与开发规划	提高素质及绩效、改善人力资源的态度及作风	培训时间和效果的保证	人均培训费用每年递增10%
工资激励规划	减少人才流失 提高员工士气	完善工资、激励政策	增加奖金额的预算
劳动关系规划	降低非期望离职率 改进员工关系 减少员工投诉和不满	员工参与管理 加强沟通	法律诉讼费预算

G公司根据市场需求和公司发展适时地调整战略目标,并且相应地做出人力资源战略规划以及业务规划,整体思路上把握准确,但是在调整的过程中还是面临很多问题需要解决。

十年树木,百年树人。国有企业生存和发展的关键是建立和保持一支富有市场竞争力的员工队伍,为此,必须做好人力资源规划,即根据本企业发展战略目标进行人力资源需求研究,采用科学的分析方法和调控手段,对企业现在和未来各种人力资源需求进行科学规划。

目前国有企业大部分都处在快速发展阶段,企业的业务战略也在迅速变化和调整中。作为HRD要迅速理解和把握业务战略,并且制订出符合企业实际的人力资源战略规划,通过人力资源规划的实施来影响和支撑业务战略的实施。

案例中,G公司根据市场需求调整企业的战略目标。先是以IT产品的代理销售为主业,同时开展计算机网络及系统集成业务,后又将传统的以分销业务为主体的经营方式转变为以IT服务为主体的经营方式,从原有的分销、网络及系统集成三大业务开始向全面实施以IT服务为核心的战略转型。充分遵循了市场经济法则，由需求决定供给。

在战略目标调整的过程中，G 公司的业绩在平稳中保持上升，但是如案例所示也出现了很多问题。高层面对公司出现的问题进行调查研究，究其原因为人力资源规划与企业的发展没有达到理想的匹配程度。所以公司接下来做出了相应的调整，完善人力资源规划，并且细分为两方面：战略规划和业务规划，旨在解决公司出现的四大问题。首先人力资源战略规划的制订集中解决第一个问题：公司的业务管理模式单一，重点不突出，战略缺乏统筹性，战略管理职能有待加强。事实上同时也解决了第三个和第四个问题，因为公司虽然把软件、IT 等新业务作为未来的利润增长点，但是在资源投入、业务模式经验等方面存在着不足，大大制约了新业务的发展，以及产品的品牌认知度低、营销体系不够健全、行业基础薄弱，缺乏大型项目投标和运作的管理经验等，而二者均属于战略体系中的问题。通过对高科公司人力资源战略规划的制订和完善，相信公司存在的战略问题将会迎刃而解。

业务规划集中解决第二个问题。其中人员补充规划、人员分配规划、接班人三个规划主要解决研发队伍建设有待提高，高级技术人才短缺的问题。

综上我们可以看出，公司适应市场需求做出的任何外部性调整都需要公司内部人力资源规划体系的配合，只有这样才能确保企业在稳定中发展。

人力资源规划是基于企业发展战略，科学地预测、分析企业在环境的变化中的人力资源供给和需求状况，制订必要的人力资源获取、利用、保持和开发策略和措施以确保企业在需要的时候和需要的岗位上获得各种需要的人才（包括数量和质量），并使企业和员工个人都得到长期利益的过程。

在制订 HR 战略与规划时，需要关注"一个中心（公司整体发展战略），两个基本点（企业经营战略、具体业务规划）"。如果一个企业没有整体发展战略，HR 战略的制订就缺乏方向性，没有依据。同时，没有具体的经营战略与业务规划，HR 战略与规划就与实际需求脱节，只会"看上去很美"，很难落地实施。其中，人力资源战略要与企业经营战略规划相匹配，是企业人力资源开发与管理的龙头，决定了企业人力资源规划的方针、重点与基本政策，以及人力资源数量、结构和素质要求，而规划的目的是形成企业的核心能力（组织运行效率与员工核心专长与技能）。

从理论上讲，企业战略应该由董事会制订，而事实上很多企业的董事会不具备制订战略的能力（或者说董事会层面缺乏制订战略能力的人才），从而导致战略不清，缺乏规划。可以通过借用外部力量（专业咨询公司）或整合内部力量（组成战略规划项目小组共同参与研讨、制订）。在多个关键岗位人才奇缺的情况下，这是一种可以尝试的缓解办法，毕竟企业不可能长期处于制订战略的状态中。当集团战略明确以后，集团 HRD 可以结合集团战略与各公司特点制订集团的 HR 战略，提报集团董事会审议通过。HR 战略一旦确定，集团 HRD 要与相关公司的总经理、HR 经理沟通，结合各公司的实际经营规划与业务需求，拟订相关的 HR 规划，报董事会审议通过后由各公司 HR 部门具体执行。在这个过程中，董事会发挥了决策与把关的作用，HRD 扮演了内部咨询师与整合专家的角色，各个公司的负责人与 HR 经理则民主参与了公司人力资源规划的制订，从实际需求角度保证了规划的可行性与适用性。

人力资源管理其实是全员互动的活动，出于保证战略实现与组织能力提升为目的的人力资源战略与规划的制订也应该是董事会、HR、业务单位共同参与的行为，角色是相对的，而目标却是一致的。

相关知识链接

一、人力资源规划的内容

人力资源规划是对企业人力资源管理的预先安排，它和企业的人事政策相联系，是企业各项人力资源管理活动的依据，所以其内容主要分为以下几个方面。

1．人员补充计划

人员补充计划是企业根据组织运行的情况，对企业可能产生的空缺职位加以弥补的计划，目的在于促进人力资源数量、质量的改善，是企业吸收员工的依据。人员补充计划有两种情况：

企业在以下几种情况时一般有补充员工的需要：一是自然减员。如退休、死亡或丧失劳动能力等。二是技术革新。随着企业生产技术的改进，需要补充相应的新专业技术人才。三是离职现象。如某些员工跳槽而导致的职位空缺。四是规模扩大。企业扩大生产经营规模时必定需要补充大量员工。

2．培训开发计划

随着新技术的不断发展、企业规模的不断扩大，员工们原有的知识结构、技术水平和管理能力等诸方面远不能满足现实需要。只有通过不断地培训、更新知识和改善技能，才能在激烈的竞争中立于不败之地。因此企业要树立"全员培训"的思想，并针对每位员工的状况来制订培训开发计划。同时，现代管理强调"以人为本"，越来越多的管理者都认识到人力资本是企业的第一资本。与物质资本相比，只有拥有人力资本才更拥有制胜权。企业对人力增加资本投资，对员工进行的各种培训、研修或研讨的计划也属于人员发展规划。培训开发计划的目的，是通过内部的努力为企业发展准备所需人才，是为了更好地使人与工作相适应。

3．人员配备计划

企业员工在未来职位上的安排和使用，是通过企业内部人员有计划的流动实现的，这种人员流动计划称为配备计划。配备计划一般在以下几种情况下执行：第一，当企业要求某种职务的人员同时具备其他职务的经验或知识时，就应使之有计划地流动，以培养高素质的复合型人才。第二，当上层职位较少而等待提升的人较多时，通过配备计划进行人员的水平流动，可以减少他们的不满，等待上层职位空缺的产生。第三，在企业人员过剩时，通过配备计划可以改变工作分配方式，对企业中不同职位的工作量进行调整，解决工作负荷不均的问题。

4．薪资激励计划

薪资激励计划对于企业来说，一方面是为了确保企业人工成本与企业经营状况保持恰当的比例关系，另一方面是为了充分发挥薪酬的激励作用。薪资总额取决于企业组织内员工不同的分布状况和工作绩效。企业通过薪资激励计划，可以在预测企业发展的基础上，对未来的薪资总额进行测算，并确定未来时期内的激励政策，如激励方式的选择、激励倾斜的重点等内容，以充分调动员工的积极性。

5．人员晋升计划

人员晋升计划是根据企业的组织需要和人员分布状况制订的员工提升方案。对于企业来说，要尽量使人和事达到最大限度的匹配，这对于调动员工积极性和提高人力资源利用率是非常必要的。对于员工来讲，晋升在员工职业生涯中占有重要地位，它是对员工工作业绩的肯定，是员工事业成功的一个标志。对晋升的需求是人们成就动机的体现。晋升规划就是要满足员工的这种心理需要并根据企业的人员现状和企业结构拟定晋升政策的一种规划。当然，晋升不仅是员工个人利益的实现，也意味着工作责任和挑战的增加。二者结合起来，会使员工产生一种能动性，使企业组织获得更大的利益。

6．员工职业计划

企业的员工职业计划，是指对员工在企业内的职业发展作出系统的安排。通过职业计划，能够把员工个人的职业发展和组织需要结合起来。特别是对于有发展前途的员工，企业要设法将其保留下来，使其成为企业宝贵的财产。为了防止这部分员工流失，就必须有计划地使他们在工作上得到成长和发展。企业如果不能满足个人发展的要求，就会导致人员的流失。

企业加强员工职业计划的管理，除了晋升计划、激励计划、培训开发计划以外，制订和实施平行调动或岗位轮换计划等也是激励员工成长的手段。通过有计划、阶段性的工作调动，可以让员工在各部门的工作中积累经验，了解部门间的工作流程并且提高工作能力，不仅为将来的管理工作做准备，也便于为他们安排最合适的工作岗位。岗位平调和轮换计划有助于员工的职业发展，使其成为复合型的人才或业务多面手，从而使企业和个人都受益无穷。另外，人力资源规划还包括人员发展规划、劳动关系计划、退休解聘计划等。

二、制订人力资源规划的原则

人力资源规划是企业为了实现包括个人利益在内的经营目标或经济规划，以整体的超前和量化的角度对人力资源供求进行预测，并制订相宜的人事政策和措施，从而使得人员需求量和人员拥有量在企业未来发展过程中相互平衡的过程。在这一过程中，制订企业人力资源规划应坚持以下原则。

1．目标性

人力资源规划的目标性是指，人力资源规划应从企业的发展目标与任务出发，力求企业人力资源的质量、数量和结构符合其特定的生产资料和生产技术条件的要求，实现人力资源和工作岗位的最佳匹配，确保企业的人力资源需要。企业的人力资源保障问题是人力资源规划中应解决的核心问题。它包括人员的流入预测、流出预测、人员的内部流动预测、社会人力资源需求和供给状况分析、人员流动的损益分析等。只有有效地保证了对企业人力资源的供给，才可能去进行更深层次的人力资源开发与管理。

2．协调性

人力资源规划的协调性是指，人力资源规划在实现企业目标和发展的同时，也要满足个人的目标和发展，争取做到企业目标与个人目标的相互协调和共同实现，使企业和员工都得到长期的利益。人力资源规划不仅是面向企业的规划，也是面向员工的规划。企业的发展和员工的发展是互相依托、互相促进的关系。如果只考虑企业的发展需要，而忽视了员工的发展，则会有损企业发展目标的达成。优秀的人力资源规划一定是能够使企业和员工都得到长期利益的规划，一定是能够使企业和员工共同发展的规划。

3．阶段性

人力资源规划的阶段性是指，人力资源规划还要保证人力资源与未来企业发展各阶段相适应，为未来的企业生产经营活动准备人力。为做到这一点，就要充分考虑企业内部、外部环境的变化。人力资源规划只有充分考虑了内外环境的变化，才能适应未来企业发展需要，真正做到为企业目标服务。内部变化主要是指销售的变化、开发的变化，或者企业发展战略的变化，还有公司员工流动的变化等。外部变化指社会消费市场的变化、政府有关人力资源政策的变化、人才市场的供需矛盾的变化等。为了能够更好地适应这些变化，在人力资源规划中应该对可能出现的情况做出预测和风险分析，最好能有对付风险的应急策略。

4. 具体性

人力资源规划的具体性是指，人力资源规划要包括为实现企业及个人的目标而制订的具体政策和措施。人力资源规划作为一项重大战略决策，是制订各项具体人事政策和措施的基础，应该包括实施规划的可具体操作的内容。例如，人力资源规划可为制订人员补充政策、晋升政策及培训政策提供依据。

S阀门厂人力资源规划的缺失

案例介绍

北京市一家民营企业S阀门厂曾被评为农业部先进企业、全面质量管理达标先进单位。由于全体员工的勤奋努力，在短短几年之内成为覆盖全国市场的阀门制造商，在华北、华南、东北、西北、西南均设有分公司，并与美国一家企业建立了战略联盟关系，全公司现有员工近千人。

1．S阀门厂人力资源规划

为了寻求大的发展，1998年，该企业雄心勃勃地启动了"换三茬人"的计划。

第一茬：基层领导班子100%换上引进人才；第二茬：中层管理要害部门的第一把手50%换上外聘高级人才；第三茬：招聘、培养年轻骨干充实到厂级副职的位置上。换人的原因在于，自1994年开始，产量以每年翻三番的速度提高，但随着产品在社会上占有量越来越大，充实技术力量、增强发展后劲成为当务之急。

2．应聘人才集体辞职

1998年年底，"人才楼"盖成了，班车开通了，ISO9000国际质量认证拿下了，招聘来的多名有工作经验的大学生充实到了管理、技术和营销岗位上。而一年之后，人们听到的消息竟是：厂里外聘的高级工程师已经走了几拨，而新聘的多名大学生除一人外，集体递交了辞职报告并陆续离厂。外聘人才的岗位已被一些从大单位退休返聘的人员和从社会上临时招聘的人员代替。现在，与工厂仅一路之隔的"人才楼"显得出奇的冷清，其绿瓦白墙漂亮的外貌也被村里其他建筑衬得很不协调。这家企业为吸引人才而专门盖一座楼，可谓用心良苦。那么，为何会形成如今人去楼空的结局呢？

3．离去原因各有说法

大学生们为何离去？厂领导不无惋惜地告诉记者：一是因为招聘的大学生们大多数来自外地，到了北京以后，随着接触面的扩大，有了更好的选择，所以就跳槽了；二是由于厂里在管理上没有经验；三是由于内部老职工的排斥。厂里的老职工们却认为这是意料之中的事情，理由是厂里在待遇、政策上一贯偏爱，宠坏了他们。

为这项人才战略招兵买马的该厂人事部部长荆先生则说："厂长的任务不是发现人才，而是建立一个可以出人才的机制，却始终没有建立起来。"荆先生认为，公司应该明确各个职位的工作内容、资格和升迁要求、待遇水平，使每个职工都了解自己的奋斗目标。此外，企业还要制订一项特殊的人才计划，专门奖励表现优异的职工，大家公平竞争，谁干得好就用谁。大学生们却认为，与其他公司相比，他们在该厂并没有得到特殊的待遇。他们把对企业的种种抱怨归结为一点：看不到发展的前途，这也是他们集体辞职的根本原因。据介绍，S厂当初在招聘时不是根据岗位的要求，对不同的人才做能力界定，而是用同一把尺子丈量所有的应聘者，用完全一样的能力模式面试同一批职工。因为盲目性较大而被招聘来的大学生小王认为，造成人才离职的关键是没有用好。小王充满感情地说："其实这个厂有许多优势，地理位置好，在同行业中硬件也很好，但是经营总是在原地踏步，厂里的主业收入还不如出租房屋收的租金多。其主要原因是由于民营企业里的大部分职工都是以前当地的农民、厂长的乡亲们，素质跟不上企业发展的需要，中层领导有不少也存在类似情况，虽然厂长很辛苦，但一时也改变不了现状。最让人不满意的是，来该厂都4年时间了，至今劳动合同没签，保险没上。"面对这种状况，小王表示只要有合适的地方就会离去。

4．民营企业人才不适为何成通病

反观整个事件的始末，客观地说，厂长可谓是求贤若渴，企业也是求贤若渴，但一幕外聘人才与民营企业分道扬镳的悲剧还是发生了，不能不引起人们的深思。

最近，有关方面去了解情况时，遇到了该厂从其他厂高薪临时聘请来解决技术问题的蔡总工程师和孙总工程师。旁观者清，对于S厂这种人才离职现象，他们认为，厂里引进人才，客观地讲，是厂长比较重视，老职工比较抵制，厂长也有很多为难之处。不过，现在一些老职工也逐渐认识到了技术的重要性，只有极少数人还认为外聘人员是来赚钱的。

外聘来的吴主任也对S厂的情况感到惋惜："S厂现在可以说是占尽了天时、地利，发展前景非常好，但是，企业发展最主要的是人才；而民营企业由于受自身素质所限，没能建立起一套完整的企业管理制度，也没有一套行之有效的管理办法。"其实，吴主任已为该厂想出了许多企业该落实的制度措施，却没能用上。

有意思的是，几位高薪外聘的老人才虽然对厂里给的待遇感觉不错，却齐声感叹厂里的管理是个大问题，他们认为，长此以往，这个厂很危险。目前，厂长虽然意识到了这一点，但根深蒂固的乡亲观念，却左右着他对人才的使用。

案例评析

案例中，该民营企业持续不断的招聘已让企业的管理者感到厌倦，企业的环境和待遇都不错，却一直处在缺人和招人的怪圈中。由于外部竞争的压力，想招聘人才提升技术含量和职工素质，却因为内部环境而留不住人，是目前许多民营企业的通病。通过案例，我们可以发现该企业主要存在四个问题：

第一，没有详细的人力资源规划，招聘目的不明确，许多人在进入企业后的一段时间内不知道自己应该做什么。

第二，没有计划的招聘损害了企业形象，员工认为自己没有受到应有的重视。

第三，不断吸纳新员工，给老员工造成巨大压力。

第四，频繁流入必然导致频繁流出，在职员工没有安全感和忠诚感，暗自寻找跳槽机会。

民营企业观念上的陈旧和保守，以及自身体制上管理的通病，导致人力资源管理意识的淡薄，企业管理人员往往事先不做任何打算，而认为所需要的任何人随时都可以从市场上招聘到。因此，"人才楼"人去楼空，也就不足为怪了。

如何利用好人才为企业做出大的贡献，如何处理好人才与本企业的关系，正是民营企业领导人一直头疼和思考的问题。

中国人民大学工商管理学院邓荣霖教授认为，这种现象长期得不到解决，是由四个方面的原因造成的：一是产权不清晰，民营企业是公有制、私有制还是别的什么所有制，没有严格的界定；

二是所有者和经营者的问题,不少企业没有建立合理的法人治理结构;三是人事制度不合理,大多没有建立起公平竞争、有透明度的人事制度,没有按市场规律去运作;四是内部环境存在问题,企业因外部竞争激烈急于招聘人才,却没有解决内部人员的裙带关系问题。邓教授认为,上述几方面的因素都会影响到民营企业的健康发展。要改变现状最重要的是,以规范的公司制度来运作,建立起规范的法人治理。

如何进行企业的人力资源规划是众多民营企业的当务之急。进行人力资源规划,必须掌握未来情况,而未来具有很大的不确定性,因此,人力资源管理者只能通过预测对未来做出一个尽可能贴近的描述。在人力资源规划中,最关键是人力资源需求预测和人力资源供给预测,它们是制订各种战略、计划、方案的基础,在人力资源规划中占据核心地位。

用人必须有计划,做到心中有数。这通常要求有一个详细的发展计划,必须明确用人目标、用人数量、用人结构、用人要求,这些都要求有一个宏观上的把握。因为只有当一切规划得比较合理的时候,才有可能建立和完善一个合理的管理队伍,并且使各个部门默契合作。作为开展人力资源规划的基础,招聘是在合适的时间为合适的岗位寻找到合适的人选,是企业与内部或外部人力资源的一种有计划的交接方式。招聘工作是整个企业人力资源规划工作的基础。招聘受企业内外部因素的共同影响。

在用人机制上,民营企业相对于国企拥有较多的优势。首先,民营企业从一开始就拥有充分的用人自主权,而这一直是许多国企老总梦寐以求的;其次,民营企业从一开始就没有国企"办社会"的负担;第三,民营企业较早地遵循了市场经济的规律,比较适应市场经济的要求。

但是,民营企业在用人机制上有其固有的劣根性:一是大多数民营企业所采取"家族式"管理,"任人唯亲"的现象比较严重;二是大多数民营企业很少考虑员工的发展,缺乏系统的员工培训、开发机制。许多民营企业能挖到人才,却不一定能用好和留住人才;知道引进人才,却不知道内部利用和培养人才。民营企业发生过很多高薪聘请人才的故事,却最后以失败而告终,与其用人机制方面的痼疾不无关系。因此,民营企业更应该加强人力资源的规划,做好人力资源供给需求的预测,做到心中有数。

人力资源规划的目标是推动组织去适应竞争性环境,在动态不可预测的环境里,组织需要采取有机的人力资源系统和方法,推动人力资源开发广泛的技能,能在相当广泛的范围内从事工作。许多在行业中领先的公司很重视制订有效的人力资源战略规划,并在其中明确人与组织的问题。因此,企业采用什么样的人力资源战略及规划,对人才的招聘方式、人才选择的标准有巨大影响。民营企业在进行人力资源规划时应考虑以下内容。

首先,要充分考虑内部、外部环境的变化。人力资源规划只有充分地考虑了内外环境的变化,才能适应需要,真正地做到为企业发展目标服务。内部变化主要指销售的变化、开发的变化企业发展战略的变化,公司员工的流动变化等;外部变化指社会消费市场的变化、政府有关人力资源政策的变化、人才市场的变化等。为了更好地适应这些变化,在人力资源规划中应该对可能出现的情况做出预测和风险变化,最好能有面对风险的应对策略。

其次,要确保企业的人力资源保障。企业的人力资源保障问题是人力资源规划中应解决的核心问题。它包括人员的流入预测、流出预测、人员的内部流动预测、社会人力资源供给状况分析、人员流动的损益分析等。只有有效地保证了对企业的人力资源供给,才可能去进行更深层次的人力资源管理与开发。

第三，要使企业和员工都得到长期的利益。人力资源规划不仅是面向企业的规划，也是面向员工的规划。企业的发展和员工的发展是互相依托、互相促进的关系。如果只考虑企业的发展需要，而忽视了员工的发展，则会有碍于企业发展目标的达成。优秀的人力资源规划，一定是能够使企业员工达到长期利益的规划，一定是能够使企业和员工共同发展的规划。

相关知识链接

一、人力资源需求预测

（一）人力资源需求的影响因素

1．人力资源需求

人力资源需求是指以企业的战略目标、发展规划和工作任务为出发点，企业为保持其组织活动和未来发展所应配备的人力资源的数量、质量和时间以及所需技能的总体组合。简单地说，人力资源需求就是企业为了维持日常的生产和服务活动及为了未来的发展所需要的人力资源的数量、质量和时间。

2．影响人力资源需求的因素

一个企业对各种人力资源的需求取决于其生产、服务的需要，取决于其投入与产出（或服务）之间的关系及企业的劳动生产率等因素。例如，扩大生产、增加产品和服务，人员需求就会增加；反之，如果预测市场对产品的需求下降，就要减少员工数；企业自动化水平的提高，需要的人员就会减少，但对人员的知识、技术与技能的要求也会随之提高；当然员工的数量还与其他多种考虑有关，如为了降低成本，改善工作效率，在保持现有产出，甚至是提高现有产出的前提下，也可能减少员工数量。随着环境的动态变化，企业对人力资源的需求也发生着动态的变化，具体反映在岗位工作特性及相关技能将随着技术的发展而有所变化。为了确保组织战略目标和任务的实现，一个企业必须重视对人力资源的预测。

为了进一步说明问题，我们可以将影响人力资源需求的主要因素归结为以下三大类，即企业外部环境、企业内部因素及人力资源自身状况，见表2-2。

表2-2 人力资源需求的影响因素

企业外部环境	企业内部因素	人力资源自身状况
经济	战略计划	退休
社会、政治、法律	预算	辞职
技术	生产和销售预测	合同终止解聘
竞争者	新建部门或企业扩张	死亡
	工作设计	休假

（二）人力资源需求预测技术

人力资源需求预测是综合考虑各种因素影响，对企业未来人力资源需求进行估计的过程。人力资源需求预测技术较多，常用的有如下几种。

1．德尔菲（Delphi）法

这种方法又叫做专家评估法，一般采用问卷调查方式，听取专家们（尤其是人事专家）对企业未来人力资源需求量的分析评估，并通过多次重复，最终达成一致意见，它是一种定性预测技术。

德尔菲法的工作步骤一般分四轮进行。

第一轮：提出预测目标和要求，确定专家组，准备有关资料，征求专家意见。

第二轮：提出预测问题，所提问题须简明扼要并以调查方式列出，交付专家组讨论评价，然后由人力资源需求预测组织统计整理。

第三轮：修改预测结果，充分考虑有关专家的意见。

第四轮：进行最后预测，在第三轮统计资料的基础上，请专家们提出最后意见及依据。

该方法既可用于企业整体人力资源需求量预测，也可用来预测部门人力资源需求。在此过程中特别要注意把各种不同的意见交给专家们分析讨论，经过多次的反复讨论，最后形成专家组的意见。

这种方法的好处在于可以集中许多专家的意见，对影响人力资源需求的各个方面的因素可以有比较全面、综合的考虑，缺点在于这种方法所需要的时间较长、花费较大，而且比较难于做出十分精确的预测，所以这种方法比较适合于长期的、趋势性的预测，不适用于短期的、日常的和比较精确的人力资源需求的预测规划。

2．比率预测法

比率预测法是根据不同岗位人员之间或者人员与产量、设备基建的比率，对人力资源进行预测规划的方法。例如，某企业一线生产员工和后勤服务人员的经验比例为 1∶10，如果一个员工每天可以生产 10 件产品，现在要扩大 1 倍产量，假设劳动生产率不变，则在规划期内需要的员工数是原来的 2 倍，当员工的数量确定以后，后勤服务人员的数量也就可以确定了。

在使用比率预测法的过程中要注意常数比率和变数比率的问题。在上面的例子中，我们在预测过程中是假设一线生产员工和后勤服务人员的比率是保持不变的，事实上这个比率是会随着生产规模的变化而发生变化的。

比率预测法简单易行，但是这种方法要求预测数量之间有相对固定的比率关系，所以这种方法较适用于技术和其他结构较稳定的企业，适用于短期人力资源预测规划。

3．人力资源现状预测法

人力资源现状预测法是在假设现有人员的配备比例和人员的总数将完全能适应预测规划期内人力资源需要的前提下，也就是在假设未来人力资源需求数量与当前人力资源需求一致的前提下，测算出在规划期内有哪些人员或岗位上的人将受到晋升、降职、退休或调出本组织等变动，这种变动的数量就是规划期内人力资源需要补充或者调动的需求数量。例如，某生产车间主任明年即将退休，就可以考虑从下属人员中选择接替这个职务的员工，而接替者的职务或岗位又要由新的人员补充，一个岗位的空缺将引起几个或多个岗位人员的需求。企业在规划期内所有需要补充的岗位就是规划期人力资源需求数量的预测结果。

在使用人力资源现状预测法的过程中应当注意人力资源需求的意外变动情况，也就是说在预测的过程中要考虑到出现突然的伤病或死亡人员，所以预测的数量也应当包括这方面的内容。人力资源现状预测法是一种较简单、较易操作的方法。一般企业组织内管理人员的连续性替补都采用这种方法。这种方法适用于短期人力资源规划预测，适宜于企业的发展规模或者发展总体规划在一定时期内没有发生变化的情况。

4．分合预测法

这是一种先分后合的预测方法。先分是指一个企业组织要求下属各个部门、单位根据各自的生产任务、技术设备等变化情况先对本单位未来对各种人员的需求进行预测，在此基础上，再把下属各单位的预测数进行综合平衡，从中得出（预测出）整个组织未来某一时期内对各种人员的总需求数。

这种方法较能发挥下属各级管理人员在人力资源预测规划中的作用，但是人事部门或专职人力资源规划人员要给予一定的指导。这种方法较适用于比较大的企业，适宜于中、短期的预测规划。

5．描述法

所谓描述法是指通过对企业未来影响人力资源需求因素的描述、假设、分析和综合，对未来人力资源的需求进行预测的方法。

描述法可以分为三种基本的类型：①企业在规划期内，同类产品生产可能稳定增长，同行业中没有新的竞争对手出现，在同行业中技术上也没有新的突破。②同行业中出现了新的竞争对手，同行业中技术方面也有较大的突破。③同类产品可能跌入低谷、物价暴跌、市场疲软、生产停滞。

描述法需要对影响人力资源需求的所有因素进行分析，只有确定每一个因素对人力资源需求的影响程度，才可以对人力资源需求进行正确的判断。

描述法由于主要依赖人力资源预测人员的分析和判断进行预测，所以这种方法也比较难于得到准确的预测数值，而且这种方法因为需要对多种因素进行分析，涉及的时间可能很长，由于时间跨度越长，环境变化的各种因素就难以把握和假设，因此这种方法主要适宜于中期的趋势性预测。

6．定员预测

定员预测适用于大型企业和历史久远的传统企业。由于企业的技术更新比较缓慢，企业发展思路非常稳定、所以每个职位和人员编制也相对确定。这类企业的人力资源预测可以根据企业人力资源现状来推测出未来的人力资源状况。在实际应用中，有效率定员法、设备定员法、岗位定员法、比例定员法和职责定员法等几种方法。

7．数学模型法

它是一种定量预测技术，通过建立人力资源需求量及其影响因素间的函数关系，从影响因素的变化来推知人力资源需求量变化。

在人力资源需求数量的数学预测中主要采用的预测模型是回归模型预测法。

回归模型预测有一元回归、二元回归及多元回归法之分，同时还有线性回归和非线性回归之分。

回归模型预测建立的一般程序：

1）确定影响预测数值（人力资源需求量）的最主要的要素作为自变量。

2）收集反映自变量变动的数值。

3）建立自变量与预测变量之间的回归方程。

4）利用回归方程及自变量未来变动的趋势对人力资源需求的数量进行预测。

在应用回归模型对人力资源需求数量进行预测的过程中，首先必须计算预测对象和自变量间的相关系数，只有与人力资源需求数量紧密相关的因素才可以作为回归方程的自变量。

该方法的优点在于可以对人力资源需求数量进行精确的预测，给出正确的预测数值。其缺点在于首先必须保证自变量与因变量之间有明显的相关关系，其次使用这一方法必须要有大量的自变量和因变量过去变动的资料及自变量未来变动的资料。所以这个方法比较适宜于较大型的、具有较完备信息资料系统的企业。同时，由于这种预测的思路是以过去自变量和因变量的关系代替未来两者的关系，在使用这种预测方法时要保证自变量和因变量的关系在规划期内没有发生变化，所以这种预测方法适宜于中短期预测。

8．计算机预测法

这是进行人力资源需求预测诸方法中最为复杂的一种方法。这种方法是在计算机中运用各种复杂的数学模型对在各种情况下企业组织人员的数量和配置运转情况进行模拟预测，从模拟测试中预测出对各种人力资源需求的各种方案以供组织备选。

这种方法是未来人力资源需求预测的趋势，目前市场上相应的专业预测软件也越来越多，功能越来越强大，使用的方法越来越趋向于定量化、科学化，成为未来人力资源需求预测最具潜力的方法。

这种方法使用的成本比较高，它可以对复杂环境的长期人力资源需求进行预测。

由于其组织规模和行业不同，通常规划期的时间跨度也不同，所采用的人力资源预测和规划的方法也有所不同。一般来说，大企业制订中、长期人力资源规划时，多采用较为复杂的德尔菲法和计算机预测法；对较小的企业组织来说，则多采用较为简单的预测规划方法。

二、人力资源供给预测

人力资源供给预测是指组织为实现其既定目标，对未来一段时间内可获得的人力资源状况做出预测，包括对组织内部和外部的人力资源进行预测。人力资源供给预测与需求预测的不同之处在于，需求预测针对的只是组织内部对人力资源的需求，而供给预测则要兼顾组织内部与外部的人力资源供给两个方面。

人力资源供给预测分为内部供给预测和外部供给预测两部分。具体步骤如图 2-1 所示。

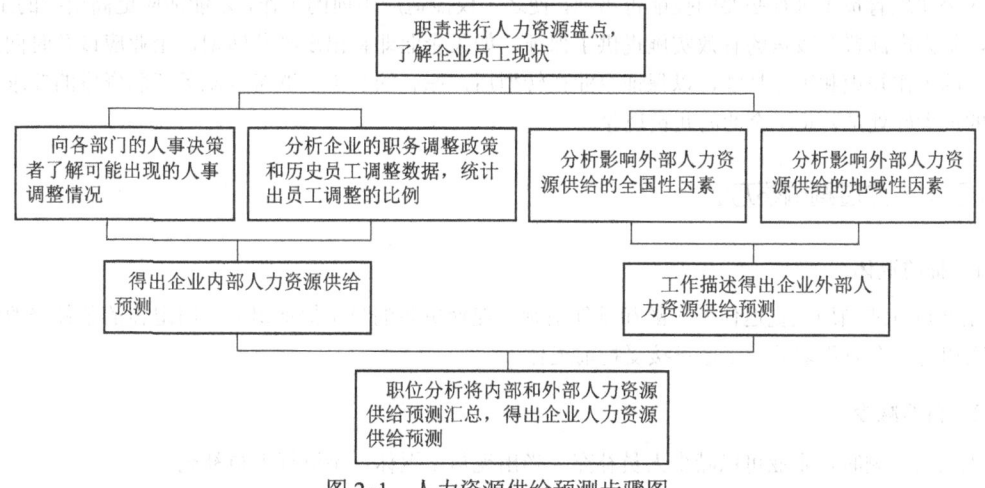

图 2-1　人力资源供给预测步骤图

三、人力资源供需的平衡

在企业的运营过程中，人力资源的供需失衡状态是绝对的，而人力资源的供需平衡状态则是相对的。一般来说，在企业扩张时期，企业人力资源需求旺盛，人力资源供给不足，人力资源部门用大部分时间进行人员的招聘和选拔；在企业稳定时期，企业人力资源在表面上可能会达到稳定，但企业局部仍然同时存在着退休、离职、晋升、补充空缺、不胜任岗位、职务调整等情况，企业处于结构性失衡状态；在企业衰败时期，企业人力资源总量过剩，人力资源需求不足，人力资源部门需要制订裁员、下岗等政策。

企业的人力资源供需平衡的调整分为人力缺乏调整和人力过剩调整两部分。

（一）人力缺乏调整方法

1．雇佣招聘

雇佣招聘有外部招聘和内部招聘两种。外部招聘是最常用的人力缺乏调整方法。当人力资源总量缺乏时，采用此种方法比较有效。但如果企业有内部调整、内部晋升等计划，则应该先实施这些计划，将外部招聘放在最后使用。

2．内部晋升

当较高层次的职务出现空缺时，优先提拔企业内部的员工。在许多企业里，内部晋升是员工职业生涯规划的重要内容。对员工的提升是对员工工作的肯定，也是对员工的激励。由于内部员工更加了解企业的情况，会比外部招聘人员更快地适应工作环境，提高工作效率，同时节省外部招聘成本。

3．继任计划

继任计划具体做法是：部门对企业的每位管理人员进行详细的调查，确定哪些人有权利升迁到更高层次的位置，然后制订相应的"职业计划储备组织评价图"，列出岗位可以替换的人选。

4．技能再培训

对公司现有员工进行必要的技能再培训，使之不仅能适应当前的工作，还能适应更高层次的工作。这样，就为内部晋升政策的有效实施提供了保证，如果企业即将出现经营转型，企业应该及时向员工培训新的工作知识和工作技能，以保证企业在转型后，原有的员工能够符合职务任职资格的要求。这样做的最大好处是防止了企业的冗员现象。

（二）人力过剩调整方法

1．提前退休

企业可以适当地放宽退休的年龄和条件限制，促使更多的员工提前退休。将退休的条件修改得足够有吸引力、会有更多的员工愿意接受提前退休。

2．自然减少

当人力过剩时，企业可以减少人员补充。当出现员工退休，不进行人员补充。

3．增加无薪假期

当企业出现短期人力过剩的情况时，采取增加无薪假期的方法比较适合。规定员工有一个月的无薪假期，在这一个月没有薪水，但下个月可以照常上班。

4．裁员

裁员是一种最无奈，但最有效的方式。在进行裁员时，首先要制订好裁员的政策，如为被裁减人员发放优厚的失业金等；然后，裁减那些主动希望离职的员工；最后，裁减上期考评成绩低下的员工。

另外，减薪、降级、工作轮换、工作分享等方法都可以用来对人力过剩进行调整。同时，对员工技能的再培训也可以用来对人力过剩进行调整。但是，这些人力过剩调整方法的影响并不尽相同的，见表 2-3。

表 2-3　人力过剩调整方法效果比较

方　法	速　度	员工受伤害程度
减员	快	高
减薪	快	高
降级	快	高
工作轮换	快	中等
工作分享	快	中等
退休	慢	低
自然减少	慢	低
再培训	慢	低

四、人力资源的流动与周转

人力资源规划的一个关键因素是劳动力的老化和员工离职情况。人员减少量是辞职人数、解雇人数、调离人数和退休人数的总和。在预测员工离职规模时，还应区分不可避免的和可控制的两类情况以及工作岗位上员工正常的流动率。

人力资源流动是市场经济的特征之一。任何企业都会因人事变动、环境变化及企业业务量的增减等原因而出现退休、离职、辞退等人力资源的流动；企业也会随时启用新员工，以补充和满足企业对人力资源的需要。以企业人力资源的流动来维持员工队伍的新陈代谢，对保持企业组织的效率与活力具有重要意义。

人力资源的流动与周转，是企业人力资源管理和规划所必须充分考虑的因素。不同的企业或同一企业在不同的形势下和自身发展的不同阶段，会有各不相同的人力资源流动率。人力资源流动率是一定时期内某种人力资源变动（离职或新进）与员工总数的比率。人力资源流动率通常是考察企业组织与员工队伍是否稳定的重要指标。适度的人力资源流动率是维持组织新陈代谢的条件，可作为选用方法和程序的重要依据。

由于人力资源流动率受多种因素的影响，因此，计算方法较多，常用方法有三种，即员工离职率、员工新进率、净人力资源流动率。

（一）员工离职率

员工离职率是某一单位时间的离职人数（假设以月为单位）与工资册上的月平均人数的比率。公式为：

$$员工离职率 = \frac{离职人数}{工资册平均人数} \times 100\%$$

离职人数包括辞职、免职、解职人数。员工离职率可用来测量人力资源的稳定程度，常以月为单位。

（二）员工新进率

员工新进率是新进人员数与工资册平均人数的比率。公式为：

$$员工新进率 = \frac{新进人数}{工资册平均人数} \times 100\%$$

（三）净人力资源流动率

净人力资源流动率是补充人数（为补充离职人员而雇用的人数）与工资册平均人数的比率。公式为：

$$净人力资源流动率 = \frac{补充人数}{工资册平均人数} \times 100\%$$

分析净人力资源流动率时，可与员工离职率和员工新进率相比较。对于成长发展的企业，一般净人力资源流动率等于离职率；对于采用紧缩战略型的企业，其净人力资源流动率等于员工新进率；对于常态下的企业，其净人力资源流动率、员工新进率、员工离职率三者相同。

选择企业适当的人力资源流动率，应视企业的性质、人力资源政策、业务发展、企业历史以及企业商誉等具体情况而定。一般的原则为：蓝领员工的流动率可以大一些，白领员工的流动率要小一些；企业高层人员的稳定周期宜长些，基层人员可短些。西方发达国家的人力资源管理专家认为：若年轻的专业技术人员能在一个企业维持较长的稳定性，则足以说明该企业的人事管理有过人之处，企业工作环境具有较强的吸引力。

案例 2-3

J 器材公司 2012 年度人力资源管理规划

案例介绍

J 器材公司是一家中日合资企业，始建于 2000 年，10 多年来发展壮大成为一家拥有 700 多名员工，4000 多万元固定资产，年产销近亿元的中型企业。其主导产品电气化铁路接触网器材历来都以品种全、质量优而享誉全国，其产品还远销伊朗、中国香港等地。

然而，和大多数企业一样，其管理手段、运作方式、用人制度、分配方式等无一不打着计划经济的烙印，面对全球化经济的发展，其固有的管理落后、运作效率低下、生产周期长、成本费用大、竞争能力差等一系列弊端不断显现，成为阻碍企业步入市场及参与竞争以实现快速发展的绊脚石。

为适应企业的不断发展，公司人力资源部门根据企业 2012～2016 年发展战略制订了相应的人力资源规划，以满足公司的人才需求。

（一）职务设置与人员配置计划

根据公司 2012 年发展计划和经营目标，人力资源部协同各部门制订了公司 2011 年的职务设置与人员配置。在 2012 年，公司将划分为 6 个部门，其中行政副总负责行政和人力资源部，财务总监负责财务部，营销总监负责销售部和产品部，技术总监负责开发部。具体职务设置与人员配置如下：

1. **决策层（5人）**

总经理 1 名、行政副总 1 名、财务总监 1 名、营销总监 1 名、技术总监 1 名。

2. **行政部（4人）**

行政部经理 1 名、行政助理 1 名、行政文员 1 名、司机 1 名。

3. **财务部（4人）**

财务部经理 1 名、会计 1 名、出纳 1 名、财务文员 1 名。

4. **人力资源部（3人）**

人力资源部经理 1 名、薪酬专管 1 名、招聘培训专管 1 名。

5．销售部（30人）

销售部经理1名、销售组长3名、销售助理3名、销售代表23名。

6．开发部（10人）

开发部经理1名、开发组长2名、开发工程师5名、技术助理2名。

7．产品部（3人）

产品部经理1名、营销策划1名、公共关系1名。

（二）人员招聘计划

1．招聘需求

根据2012年职务设置与人员配置计划，公司人员数量应为59人，到目前为止公司只有40人，还需要补充19人。具体职务和数量如下：

销售代表15名、开发工程师4名。

2．招聘方式

销售代表：社会招聘和学校招聘。

开发工程师：学校招聘。

3．招聘策略

学校招聘主要通过应届毕业生洽谈会、在学校举办招聘讲座、网上招聘等形式。

社会招聘主要通过多参加人才交流会、刊登招聘广告、网上招聘等。

4．招聘人事政策

（1）本科生

A．待遇：转正后待遇2 000元/月，其中基本工资1 500元、住房补助200元、社会保险金300元（养老保险、失业保险、医疗保险等）。试用期基本工资1 000元/月，满半月有住房补助。

B．考上研究生后协议书自动解除。

C．试用期3个月。

D．签订3年劳动合同。

（2）研究生

A．待遇：转正后待遇5 000元/月，其中基本工资4 500元、住房补助200元、社会保险金300元（养老保险、失业保险、医疗保险等）。试用期基本工资3 000元/月，满半月有住房补助。

B．考上博士后协议书自动解除。

C．试用期3个月。

D．公司资助员工攻读在职博士。

E．签订不定期劳动合同，员工来去自由。

F．成为公司骨干员工后，可享有公司股份。

5．风险预测

（1）由于今年本市应届毕业生就业政策有所变动，可能会增加本科生招聘难度，但由于公司待遇较高并且属于高新技术企业，可以基本回避该风险。另外，由于优秀的本科生考研的比例很大，所以在招聘时，应该储备候选人员。

（2）由于计算机专业研究生愿意留在本市的较少，所以研究生招聘将非常困难。如果研究生招聘比较困难，应重点通过社会招聘来填补开发工程师空缺。

（三）选择方式调整计划

2009年开发人员选择实行了面试和笔试相结合的考查办法，取得了较理想的结果。

在2012年首先要完善非开发人员的选择程序，并且加强非智力因素的考查，另外在招聘集中期，可采用"合议制面试",即总经理、主管副总、部门经理共同参与面试,以提高面试效率。

(四)绩效考评政策调整计划

2009年已经开始对公司员工进行了绩效考评,另外,在2009年对开发部进行了标准化的定量考评。

在今年,绩效考评政策特做以下调整:

(1)建立考评沟通制度,由直接上级在每月考评结束时进行考评沟通。

(2)建立总经理季度书面评语制度,让员工及时了解公司对他的评价,并感受到公司对员工的关心。

(3)在开发部试行"标准量度平均分布考核方法",使开发人员更加明确自己在开发团队中的位置。

(4)加强考评培训,减少考评误差,提高考评的可靠性和有效性。

(五)培训政策调整计划

公司培训分为岗前培训、管理培训、技能培训部分。岗前培训在2003年已经开始进行,管理培训和技能培训从2004年开始由人力资源部负责。

在今年,培训政策将做以下调整:

(1)加强岗前培训。

(2)管理培训与公司专职管理人员合作开展,不聘请外面的专业培训人员。该培训分成管理层和员工两个部分,重点对公司现有的管理模式、管理思路进行培训。

(3)技术培训根据相关人员申请进行。采取公司内培训和聘请培训教师两种方式进行。

(六)人力资源预算

1. 招聘费用预算

(1)招聘讲座费用:计划本科生和研究生各四个学校,共4次,每次费用500元,预算2 000元。

(2)交流会费用:参加交流会4次,每次平均400元,共计1 600元。

(3)宣传材料费:2 000元。

(4)报纸广告费:5 000元。

2. 培训费用

2011年实际培训费用20 000元,按20%递增,预计今年培训费用约为24 000元。

3. 社会保障金

2011年计会保障金共交纳××××元,按20%递增,今年社会保障金总额为××××元。

合资企业是一种不规范的、特殊的企业形态,"合资(Joint Venture)"并非规范的法律概念,日本学者将合资公司称为"合资者的共同子公司",以区别于一般意义上的母子公司关系。这种提法本身就体现出合资各方对合资公司共同控制的特点。而国际合资企业(International Equity Joint Venture)是一种内部冲突水平比较高的特殊的企业形式。

影响国际合资企业冲突的因素是复杂而多样的,面对计划经济下的管理落后、运作效率低下、生产周期长、成本费用大、竞争能力差等弊端,J器材公司运用科学的人力资源规划对企业人力资源管理的预先安排,保证了企业各项人力资源管理活动的有序进行。

J公司根据公司2012~2016年发展战略,合理地制定了相应的人力资源规划。

1. 制订职务设置与人员配置计划

包括:决策层、行政部、人力资源部、财务部、销售部、产品部、开发部的岗位设置和人员需求情况，确定公司各部门现有的人员供给与需求差额，为制订人员招聘计划做准备。

2．制订人员招聘计划

包括：招聘需求、招聘方式、招聘人事政策、招聘策略和风险预测，保证企业的人力资源的数量和质量。通过对之前招聘方案的总结，选择合适的方式，提高招聘效率。

3．绩效考评计划

通过建立考评沟通制度、总经理季度书面评语制度等办法，加强员工对公司的了解和归属感，提高团队意识，保证人员的稳定性，减少因人才流失造成的损失。

4．培训计划

包括：岗前培训、管理培训、技能培训，帮助员工更快地融入公司，认同组织文化，并且不断提高管理水平和技能水平，更好地实现员工个人的职业生涯发展，同时为企业的发展提供保障。

通过一系列的措施，J公司不仅有效地化解了合资公司面临的冲突和问题，而且通过制订科学的人力资源规划，保障了公司人力资源需求，实现了公司长远而有序的发展。

中国有句古话，"凡事预则立，不预则废"，意思是说在做任何事情的时候，如果想要取得成功，就必须提前做好规划，否则往往会失败。人力资源管理同样如此，为了保证整个系统的正常运转，发挥其应有的作用，也必须认真做好规划。人力资源规划是人力资源管理的前提和基础。

科学的人力资源规划应该具备四个基本特征。

1．人力资源规划的制订应以组织的战略目标和外部环境为依据

正如人力资源规划专家詹姆斯所说："今天，实际上所有的经营问题都有人的因素，所有的人力资源问题都有经营的因素"。只有在人力资源规划与组织目标保持一致的情况下，人力资源规划才能真正发挥作用。

外部环境也是相关部门制订人力资源规划时需要考虑的因素。人力资源规划是环境与人力资源管理的集合，影响人力资源规划的外部因素包括社会经济发展水平、技术变革、劳动力的供给与需求以及相关法律法规等。

2．人力资源规划必须将组织战略和人力资源战略转化为必要的人力资源政策和措施

人力资源规划是一个依据组织开发战略对人力资源进行预测、调整、配置和补充的过程，因此，人力资源规划必须将组织战略和人力资源战略转化为人力资源政策和措施。例如，组织为适应市场需要，提出了技术创新型的发展战略，这种战略在人力资源战略层面的反映就是优化员工的知识结构、年龄结构和学历结构。人力资源规划必须将这种战略要求转化为具体的招聘、培训、调动、晋升或降职等政策措施并加以落实。

3．人力资源规划必须与组织发展各阶段的目标和重点相适应

组织所处的外部环境瞬息万变，组织的战略目标随着环境和组织发展阶段的变化而不断改变。因此，基于战略的人力资源规划必须随着企业在生命周期中所处的发展阶段的不同而进行动态调整。在创业期和成长期，企业的目标是发展和壮大，人力资源规划的重点是人员扩张；在稳定成长期，人力资源规划的重点是关注人员的数量和质量；在衰退期，人力资源规划则需要考虑合理减员和为组织未来的发展提供合适的人力资源。

4．人力资源规划能同时满足组织利益和个人利益

组织通过人力资源规划获取合格的人才，为合格的人才安排合适的岗位，并通过教育培训开发规划、管理者继任规划、员工职业生涯规划等专项业务规划，充分发挥员工的积极性和主动性，促使他们提高工作效率和绩效，以确保组织目标的实现。同时，人力资源规划也要关心员工个人的成长和发展，为他们提供有效的支持和帮助。

在"以人为本"的现代企业管理中，人力资源开发不能再像传统的人事管理一样，只知埋头拉车，被动反应，更重要的应该是，在这个复杂的管理网络中，明白自己所处的位置，寻找最佳的前进路线，通过人力资源规划的过程，一个公司可以产生"一个未来人力资源需要的清单"（也就是未来工作的空缺和需要哪些类型的人去填补空缺）和"一个满足这些需要的计划"。

相关知识链接

人力资源规划的总体过程包括确定人力资源战略、人力资源预测、制订人力资源规划方案以及人力资源规划的执行与评价四大部分。

（一）确定人力资源战略

能够使企业获得竞争性优势的人力资源战略必须建立在企业总体发展战略基础之上。同时，不同的企业发展战略也要求有不同的人力资源战略与之相适应。因此，我们在确定人力资源战略时，必须要结合企业总体发展战略系统整体地考虑。

（二）人力资源预测

1．收集信息

人力资源预测要收集的信息主要包括企业外部和企业内部两个方面。企业外部的信息也就是企业所面临的外部环境，包括国家政策、社会的经济法律环境、本行业的科技和工艺的发展状况、外部劳动力市场以及竞争对手、客户和供应商的发展战略等。企业内部的信息包括企业的生产经营现状和人员使用现状等。这些信息是企业制订人力资源规划的依据，收集信息工作的好坏直接影响到企业人力资源规划的成败。准确、全面、有效的信息收集可以使企业在人力资源预测和规划的制订中能运筹帷幄而决胜千里，达到事半功倍的效果。

2．分析和预测

在收集到以上各方面信息的基础上，就可以开始对企业的人力资源供求状况进行分析和预测，包括预测劳动力的需求、供给以及劳动力的过剩或短缺等。

（三）制订人力资源规划方案

进行人力资源预测的直接目的是为了制订人力资源规划方案。制订人力资源规划方案一般有以下步骤。

1．制订职务编制计划

制订职务编制计划的目的是描述企业未来的组织职能规模和模式。职务编制计划要根据企业总体发展规划，结合职务分析报告的内容来制订。职务编制计划应阐述企业的组织结构、职务设置、职务描述和职务资格要求等内容。

2．制订人员配置计划

根据企业发展规划，结合企业人力资源盘点报告，来制订人员配置计划。人员配置计划阐述了企业每个职务的人员数量，人员的职务变动，职务人员空缺数量等。制订人员配置计划的目的是描述企业未来的人员数量和素质构成。

3．人员需求计划

根据职务编制计划和人员配置计划，使用预测方法来预测人员需求。人员需求中应阐明需求的职务名称、人员数量、希望到岗时间等。最好形成一个标明有招聘员工数量、招聘成本、技能要求、工作类别以及为完成组织目标所需的管理人员数量和层次的分列表。实际上，预测人员需求是整个人力资源规划中最困难和最重要的部分，因为它要求以富有创造性、高度参与的方法处理未来经营和技术上的不确定性问题。

4．确定人员供给计划

人员供给计划是人员需求的对策性计划，主要阐述人员供给的方式（外部招聘、内部招聘等）、人员内部流动政策、人员外部流动政策、人员获取途径和获取实施计划等。通过分析劳动力过去的人数、组织结构和构成以及人员流动、年龄变化和录用等资料，就可以预测出未来某个特定时刻的供给情况。预测结果勾画出了组织现有人力资源状况以及未来在流动、退休、淘汰、升职及其他相关方面的发展变化情况。

5．制订培训计划

为了提升企业现有员工的素质，适应企业发展的需要，对员工进行培训是非常重要的。培训计划中包括了培训政策、培训需求、培训内容、培训形式、培训考核等内容。

6．制订人力资源管理政策调整计划

计划中明确计划期内的人力资源政策的调整原因、调整步骤和调整范围等。其中包括招聘政策、绩效考评政策、薪酬与福利政策、激励政策、职业生涯规划政策、员工管理政策等。

7．编写人力资源部费用预算

其中主要包括招聘费用、培训费用等方面的预算。

8．关键任务的风险分析及对策

每个企业在人力资源管理中都可能遇到风险，如招聘失败、新政策引起员工不满等，这些事件很可能会影响公司的正常运转，甚至会对公司造成致命的打击。风险分析就是通过风险识别、风险估计、风险驾驭、风险监控等一系列活动来防范风险的发生。

人力资源计划编写完毕后，应该积极地与各部门经理进行沟通，根据沟通的结果进行修改，最后再提交公司决策层审议通过。

（四）人力资源规划的执行与评价

制订好人力资源规划后，要将人力资源规划在方案执行阶段付诸实践，从而发挥作用。要确保方案及时、正确的执行，需要适合的人员专门负责规划的实施，并要给予他们必要的权力和资源条件。

在人力资源规划执行阶段，比较重要的一点就是保证执行过程中进展信息的及时反馈。只有保证了畅通的信息反馈，才能根据实际情况对规划进行动态跟踪与修改，保证预期效果的达成。

最后，还要对人力资源规划的执行结果进行评价，对工作结果作出是否有效的评价。更重要的是，要深入了解人力资源规划的每一具体的环节和结果之间的相互影响，以便为下一步的工作改进提供参考和依据。

 实战模拟

人力资源规划的编写

一、实战模拟目的

通过本次实战模拟，初步掌握了人力资源规划的制订原则、主要内容和程序步骤，能够编制基本的组织人力资源规划。

二、理论知识点

（1）制订人力资源规划的原则。
（2）人力资源规划的主要内容。
（3）编写人力资源规划的步骤。
（4）人力资源规划的发展趋势。

三、实战模拟所需条件

（一）实战模拟时间

实战模拟时间为两周，课堂授课时间为 4 课时/30 人，其余时间调查访问、收集信息。

（二）实战模拟地点

深入一家有一定规模的企业开展实战模拟。

（三）实战模拟所需材料

教师提前给出目标公司的基本背景，学生根据前面介绍的理论知识做好实战模拟准备，搜集目标公司的历年人力资源数据、职能结构、职位说明书等相关资料，以备分析讨论之用。

四、实战模拟内容与要求

（一）实战模拟内容

编制企业年度人力资源规划。

（二）实战模拟要求

（1）要求选择一家人力资源工作开展较为成熟的规模以上企业作为实战模拟基地。与企业进行良好沟通，取得编制人力资源规划所需的相关资料支持和人员支持。

（2）要求学生熟练掌握编制企业人力资源规划的原则、内容和步骤等基本理论，做好实战模拟前的知识准备。

（3）要求学生深入目标企业实际，通过查找资料、与高管面谈、走访相关行业其他企业等工作，结合所学知识，以组为单位，尝试编制基本的年度人力资源规划。

（4）要求教师在实战模拟过程中做好组织工作，给予必要的、合理的指导，使学生加深对理论知识的理解，提高实际分析、操作的能力。

五、实战模拟组织方法和步骤

第一步，教师与目标企业联系，获得企业的支持，确定学生到企业实践的时间。

第二步，教师向学生明确实践要求，规范学生行动，在实践的过程中不得干扰或影响企业的正常工作，须在教师和企业专业人员指导下开展实践活动。

第三步，要求学生课前查阅相关理论与实践书籍，详细了解人力资源规划的编制原则、方法、内容及步骤。

第四步，学生分组进入实践岗位，深入到企业基层，对企业人力资源部门进行访问。小组成员可分工配合，各负责一部分，收集所需要的资料信息，在方便的时候与相关人员面谈或进行问卷调查。

第五步，在充分调查和研究的基础上，参考该企业以前年度的人力资源规划，进行汇总、讨论。

第六步，教师提出指导意见，帮助学生完善自己的结论，编写该企业年度人力资源规划。

第七步，总结并撰写实战模拟报告。

六、实战模拟考核方法

（一）成绩划分

实战模拟成绩按优秀、良好、中等、及格和不及格五个等级评定。

（二）评定标准

（1）是否掌握人力资源规划的编制原则、方法和内容。

（2）是否掌握人力资源规划的编制程序和步骤。

（3）能否结合企业的实际情况，编制合理的年度人力资源规划。

（4）是否记录了完整的实战模拟内容，做到文字简练、准确，叙述通畅、清晰。

（5）实践调查、讨论、分析占总成绩的75%，实战模拟报告占总成绩的25%。

第三篇

岗位与职务篇

➜ 不想当将军的士兵不是好士兵。

——拿破仑

➜ 对于一个人苦干的最高奖赏不在于他得到了什么，而在于他成为了什么人。

——约翰·拉斯丁

➜ 我们应该在不同的岗位上，随时奉献自己。

——海塞

现　象

一个萝卜一个坑

面对 21 世纪知识经济和经济全球化带来的各种机遇和挑战，中国企业已全面进入超竞争时代环境。博弈需要智谋、人才，作为个体的企业职员，更需要平台和空间，进而凭借自己的悟性和行为与企业达成共识，从而实现共同成长与发展。

一个萝卜一个坑，对企业员工而言，就是既要踏实做好本岗本职工作，又要全方位考虑企业目标和个人发展前景；优胜劣汰、不进则退，因此务必巩固自己专业技能基础，同时强化内部协作、互助服务意识，最后还要提升个人对企业愿景不断了解的战略眼光。

案例 3-1

A 公司职位分析

**案例介绍**

A 公司是我国中部省份一家央企房地产开发公司。近年来，随着当地经济迅速增长，房产需求强劲，公司飞速发展，规模持续扩大，员工人数大量增加，公司众多组织和人力资源管理问题逐步凸显出来。

公司现有组织机构是基于创业时的公司规划，随着业务扩张的需要逐渐扩充而形成的，在运行的过程中，组织与业务上的矛盾已经逐步显现出来。部门之间、职位之间的职责与权限缺乏明确的界定，扯皮推诿的现象不断发生；有的部门抱怨事情太多，人手不够，任务不能按时、按质、按量完成；有的部门又觉得人员冗杂，人浮于事，效率低下。

公司人员招聘方面，用人部门给出的招聘标准含糊，招聘主管无法准确加以理解，导致被招聘者大多无法令人满意。同时目前许多岗位不能做到人事匹配，员工能力不能得以充分发挥，严重挫伤了员工士气，并影响工作效率。公司员工晋升决定以前由总经理直接做出，随着公司规模的扩大，总经理没有时间与基层员工和部门主管打交道，基层员工和部门主管的晋升决定只能根据部门经理的意见来做出。而在晋升中,任人唯亲现象屡见不鲜,有才干的人往往并不能获得提升。因此,许多优秀员工由于看不到未来的前途,而另寻高就。在激励机制方面,公司缺乏科学的绩效考核和薪酬制度,考核中存在严重的主观性和随意性,员工的报酬不能体现其价值与能力,人力资源部经常可以听到大家对薪酬的抱怨和不满,这也是人才流失的重要原因。

面对严峻的形势,人力资源部着手进行人力资源管理的变革。变革首先从进行职位分析、确定职位价值开始,职位分析、职位评价究竟如何开展,如何抓住职位分析、职位评价过程中的关键点,为公司本次组织变革提供有效的信息支持和基础保证,是摆在A公司面前的重要问题。

首先,他们开始搜寻进行职位分析的工具与技术。在广泛阅读国内目前流行的基本职位分析书籍之后,他们从其中选取了一份职位分析问卷,来作为收集职位信息的工具,见表3-1。

表3-1 职位分析问卷

一、职位基本情况

姓　　名		现任职位名称		年　　龄	
学　　历		所学专业		职　　称	
目前工资					
所在科室、部门、子公司					

二、本职位设置的目的

三、工作职责(请尽量列出本职位的职责,并按照其重要性加以排序)

(请填写你的工作职责。填写空格不够时,可以另附表格)

重　要　性	工作职责	时间比重
1		
2		
3		
4		
5		
6		

四、填写下面的图表,以表明本职位在组织中所处的层级

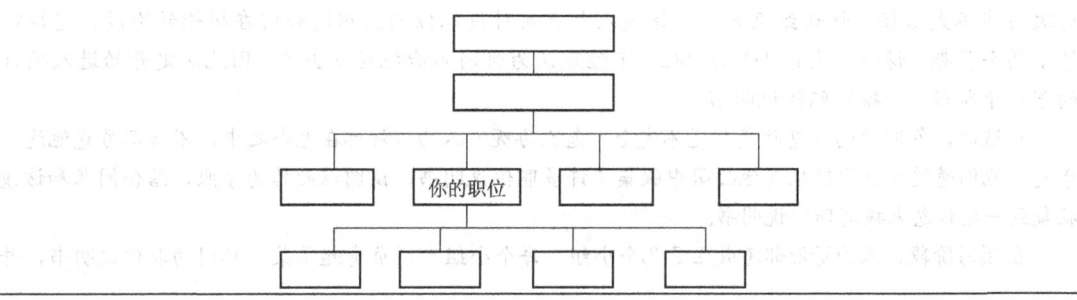

(续)

五、工作联系

内 外	联系对象（部门或单位）	联系主要内容
与公司总部各部门的联系		
与公司子公司的联系		
与公司外部单位的联系		

六、知识和能力要求

学历要求	
专业要求	
能力要求	
知识要求	
技能要求	

然后，人力资源部将问卷发放到各个部门经理手中，同时他们还在公司的内部网上发了一份关于开展问卷调查的通知，要求各部门配合人力资源部问卷调查。

据反映，问卷在下发到各部门之后，一直搁置在各部门经理手中，并没有分发下去。很多部门是直到人力资源部开始催收时才把问卷发放到每个人手中。同时，由于大家工作繁忙，很多人在拿到问卷之后，没有时间仔细思考，草草填写完事。还有很多人在外地出差，自己无法填写，而由同事代笔，此外，据一些重视这次调查的员工反映，大家都不了解这次问卷调查的意图，也不理解问卷中那些陌生的管理术语，何为职责，何为工作目的，许多人对此并不理解。很多人想就疑难问题向人力资源部询问，可是也不知道具体该找谁。因此，在回答问卷时只能凭借自己个人的理解来进行填写，无法把握填写的规范和标准。

一个星期后，人力资源部收回了问卷。他们发现问卷填写的效果并不太理想，一部分问卷填写不全，一部分问卷答非所问，还有一部分问卷根本没有收上来。辛苦调查的结果却没有发挥它应有的价值。

与此同时，人力资源部也着手选取一些职位进行访谈。但试着谈了几个职位之后，发现访谈的效果并不好。因为，在人力资源部，能够对部门经理访谈的人只有人力资源部经理一人，主管和一般员工都无法与其他部门经理进行沟通。同时，由于经理们都很忙，能够把双方的时间凑一块儿实在不容易。因此，两个星期时间过去之后，只访谈了两个部门经理。

人力资源部的几位主管负责对经理级以下的人员进行访谈，但在访谈中，出现的情况却出乎意料。大部分时间都是被访谈的人在发牢骚，指责公司的管理问题，抱怨自己的待遇不公等。而在谈到与职位分析相关的内容时，被访谈人往往又言辞闪烁，顾左右而言他，似乎对人力资源部这次访谈不太信任。访谈结束之后，访谈人都反映对该职位的认识还停留在模糊的阶段。这样持续了两个星期，访谈了大概1/3的职位。王经理认为时间不能拖延下去了，因此决定开始进入项目的下一个阶段——撰写职位说明书。

可这时，各职位的信息收集却还不完全，怎么办呢？人力资源部在无奈之中，不得不另觅他途。于是，他们通过各种途径从其他公司中收集了许多职位说明书，试图以此作为参照，结合问卷和访谈收集到一些信息来撰写职位说明书。

在撰写阶段，人力资源部还成立了几个小组，每个小组专门负责起草某一部门的职位说明书，并且还要求各组在两个星期内完成任务。在起草职位说明书的过程中,人力资源部的员工都颇感为难,一方面不了解别的部门的工作,问卷和访谈提供的信息又不准确;另一方面,大家又缺乏写职位说明书的经验,因此,写起来都感觉很费劲。规定的时间快到了,很多人为了交稿,不得不急急忙忙东拼西凑了一些材料,再结合自己的判断,最后成稿。

最后,职位说明书终于出台了。人力资源部将成稿的职位说明书下发到了各部门,同时,还下发了一份文件,要求各部门按照新的职位说明书来界定工作范围,并按照其中规定的任职条件来进行人员的招聘、选拔和任用。但这却引起了其他部门的强烈反对,很多直线部门的管理人员甚至公开指责人力资源部,说人力资源部的职位说明书是一堆垃圾文件,完全不符合实际情况。

于是,人力资源部专门与相关部门召开了一次会议来推动职位说明书的应用。人力资源部经理本来想通过这次会议来说服各部门支持这个项目。但结果却恰恰相反,在会上,人力资源部遭到了各部门的一致批评。同时,人力资源部由于不了解其他部门,对于其他部门所提的很多问题,也无法进行解释和反驳。因此,会议的最终结论是,让人力资源部重新编写职位说明书。后来,经过多次重写与修改,职位说明书始终无法令人满意。最后,职位分析项目不了了之。

人力资源部的员工在经历了这次失败的项目后,对职位分析彻底丧失了信心。他们开始认为,职位分析只不过是"雾里看花,水中望月"的东西,说起来挺好,实际上却没有什么大用,而且认为职位分析只能针对西方国家那些管理先进的大公司,拿到中国的企业来根本就行不通。原来雄心勃勃的人力资源部经理也变得灰心丧气,但他却一直对这次失败耿耿于怀,对项目失败的原因也是百思不得其解。

案例中,该央企房地产开发公司在公司运营中出现诸多问题,人力资源部门面对问题立即采取行动,制订人力资源相关政策并实施相应措施。首先从职位分析入手,展开问卷调查,但因为经理们的不支持而草草收场,导致职位说明书成为人力资源部门闭门造车的产品。而此案例也正反映出现在很多国有企业在制订职位说明书时出现的问题,他们多数只是稍作修改了事,改革并无实质性进展。

职位分析是人力资源管理和组织管理的基础工作,如果缺乏职位分析这一环节,人力资源管理活动如人员规划、招聘、培训、绩效评价与管理、薪酬管理等,都不可能有效发挥其应有作用。图 3-1 所示为职位分析与人力资源管理职能关系图。

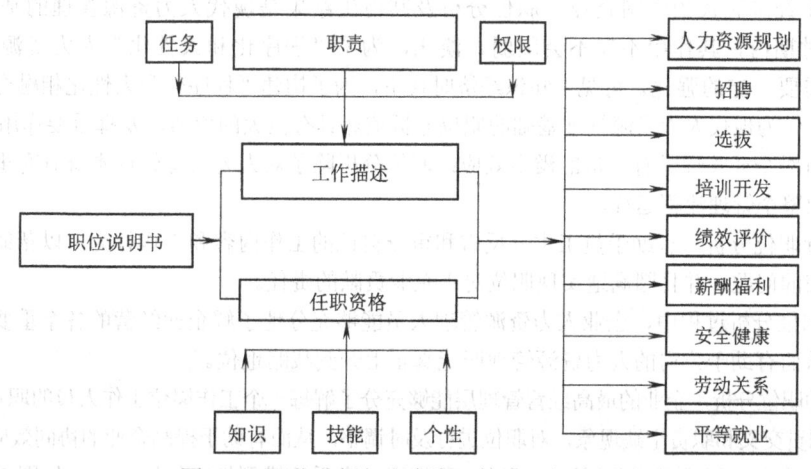

图 3-1　职位分析与人力资源管理职能的关系

显然案例中 A 公司职位分析工作没有到位，导致人力资源部门工作徒劳，从而未达到解决 A 公司面临困境的目的。做好职位分析主要有以下三点：第一，公司的重视程度，即领导支持、部门配合、员工参与；第二，职位分析的方法，采取何种职位分析方法，将直接影响数据的有效性；第三，因为职位分析最终形成职位说明书，所以怎样进行数据采集和分析至关重要；第四，与职位设计的形式有关系。

公司人力资源部在职位分析项目的整个组织与实施过程中存在的问题，可以归纳为以下两点：

（1）前期计划不够，包括领导的支持、部门协调、员工的配合、缺乏必要的前期培训沟通等。

（2）职位分析方法过于单一，简单的调查问卷很难对职位分析得出恰当数据。

知识经济时代，随着组织结构的扁平化、网络化、柔性化、组织信息共享普遍化，企业中知识员工所占比例越来越大。有人认为，人力资源管理应该越来越"模糊化、柔性化、团队化"，而"规范化、标准化、个性化"不再重要。并由此认为，作为现代人力资源管理制度建设基础和前提的"职位分析"的价值就应该弱化、淡化。

职位分析（或称为职务分析、工作分析等）是现代人力资源管理所有职能工作的基础和前提。只有做好了职位分析与设计工作，才能据此有效地完成以下具体的现代人力资源管理工作，如图 3-2 所示。

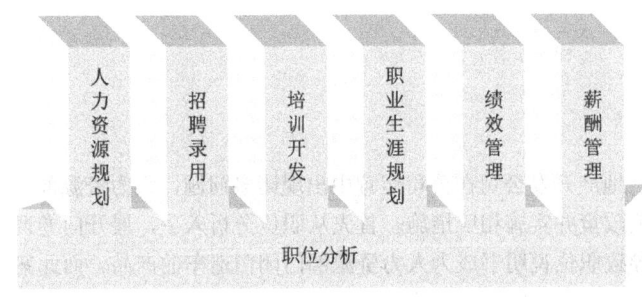

图 3-2 职位分析是人力资源管理的平台

职位分析衍生的结果有：职位说明书、职位设置、通过职位评价确定职位等级、工作再设计、定员定编。当然仅仅简单地认为职位分析是现代人力资源管理的基础，是不全面、不科学的。应该说对于知识经济时代的中国企业，职位分析及其衍生结果是现代人力资源管理的基础和前提，在相当一段时期内，其作用不仅不会削弱、淡化，为了"程序化和人性化"人力资源管理策略的融合，反而需要一定的强化。可见，知识经济时代下，为了构建"程序化和人性化相融合"的人力资源管理制度，作为现代人力资源管理基础的职位分析依然具有巨大的价值，发挥重要作用。

职位分析对企业管理具有一定的溢出效应：职位分析除了对人力资源管理本身具有重要意义外，还有利于企业整个管理流程运行。

（1）进行职位分析，有助于员工本人反省和审查自己的工作内容和工作行为，以帮助员工主动寻找工作中存在的问题，并且圆满地实现职位对于企业贡献的责任。

（2）在职位分析过程中，企业人力资源管理人员能够充分地了解企业经营的各个重要业务环节和业务流程，从而有助于公司的人力资源管理职能真正上升到战略地位。

（3）借助职位分析，企业的最高经营管理层能够充分了解每一个工作岗位工作人员的职责，可以发现职位之间的职责交叉和职责空缺现象，对职位进行及时调整，从而有助于提高企业的协同效应。

为了更加直观地了解职位分析这一活动，我们用一个系统模型把它加以表示，如图 3-3 所示。

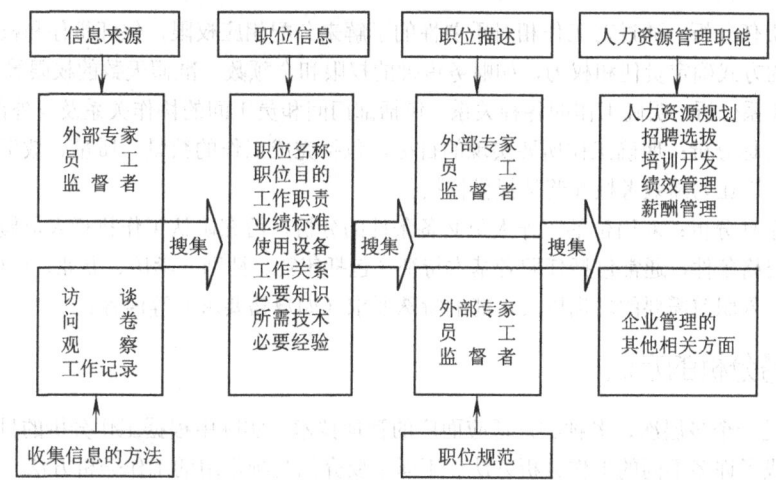

图 3-3 职位分析的系统模型

相关知识链接

一、职位分析的概念

职位分析是对职位信息进行收集、整理、分析与综合。其成果主要包括两种：一种是职位说明书；另一种是职位分析报告。

职位分析是人力资源管理的一个重要的子系统，是建立"以职位为基准的薪酬模式"的重要基础性工作。职位分析为又称为岗位分析、工作分析，主要是指通过系统地收集、确定与组织目标职位有关的信息，对目标职位进行研究分析，最终确定目标职位的名称、督导关系、工作职责与任职要求等的活动过程，如图 3-4 所示。

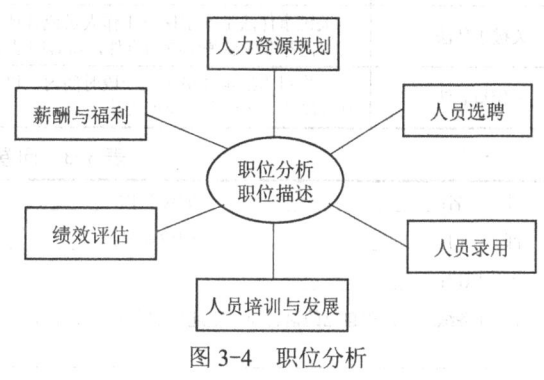

图 3-4 职位分析

二、职位分析的内容

一项完整的工作分析一般应当包括以下三项活动和六项内容。

1．三项活动

（1）收集信息，即按选定的方法、系统和程序收集所需要的信息。
（2）分析信息，即分析研究各种工作因素，包括信息描述、信息分类和信息评价。
（3）加工信息，即把所获得的信息进行解释、转换和组织，使之成为有使用价值的文件。

2．六项内容

（1）工作岗位分析：主要分析岗位的名称是否准确、标准，能否通俗地反映工作的性质和内容；岗位设置是否合理，体现精简、效能的原则；岗位所处的环境状况如何等。
（2）工作任务分析：明确规定工作行为，如工作中心任务、工作内容、工作独立性和多样化程度、完成工作的方法和步骤、使用的设备和材料等。

（3）工作责任分析：通过对工作相对重要性的了解来分配相应权限，保证责任和权力对应。一般尽可能用定量的方式确定责任和权力，如财务审批的权限和金额数、准假天数的权限等。

（4）工作关系分析：明确工作的各种关系，包括部门间和员工间的协作关系及与外部的合作关系。

（5）工作目标分析：明确工作所要实现的目标，包括完成工作的数量、质量、效率，以及取得的成果、效益等，旨在为绩效考核和奖惩提供依据。

（6）员工条件分析：对岗位的工作人员必备条件的分析，旨在确认工作执行人员履行岗位职责时应具备的最低资格条件，通常包括任职者基本特征（包括年龄、性别、学历、专业、性格等）、工作经验、工作技能、入职前需要的培训以及可能的特殊要求（如户籍要求）等内容。

三、职务分析的方法

职位分析是一个多层次、多种类，适应面广的管理技术。实际中根据工作分析的目的、工作分析对象的差异形成了许多不同的工作分析方法。下面主要介绍几种常用的工作分析方法，见表3-2。

表3-2　几种常用的工作分析方法

分　　类	说　　明
访谈法	访谈法是指访谈人员就某一职位，与访谈对象按事先拟定好的访谈提纲进行面对面的交流和讨论，以此来收集岗位信息的一种方法。访谈法通常有个别员工访谈法、集体访谈法和主管人员访谈法三种形式
问卷调查法	问卷调查法是根据工作分析的目的、内容等，事先设计一套岗位调查问卷（见表3-3），由调查者填写，再将问卷加以汇总，从中找出有代表性的回答，对工作相关信息进行描述的一种方法
观察法	观察法是工作分析人员在不影响被观察人员正常工作的条件下，通过观察，将有关工作的内容、方法、程序、设备、工作环境等信息记录下来，最后将取得的信息归纳整理为适合使用的结果的过程。观察法分为直接观察法、阶段观察法和工作表演法三种
关键事件法	关键事件法是要求岗位工作人员或其他有关人员描述出影响其绩效好坏的"关键事件"，即对岗位工作任务造成显著影响的事件，将其归纳分类，以此对岗位工作有一个全面的了解
工作日志法	工作日志法是让员工在一段时间内，以工作日记或工作笔记的形式记录日常工作活动，以此来获得有关岗位工作信息资料的方法

表3-3　问卷调查表

姓　　名：_____　　　职位名称：_____
部　　门：_____　　　职位编号：_____
上级职位：_____

1）任务综述。请用自己的语言简要叙述你的主要工作任务。如果你还负责写报告或做记录，请同时完成第8）题内容。

_____

2）特定资格要求。请举例为完成由你的职位所承担的那些任务需要哪些证书或许可证。

_____

3）设备。请举例为了完成该职位的工作，你通常会使用的设备、机器和工具。

_____

4）常规工作任务。请用概括的语言描述你的常规任务，并根据各项工作任务的重要性以及每个月每项任务所花费的时间百分比从高到低排列。

_____

5）工作关系。你所从事的工作要求你同其他部门或其他人员、其他公司或机构有接触吗？如果有，请列出要求与其他人接触的工作任务并说明频繁程度。

_____

6）监督。你的职位有监督的职责吗？如果有，需要监督哪些职位？如果你的职位对他人的工作还负有责任的话，请加以解释。

_____

(续)

7) 决策。请解释你在完成常规工作的过程中要作出的决策有哪些？如果你的判断或决定质量不高，采取的行为不恰当，那么可能带来的后果是什么？
_____

8) 文件记录责任。请列举出需要由你准备的报告或保存的文件资料有哪些？并指出每份报告交给谁。
_____

9) 监督的频率。为进行决策或决定采取其他正确的行动程序，你必须以一种怎样的频率同你的主管或其他人协商？
   经常（　）　偶尔（　）　很少（　）　从不（　）
_____

10) 工作条件。请描述你是在一种什么样的条件下进行工作的，包括内部条件、外部条件等，请一定将所有令人不满意或非常满意或非常规的工作条件记录下来。
_____

11) 资历要求。请指出令人满意地完成本职位的工作需要达到的最低要求。
   A. 教育：最低学历_____专业或专长_____
   B. 工作经验：工作经验的类型_____工作年限_____
   C. 特殊培训：类型_____年限_____
   D. 特殊技能：_____

12) 其他信息。请提供前面所给项目中未能包括的，但你认为对你的职位来说是非常重要的其他信息。
   签名：_____　日期：_____

神州数码的岗位责任制

案例介绍

神州数码控股有限公司（以下简称"神州数码"）是中国领先的整合 IT 服务提供商。由原联想集团分拆而来，并于 2001 年 6 月 1 日在香港联合交易所有限公司主板独立上市。神州数码致力于为中国用户提供先进、适用的信息技术应用，以科技驱动工作与生活的创新，推进数字化中国进程。为此，神州数码努力将自身打造成为中国最广大用户提供最为全面 IT 服务的首选供货商。

神州数码业务主要包括 IT 规划、流程外包、应用开发、系统集成、硬件基础设施服务、维保、硬件安装、分销及零售八类业务，面向中国市场，为行业客户、企业级客户、中小企业与个人消费者提供全方位的 IT 服务。

神州数码在全国 19 个主要城市设有区域中心。同超过 100 家全球顶尖 IT 品牌拥有良好的战略合作伙伴关系，覆盖全国超过 1 万家代理合作伙伴，为中国用户提供最优质便捷的 IT 服务。神州数码依靠多年经验积累的行业应用服务能力，在金融、电信、政府等行业的 IT 服务领域建立了领先优势。同时，神州数码在 IT 产品分销领域保持了多年市场第一的地位。

以下我们将主要从神州数码 1999 和 2000 财政年度面临的问题和解决对策进入我们的案例分析。

(一) 1999 财政年度

1. 问题

神州数码的 LAS 技术中心是为了给事业部集成项目提供技术支持而成立的部门。1998 财政年度年底,当梁昭来到北京技术中心时,所面临的是这样一番景象:

(1) 分派工作随意性。接到事业部的申请后,分派任务没有统一的原则,只要技术方向上沾边,基本上是看见谁就派谁去。大家掌握了这个规律,一些责任心不强的工程师就躲着领导,领导看不见就清闲,没事做;而有一些工程师却经常性地处于忙碌状态。

(2) 工程师各自为政。由于没有明确的要求,工程师们都按照自己的理解来工作,大家好像都很忙,可是包括领导,却都常常不知道他们在忙些什么,在有任务的时候,经常面临无人可派的情况。而且,由于二级部门按照不同技术方向划分较细,例如,当时的二级部门就有 400 和 ATM 部门、6000 部门、网络部门、HP/SUN 等部门,有些可做可不做的任务就常常分配不下去,经常会听到这样的话:这不是我的工作。

(3) 心态问题。工程师忙闲不均的情况并不会对工程师的奖惩有什么影响,干多干少一个样。每个人心里都有一把尺子,都用自己的标准来衡量。管理者得不到信任,面对的是大家审视的眼光。

2. 对策

1999 财政年度技术中心从成本中心转变为利润中心,面对管理的种种难题,面对利润的压力,应该怎么做呢?

当时,梁昭的想法很朴素,以解决问题为主。分析上面的种种问题,实质是职责不清,包括部门和工程师的职责都不清楚,不知道应该做什么。同时,做的事情也没有一个统一的衡量标准。互相攀比、互相推诿的现象就难以避免。针对这种情况,采取了如下两项重要的举措:

(1) 二级部门重新划分。只设两个技术部门,保留网络部,将技术上有共通点的 400 和 ATM 部门、6000 部门、HP/SUN 等部门整合为一个主机部,模糊各技术类别的界限,一些可做可不做的任务分配不下去的问题,基本就得到了解决。

(2) 实行岗位责任制。岗位责任书主要包括:工作量、客户满意度、技术发展和岗位要求的其他工作。工作量和客户满意度由客服部统一提供,保持数据源一致。有了工作量的统计,工作多少知道了;有了客户满意度的数据,工作的结果知道了;关于技术发展,规定工程师每季度交一篇论文,成立评审委员会打分;岗位要求的其他工作由部门经理直接打分。

3. 实施岗位责任制后的效果

刚实施岗位责任制的时候,北京技术中心的领导也是忐忑不安,不知道结果会怎么样。但是,因为认识到管理中的种种困难,认识到改变的迫切性,当时还是坚定不移地大力推行,各部门经理的岗位责任书都是梁昭亲自制订的。岗位责任制推行后,令人振奋的是,大部分工程师对此都是认同的。大家都希望有一个客观公正的标准,对自己的工作进行衡量,都希望自己的价值得到承认。岗位责任制并不是孤立的,还实施了配套的各项措施。例如,上岗实行双向选择等。岗位责任制实施以后,工程师们的心态发生了积极的转变。在此之前,工程师们都和其他工程师攀比,都觉得自己做得多。实施了岗位责任制后,大家都和岗位比。岗位责任制也为考核提供了可以衡量的统一标准,在考核的时候优劣自分。在 1999 财政年度每季度临近考核的时候,都会有人辞职,但往往都是能力不够、责任心不强的人。

(二) 2000 财政年度

进入 2000 财政年度,技术中心又面临三地整合的新问题。

2000 财政年度前,北京、上海、深圳三地技术中心虽说不上不相往来,但各地业务基本各自为政,管理资源、技术资源都无法共享。在总结汇报的时候,都是各地轮番上阵,各讲各的。为此,还被严厉地批评过。2000财政年度，三地技术中心进行了整合。

当时，三地的做事风格都不同。北京人数比较多，上个财政年度刚刚推行了岗位责任制和一系列的工作流程，积累了一定的管理经验；上海在1999财政年度针对事业部需求和人员现状的不匹配问题，已经有意识地开始了对工程师技术能力提升；深圳地区由于历史原因，骨干人员流失严重，人心浮动。

整合，首先是做事方式、方法的统一。面对近百人的大部门、面对各地的不同情况、面对"爱较真"的工程师们，标准统一、体现客观公正的岗位责任制成为了首选推行的"统一语言"。

2000财政年度的岗位责任制不仅仅是针对出现问题的"救火工具"，也是在管理者尝到甜头的基础上的有意识的选择。在吸取了北京技术中心1999财政年度的经验和上海技术提升的做法基础上，根据面临的问题和今后的发展方向，与1999财政年度相比，2000财政年度的具体做法做出了如下改进：①与公司推行的绩效考核相结合，考核结果由双向沟通产生；②全员岗位责任制，双向选择；③岗位责任内容目标导向动态化，随技术中心的目标变化而不断修正；④规划各类人员的跑道，将提升作为岗位职责和考核项目，关注组织和个人的发展……

通过岗位责任制在三地的推行，工作流程在三地的统一，以及例会制度、季度总结制度的实施，北京、上海、深圳三地技术中心在2000财政年度成功地进行了整合。从而使技术中心有了"统一的语言"，遵从的是同样的工作准则，三地的打通使管理经验、技术资源实现了从未有过的共享。技术中心从分开的手指，握成了一个拳头。

如今有很多民营企业纷纷上马岗位责任制，其中不乏跟风的企业。一般企业会有比较系统的岗位责任手册，但往往却没落到实处，大多数岗位责任手册只是表面文件罢了，根本没有实施环节，更不用说岗位责任制与绩效考核制度和公司目标战略相匹配。

通过以上案例介绍，我们知道神州数码面对1999年出现的分派工作随意性、工程师各自为政、心态问题，以及2000年技术中心的新问题时，采取了相应的应对策略，分两个阶段解决了相应问题，使神州数码得以快速向前发展。其中岗位责任制从工作量和客户满意度着手，使员工清楚地了解自己的工作是什么，工作结果怎么样，从而明确工作职责。2000年，神州数码将岗位责任制与绩效考核相结合，将其内容目标导向动态化，在相当程度上解决了2000年所面临的问题。

对于1999年上岗实行双向选择这一配套措施的实施，隐含了一个前提：对岗位责任认同，才会选择这个岗位。工作量和客户满意度的统计，使统一的量化标准易于接受；各项工作流程的建立，使大家的工作方式、方法得到了统一，工作效率和客户满意度得到提升。这些对岗位责任制的顺利开展都提供了保障。岗位责任制的实施最重要的贡献，在于将对人不对事的管理，转变为对事不对人的管理。依此看来，营造客观、公正的环境，是使工程师心态发生积极转变的关键因素。而当2000年面临新问题时，岗位责任制的改进是后期效果良好的一个重要原因，它遵循了具体问题具体分析的原则。

1999年岗位责任制的实行，极大地提高了工程师的工作积极性，给公司正常的运作带来了很好的促进作用，是神州数码一次较好的整合，但同样也存在着不足：

（1）岗位责任制制订单向，同时考核打分单向，没有互动。

（2）工程师们普遍反映技术提升不够。

要做好岗位责任制工作，一个重要的原则是要根据实际情况制订各种考核制度，一切单向的制度或许在短时间内能起到一定效果，但从长远来看，单向制度只反映一方情况，不是全部，而只有全面把握问题，才能得以健康地推行。

正因为1999年岗位责任制存在着不足，才有了2000年时面临的新问题，所以必须对之前制度进行改进，只有这样才能使改进后的岗位责任制发挥更好的作用。

职务分析是人力资源管理的首要环节。搞好职务分析可为组织制订人力资源规划，进行人员招聘、员工培训与发展、绩效管理、薪酬管理等工作提供科学的依据，保证事得其人，人尽其才，人事相宜。神州数码的岗位责任制的不断完善，实际上就是职务分析不断深化完善，落到实处的过程。

同时，在现代企业制度里，岗位责任制是一个最基本的管理制度，由此派生出的岗位工资制度、岗位考核制度以及其他相关管理制度组成了企业管埋系统的基础。但在实际工作中，我们发现，在一部分员工中依然存在着很多涉及岗位责任的问题，诸如：没有主动工作的意识，领导叫干什么就干什么；没有责任感，工作成为走过场，甚至有制度不执行；或者当面一套，背后一套，钻制度的空子，甚至为自己谋取私利；企业的检查监督制度不完善，干好干坏一个样等。如果这些问题存在并任其发展，必将侵蚀队伍，怠慢管理，造成经营成本的上升和管理漏洞的增加。

因此，需要我们在思想上引起重视，在行动上加以克服。做好岗位责任制的工作要从以下几个方面作出努力：①岗位责任要真正深入到各岗位员工的意识中去，成为自觉的行动。②责任到人，勇于负责，精简队伍，提高效率。③部门领导应该善于组织，强调团结协作，调动各岗位职工的积极性，努力深入一线工作，熟悉自己本部门的各个环节的工作流程，善于发现问题，解决问题。④及时奖惩，奖励先进，惩戒落后，保持员工岗位责任的积极性。

岗位责任制的实施对企业来说是管理上的一个提高，但就现实情况而言，在多数企业里，岗位责任手册只是一套形式上的文件，并没有得到认真的落实。没有人根据岗位职责的内容来规范自己的工作，更没有将它真正地作为依据进行绩效考评。问题的根源在于：

1．没有职务分析

一些企业从来没有进行过职务分析，岗位责任手册中的内容是照搬其他企业的职位职责内容，有些可能会进行一些修改，但这种修改大多是基于管理者的主观意愿进行的调整，这种草率的做法肯定不会符合企业岗位职责的实际情况。

2．职务分析没有更新

有些企业也曾经做过职务分析，但"一稿定终身"，并没有根据企业的变化来重新进行职务分析，修订岗位职责的内容，造成岗位职责的内容与实际工作不相符合，导致职位职责起不到应有的作用。

3．缺乏认真的工作态度

做出了不符合实际的职务描述和职务资格要求。

4．缺乏一定的技术和经验

职务分析并不是一件简单的事务性工作，它要求职务分析人员有一定的专业素质和专业背景，并不是只靠工作热情就能做好。目前，我国企业现有的职位职责描述的质量普遍不高，如有些岗位责任中只有工作内容而没有工作责任。

相关知识链接

一、实施岗位责任制应强调的原则

1．才能与岗位相统一的原则

根据办公室人员的不同才能及特长，将其分配到与之相适应的岗位。办公室由若干人员和不同岗位组成，每个成员的个体素质条件差异有时很大，这就要求充分考虑各种因素，在实际工作需要中，调整人员，量才授职，扬长避短，只有这样才能人尽其才，使每个岗位上的工作卓有成效。

2．职责与权利相统一的原则

职、责、权、利四项是每个工作岗位不可或缺的因素。责任到人就必须权力到人，并使之与实际利益密切联系，体现分配原则。有责任无权力，难以取得工作成效；有权力无责任，将导致滥用权力。因此，建立岗位责任制必须使办公室中的每一个成员都有明确的职务、权力和相适应的利益享受。

3．考核与奖惩相一致的原则

岗位责任制的建立提供了办公室人员考核的基本依据，而考核必须作为奖惩的基本依据，这样才能使两者相一致，论功行赏，依过处罚，岗位责任制就能起到鼓励先进，激励后进，提高工作效率的作用。这样的岗位责任制才能真正发挥作用。

二、岗位责任制的实施

岗位责任制是明确规定各种工作岗位的职能及其责任并予严格执行的管理制度。它要求明确各种岗位的工作内容、数量和质量，应承担的责任等，以保证各项业务活动能有秩序地进行。有领导干部岗位责任制、技术人员岗位责任制、管理人员岗位责任制、工人岗位责任制等。

（1）为提高管理效能，增强公共行政和公共服务的整体性，坚持依法行政，建立健全岗位责任制，规范工作行为和工作程序，充分发挥单位的基本职能和运行职能制定本制度。

（2）实行岗位责任制要坚持因事设岗、职责相称，责任一致、责任分明，任务清楚、要求明确，便于考核的原则。

（3）实行岗位责任制的主要内容是对机关（单位）的总体职责，各科室和岗位承担的工作内容、数量、质量及完成的程序、标准和时限，应有的权力和应负的责任等作出明确规定。

本机关（单位）的总体职能；内设科室的主要职责；具体岗位的设置及其职责；具体岗位责任人。

（4）实行岗位责任制要与工作责任制相结合。把岗位责任落实到具体的工作目标责任之中，保证岗位责任制的切实落实。

（5）岗位责任要按规定进行公示，自觉接受人民群众监督。

（6）岗位责任制履行情况要纳入效能考评内容，不断强化科室、岗位责任意识，提高依法行政的自觉性。

三、岗位责任制的落实

企业岗位责任制具有强制约束的效力，形成之后关键在于"长期坚持，认真落实"，这是企业实施岗位责任制管理的中心任务。具体来说，要使岗位责任制管理达到效果，还要做好以下几个方面的工作。

1．制订完整的责任管理体系

要制订出操作性强的考核标准和实施细则，并设置专门的职能机构抓落实。严考核，硬兑现。必须强调无论是员工还是管理人员在制度面前人人平等,以保证岗位责任制管理的公平性和权威性。用标准化来管理生产、管理员工,实现奖惩分明,真正建立起系统的、完整的监督考核体系。

2. **严格实行目标责任管理**

需要将经营目标展开,层层分解、逐步落实,逐级签订岗位承包责任书,一级对一级负责,从而把企业的各项工作具体到岗位和个人。此外,还应按岗位制订出明确的要求和标准,包括工作内容、性质、操作标准等,明确每个岗位应该干什么、怎么干和干到什么程度。这样层层分解落实到各车间、班组和个人的承包指标以及相应的工作要求和标准,也就是每个岗位和职工的具体责任。企业目标只有通过分解变成每个部门、单位和个人的具体目标,企业的总目标才能得以实现。

3. **加强企业文化建设,对员工进行思想教育**

岗位责任制作为企业的一项基本制度,其作用具有两面性:一方面若制度设计公平合理则会对员工产生正面的激励,促进企业生产力的提高;反之,则可能会导致员工产生抵触和不满情绪,对企业的正常生产经营活动造成不良影响。因此,要保证岗位责任制的顺利实施,必须研究职工行为规律,了解员工对制度的反应,对症下药,对不合理的制度做出及时调整,同时通过企业文化建设教育和员工培训,使他们安于岗位,热爱岗位,对企业忠诚,只有这样才能保证岗位责任制的顺利实施。

摩托罗拉特色的"知人善任"

案例介绍

摩托罗拉公司(Motorola Inc.),原名 Galvin Manufacturing Corporation,成立于 1928 年。1947 年,改名为 Motorola,从 1930 年代开始作为商标使用。总部设在美国伊利诺伊州绍姆堡,位于芝加哥市郊。世界财富百强企业之一,是全球芯片制造、电子通信产品制造的领导者。

摩托罗拉因在无线和宽带通信领域的不断创新和领导地位而闻名世界。公司旗下有三大业务集团,它们分别是企业移动解决方案部、宽带及移动网络事业部和移动终端事业部。作为一家老牌通信巨头,摩托罗拉在通信业的地位毋庸置疑,从发明第一款手机开始,摩托罗拉见证了迄今为止的整个手机发展史,摩托罗拉无线电应答器被用于阿波罗 11 号宇宙飞船,摩托罗拉在对讲机的江湖地位更是不可动摇,一直在引领行业的风向标,并成了它最赚钱的一项业务。摩托罗拉一直引导时代的进步,从发明了无线电应答器到全球第一款商用手机,第一款 GSM 数字手机,第一款双向式寻呼机,第一款智能手机,全球第一个无线路由器,以及著名的铱星计划等。摩托罗拉是一家写进历史的公司。近年来,摩托罗拉公司的移动电话业务开始下滑,导致了公司一分为二。

"知人善任",短短四个字看似简单,但是否能真的做到"知人善任"是对每一家公司人力资源体系与企业文化的考验。能知人不易,能善任更难。摩托罗拉在用人中坚持"保持对人不变的尊重,坚持高尚的操守",实行"right people on right place at right time"的用人原则,即力争"在最合适的时间,把最优秀的人才,放到最合适的位置上"。具体表现在:

第一，摩托罗拉在公司内部实行"工作轮换制度（Job Rotation）"。员工只要在某一岗位上工作12个月以上，若公司内部有岗位空缺，就可以通过人力资源部的内部招聘信息，根据自己的爱好和个人发展目标转换工作岗位，从而得到多方面的锻炼。

对工作表现差的员工，摩托罗拉也不会听之任之，更不会轻易地辞退，而是帮助其找出原因，若发现员工需要培训，便通过培训使他（她）不断提高自己，鼓励他（她）迅速赶上去，做出成绩。

第二，营造"尊重人才"的用人环境。摩托罗拉的前首席执行官前克里斯托夫·高尔文先生说："摩托罗拉的一切都可能会变，只有对人的尊重和坚持高尚的道德情操不会变，它是摩托罗拉永恒不变的企业文化。""对人保持不变的尊重，坚持高尚的操守"是摩托罗拉公司的基本理念。在用人上，更是充分体现了这一原则。摩托罗拉强调公司每一名员工，尤其是管理人才，除了要具备高瞻远瞩、激情互动、马上行动、果敢决定等素质之外，最重要的是要具备高尚、完美的操守，这是高于一切的要求。

"尊重每一名员工"是摩托罗拉最大的用人特色，摩托罗拉充分尊重每一名员工的尊严，在全球实施了一套名为"肯定个人尊严"的方案，每个季度每个员工都必须与其主管面谈，就6个问题进行探讨：

1）你是否拥有一份有意义、有助于公司成功的工作？
2）你是否了解如何才能胜任本职工作？
3）你是否得到了充分的培训以提高工作技能？
4）你在公司是否有明确的、令你鼓舞的个人发展前途，并且切实可行？
5）上下级是否对你有中肯的意见反馈？
6）你是否因性别和文化传统等因素受到歧视？

双方取得共识后，员工将这6个问题的个人评价输入计算机，供总公司汇报并存档。对于每一次探讨中发现的问题，摩托罗拉将通过正常渠道快速解决。

在摩托罗拉，"尊重每一名员工"已经成为风气，为了贯彻这种文化，摩托罗拉不断改善员工的工作环境，人性化的待人、平等自由地沟通。摩托罗拉不断地告诉员工：要有长远的眼光。作为摩托罗拉的员工，如果谁有创意，完全可以把想法直接提交到公司的最高管理层，甚至提交给CEO。摩托罗拉的工厂和销售部门通过小组的形式把员工组织起来做项目，每年还有区域和全球范围的比赛交流，这样的工作环境有利于员工自发地解决问题、进行团队协作。

摩托罗拉根本的信念是"肯定个人尊严"和"坚持高尚的操守"，这是企业文化的一部分。例如，对于那些表现不好的员工，摩托罗拉同样尊重他们，而不是否定他们，即使有时候不得不做出裁员等决定，摩托罗拉也会考虑在这个过程中怎样体现出对人的尊重。

第三，发展有方。发展人才是尊重人才的最有说服力的体现。摩托罗拉是一个以人为本的公司，因此，公司特别注重合理的利用人才，发展员工潜力，并制订有效的激励和奖励措施，使员工在其工作岗位上能够积极主动地参加公司的管理和运作。摩托罗拉一向重视和尊重员工的发展，并为员工提供各种培训和发展机会。

摩托罗拉实行"内部机会"制度（Intenal Opportunities System）。当公司内部有空缺时，首先从内部招聘，把机会首先留给为摩托罗拉发展做过贡献的内部员工。摩托罗拉为员工提供各种培训机会，如CAMP-A、CAMP-E、MMFP等，以及美国商学院提供的侧重于高科技行业的TMBA项目等。通过众多培训使员工能够获得更好的发展。

综上所述，尊重和发展员工是摩托罗拉人力资源工作的核心。对员工的尊重首先表现在员工个人业绩管理系统上，在摩托罗拉被称为"个人承诺制"。这一系统要求员工积极主动地根据公司、部门的经营战略与目标设定自己的工作目标，并通过与经理对话确定下来，作为自己对公司的"承诺"，成为指导日常工作、发展能力、进行业绩检查和评价的行动准则。

摩托罗拉要求每个员工每年都要制订自己的发展计划，并定期检查这些计划的执行情况。员工的经理有责任与员工密切合作，对员工的个人发展计划提供评估和规则，并在条件许可的情况下，满足员工的个人发展计划。

案例中，摩托罗拉"知人善任"的用人特点可概括为以下几点：在最适当的时间，把最优秀的人才，放到最合适的位置上；尊重人才，充分尊重每一名员工的尊严；重视人才发展，为员工提供各种培训和发展机会。

1．知人善任方面

摩托罗拉采用的"工作轮换"制度对其员工有以下好处：首先，可以避免员工日复一日地重复同样的工作，使之保持对工作的兴趣和新鲜感；其次，能加强员工对其他岗位的认识和了解，增强组织内部凝聚力；再次，使员工能认识自己的最终成果，提高自我成就感；最后，使员工从原先只能做一项工作的专业人员转变为能做许多工作的多面手，从而具有更强的适应力。

2．尊重人才方面

只有充分尊重每一个人，才能充分激发每个人的潜能。如果脱离尊重这一前提，人的尊重需要就无法得到满足，人员专长的发挥就会受到限制。士为知己者死，不能尊重人，必然不能用好人。摩托罗拉充分"肯定个人尊严"，公司为员工创造具有真正意义的工作机会；通过培训为员工提供争取成功应具备的知识和技能；制订职业发展规划；建立良好的沟通机制，为员工发挥工作积极性和创造性提供依据。

3．发展人才方面

摩托罗拉的"内部机会"制度和公司培训给员工提供了多方面的发展空间，激发了员工不同的兴趣，挖掘了员工各方面的潜力。

"知人善任"的前提是工作分析，工作分析是整个人力资源系统的基础，它具有以下功能。

1．**工作分析是人力资源规划的基础**

在组织发展过程中，组织内外环境的变化和战略目标的调整必然会引起组织结构、业务和人员数量的变化。为了保证组织有足够的工作人员来完成组织的工作，必须通过人力资源规划来预测组织未来人力资源需求及供给状况。工作分析可以提供组织中各项工作的任务、责任、工作时间、工作条件以及各项工作所需要的不同的知识、技艺和能力，使人力资源规划更为准确。

2．**工作分析对员工招聘具有指导作用**

通过工作分析可以确定组织空缺职位所需承担的工作任务，进而确定所需招聘员工的选拔标准和测评方法，为组织招聘新员工提供客观依据，避免经验主义和录用中的盲目性，从而使甄选录用工作科学化、规范化和正规化。

3．**工作分析使员工培训更有效果**

工作分析为员工的培训需求提供了可靠的依据，按照不同岗位的知识、技术和能力的要求设计培训内容和培训方法，使培训更具有针对性，从而提高员工培训效果。

4．工作分析为员工绩效考核提供客观依据

工作分析可以提供各个岗位的工作任务、工作职责以及任职资格等相关信息，这些信息为组织科学地确定绩效考核的主体、指标体系和考核标准提供了客观的依据。

5．工作分析有助于实现公平的薪酬体系

工作分析能从劳动责任、劳动技能、劳动强度、劳动环境等方面对岗位的相对价值进行评价和确定，依此制订的薪酬体系容易实现组织内和组织间薪酬的相对公平。

6．工作分析有利于工作关系的和谐

通过工作分析可以不断优化组织结构和业务流程，对各类岗位进行工作设计和再设计，从而改善员工工作的内外环境和条件，逐步减轻员工的体力和脑力消耗，进而提高员工的工作满意度，形成和谐的劳动关系。

相关知识链接

一、工作分析方法

工作分析中的"工作"可以通过三个侧面来揭示，即"工作任务"、"完成任务的人的行为"以及"人员行为与工作任务匹配后的运作方式"。从任务分析入手的工作分析侧重对工作内容结构的揭示，从人员分析入手的工作分析侧重于对工作要求的揭示，而从运作方式入手的工作分析侧重于对工作方法的揭示。因此，从上述"工作"的三个侧面形成了任务分析、人员分析和方法分析三种工作分析方法。

（一）任务分析法

任务分析是指工作分析者借助一定的方法手段，对整个岗位的各种工作任务进行分析、分解，寻找出构成整个岗位工作的各种要素及其关系的过程。任务分析法包括以下几种。

1．决策表

决策表即把工作中的条件和行动区分开来，根据不同的条件采取不同的行动对策，并以表格的形式揭示出来。

2．流程图

流程图又称逻辑树，以工作流程图的形式来揭示工作任务的操作要素与流向。

3．语句描述

语句描述即通过语言形式揭示工作任务中的要素、关系及其运作要求。

4．时间列

时间列即根据工作时间长短与顺序来揭示整个工作过程中各任务的轻重与关系的形式。

5．任务清单

把岗位工作活动任务逐一列出，让被调查者选择标明顺序、重要程度或困难程度等。

（二）人员分析法

人员分析是指对于工作有关的工作人员的个性特征进行分析描述。人员分析的方法主要包括以下几种。

（1）职位分析调查问卷（Position Analysis Questionnaire）。
（2）管理职位描述问卷（Management Position Description Questionnaire）。
（3）临界特质分析系统（Threshold Traits Analysis System）。
（4）工作要素分析法（Job Element Method）。

（三）方法分析法

方法分析一般是通过系统地观察、记录和分析现有的工作流程，以发现存在的问题并提出最优的运作方式。方法分析的内容主要包括以下几个方面。

（1）工作过程中有没有不合理、不经济的行为环节？
（2）工作过程中有没有不合理、不经济的分工协作？
（3）工作过程中人、事、物三者之间有没有不合理、不经济与不均衡的现象？
（4）工作过程中的人是否充分发挥了主动性和创造性，在哪些环节上没有发挥？

二、工作分析流程

在人力资源管理系统中，工作分析是一项技术性很强的工作，为了保证实施效果，在实际操作过程中必须遵循一定的步骤并注意相关的问题。一般来说，工作分析的整个过程要经过以下几个步骤来完成：准备阶段、调查阶段、分析阶段和完成阶段，如图 3-5 所示。

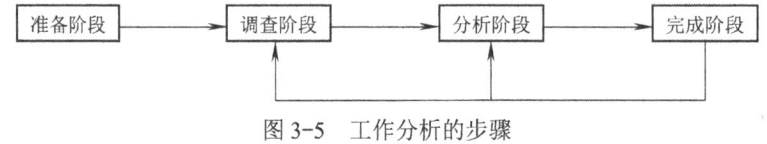

图 3-5　工作分析的步骤

1．准备阶段

（1）确定工作分析的目的和用途。工作分析的目的不同，所要收集的信息和要使用的方法也会不同。同时要明确分析资料到底是用来做什么的，是要解决什么问题。

（2）成立工作分析小组。为了保证工作分析的顺利进行，在准备阶段还要成立一个工作分析小组，从人员上为这项工作的开展做好准备。小组一般由以下三类人员组成：一是企业的高层领导；二是工作分析人员，主要是人力资源管理专业人员和熟悉本部门情况的人员；三是外部的专家和顾问，他们具有这方面的丰富经验和专门技术，可以防止工作分析过程出现偏差，有利于结果的客观性和科学性。

（3）对工作分析人员进行培训。为了保证工作分析的效果，还要由外部的专家和顾问对本企业参加工作分析小组的人员进行业务培训。

（4）做好其他必要准备。例如，各部门抽调参加工作分析小组的人员，部门经理应对他们的工作进行适当的调整，以保证他们有充足的时间进行这项工作，而且在企业内部对这项工作进行宣传，消除员工不必要的误解。

2．调查阶段

这一阶段需要完成的任务主要有以下几项。

（1）制订工作分析的时间计划进度表，以保证这项工作能够按部就班地进行。

（2）根据工作分析的目的，选择搜集工作内容及相关信息的方法。

（3）搜集工作的背景资料。这些资料包括公司的组织结构图、工作流程图以及国家的工作分类标准。如果可能的话，还应当找来以前保留的工作分析资料。组织结构图指明了某一工作在整个组织中的位置，以及上下级隶属关系和左右的工作关系；工作流程图指出了工作过程中信息的流向和相关权限，这些都有助于更加全面地了解工作情况；工作分类标准和以前的工作分析资料也有助于更好地了解工作情况。但是在使用这些资料时要注意，不能照搬照抄，而应当根据企业现有的具体情况，有选择地加以利用。

（4）搜集工作的相关信息。在完成以上的工作之后，就可以正式开始搜集工作的相关信息了。

3. 分析阶段

在搜集完与工作相关的信息之后，就要进入工作分析的下一个阶段，即分析阶段。这一阶段需要进行以下几项工作：整理资料、审查资料和分析资料。

4. 完成阶段

这是整个工作分析过程的最后一个阶段，这一阶段的任务是：编写工作说明书、对整个工作分析过程进行总结、将工作分析的结果运用于人力资源管理以及企业管理的相关方面，从而真正发挥工作分析的作用。

三、人岗匹配

（一）人岗匹配三部曲

1. 知岗：工作分析

"人岗匹配"的起点应该是知岗，因为只有了解了岗位，才能去选择适合岗位的人，从而实现"人岗匹配"。如果脱离了岗位的要求和特点，"人岗匹配"就会成为"空中楼阁"，失去根本。

知岗最基础、最重要工具就是工作分析。所谓工作分析，是对某项工的有关内容与责任的资料，给予汇集及研究、分析的程序。

2. 知人：胜任素质

在了解了岗位的特点和要求后，就应该进入"人岗匹配"的关键环节——知人。知人的方法有很多，如履历分析、纸笔考试、心理测验、笔迹分析、面试交谈、情节模拟、评价中心技术等。但它们或基于人，或基于事，对"人岗匹配"的帮助都不是非常明显。"胜任素质"是帮助企业实现最佳"人岗匹配"的有效工具。

3. 匹配：知人善任

知人善任是实现"人岗匹配"的最后一步，也是能不能发现并最大限度地利用员工的优点，把合适的人放在合适的位置，尽量避免人才浪费的最关键的一步。"没有平庸的人，只有平庸的管理"。每个人都有自己的特点和特长，知人善任，让自己的下属去做他们适合的事情，只有这样才能充分发挥他们的工作潜能，实现人才的有效利用。

（二）实现人岗匹配途径

1. 清晰界定和岗位描述

在岗位分析的基础上，按照岗位工作流程和工作内容进行工作描述，这是企业进行人力资源管理的基础性文件。

2．定义胜任力标准

所谓"胜任力"，就是指决定员工胜任某一岗位并能够产生高绩效的个人特质总和。它包括了6个维度：知识、技能、社会角色、自我认知、品质和动机。正确的选人应该是以"胜任力"为标准考量人的能力素质与岗位任职要求是否匹配。

3．寻求有效的评价方法

胜任力标准确定以后，究竟使用哪些办法才能公平有效地选准人？很多企业都实施过竞聘上岗，核心评价环节就是发表竞岗演讲，题目往往是"如果我担任××岗位工作会如何如何"。但考核结果常会产生两种现象：一类是能说但不会做，上来后业绩不行；另一类人是能做但不会说，竞聘过程很难发现其才能。

其实，竞岗演讲所呈现的都是假设情景而非真实状况，很难评价竞聘者本身是否具备岗位所要求的能力，竞聘结果当然缺乏说服力。针对这一问题，在前期进行岗位描述、胜任力模型等工作基础上，根据中层干部岗位胜任力模型要求的 6 个能力维度，在竞岗中使用了无领导小组讨论、文件筐测验、结构化面试以及心理测评 4 种工具来测量竞聘者与岗位能力的匹配度。例如，测评竞聘者的"沟通协调"能力特征，可用无领导小组讨论的方法模拟团队工作环境，让五六位竞岗者在规定时间就既定问题展开讨论，并得出小组统一意见。测评小组观察每位竞聘者的行为表现，对照胜任力模型中该能力的行为表现描述，从而给出竞聘者的能力评分。通过人机测评、情景模拟、结构化面试等评价技术的综合应用，对照胜任力标准，对竞聘者的知识水平、能力结构、工作技能、职业倾向、发展潜能进行逐项测量和评价，并参考心理测评结果、以往业绩表现等，综合测定应聘者能力特征与岗位胜任力标准的匹配度，再预测其未来的业绩表现，在短时间内实现了对人较为准确的评价。

实战模拟

撰写工作分析实施方案

一、实训目的

通过本次实训，产生对工作分析具体操作流程的直观印象，对具体工作分析中将要遇到的问题及在工作分析中应该注意的事项有初步的了解，熟悉并理解工作分析的基本流程，最终学会撰写工作分析方案。

二、理论知识点

（一）工作分析的含义

工作分析（Job Analysis）也叫做职位分析、岗位分析，它是指对组织中某个特定职务的设置目的、任务或职责、权力和隶属关系、工作条件和环境、任职资格等相关信息进行收集与分析，并对该职务的工作做出明确的规定，确定完成该工作所需的行为、条件、人员的过程。工作分析的结果最终形成工作说明书和工作规范。

（二）工作分析的实施流程

1．准备阶段

（1）明确工作分析的意义、目的、方法和步骤。
（2）组成工作小组，以精简、高效为原则。
（3）撰写工作分析实施方案。
（4）与工作分析的对象建立良好人际关系，做好宣传、解释工作，使他们做好心理准备。
（5）确定调查和分析对象的样本，同时考虑样本的代表性。
（6）把各项工作分解成若干工作元素和环节，确定工作基本难度。

2．调查阶段

（1）编制各工作分析调查问卷或访谈提纲。
（2）灵活运用调查方法，如面谈法、问卷法、观察法、参与法、实验法、关键事件法等。
（3）广泛收集有关工作的特征以及需要的各种数据。
（4）重点搜集工作人员必需的特征信息。
（5）要求被调查员工对各种工作特征和工作人员特征的重要性和发生频率等做等级评定。

3．分析阶段

（1）仔细审核收集到的各种信息。
（2）创造性地分析、发现有关工作和工作人员的关键成分。
（3）归纳、总结出工作分析的必需材料和要素。

4．完成阶段

（1）编写工作说明书。
（2）对整个工作分析过程进行总结，找出其中成功的经验和存在的问题，以利于以后更好地进行工作分析。
（3）将工作分析结果运用于人力资源管理等相关方面，真正发挥工作分析的作用。

（三）工作分析实施方案撰写要点

1．说明组织实施工作分析的背景

（1）组织的有效运作受到阻碍。
（2）发生了组织变革或者在组织中引入了新流程或新技术。
（3）人力资源管理的各项工作缺乏依据或者基础性的信息。

2．确定工作分析的目的和所侧重信息的类型

工作分析的不同目的决定了收集信息时的侧重点、工作分析的工作量、工作分析人员的选择及所需费用等。

（1）以组织优化为导向的工作分析：强调对工作职责、权限的明确界定，职位边界的明晰化；强调将工作置于流程与战略分解体系中，重新思考其定位。
（2）以人员招聘为导向的工作分析：强调对工作所需教育程度、工作经验、知识、技能和能力的界定；确定各项任职资格要求的具体等级或水平。

（3）以员工培训为导向的工作分析：强调岗位的入职培训与在职培训内容的初步界定；为制订公司员工培训方案提供参考和依据。

（4）以员工职业发展为导向的工作分析：强调员工可晋升岗位与轮岗的初步确定；为制订公司岗位职业发展路径提供参考和依据。

（5）以绩效考核为导向的工作分析：强调对工作职责以及责任细分的准确界定；为制订衡量工作完成效果的指标提供依据。

（6）以薪酬设计为导向的工作分析：强调对与薪酬决策有关的工作特征的评价分析，如岗位定位，所需知识、技能，任务的复杂程度，工作环境等。

3．收集和分析有关的背景资料

工作分析应该调查的背景资料包括：组织的战略、文化、各项制度和政策，组织机构图，工作流程图，各部门职能、职责分工，岗位配置图，岗位办事细则以及原有的工作说明书等。

4．选择典型工作

当需要分析的工作很多，彼此间又比较相似时，需要选择典型工作进行分析。

5．定要收集的信息以及收集信息的方法

（1）确定要收集的信息。确定依据：工作分析的目标和侧重点；现有资料需要重点调研或需进一步澄清的信息；按照6W1H的内容确定需要收集的信息。

（2）选择收集信息的方法。选择依据：工作分析要到达的目的；所分析职位的特点；考虑实际条件的限制。

6．组织及人员方面的准备

（1）成立进行工作分析的专门组织。表3-4中列出了工作分析小组的成员及其职责。

表3-4 工作分析小组成员及其职责

成员	职责
公司的高层管理者	战略指导 总体指导 动员和鼓励参与 扫除工作分析中的障碍
人力资源管理部经理	具体落实实施方案 获取高层管理者和部门经理的支持和配合 协调和沟通
专业咨询顾问	设计相关工具并实施培训，提供技术支持
主要部门的经理	动员本部门人员参与、配合 提供与工作有关的反馈意见

（2）获取高层管理者的支持。在编写工作说明书之前，和公司的高层领导充分讨论，正确定位工作说明书的编写意义和价值，并取得领导对工作分析的理解、支持和认同。

（3）直线管理者和员工的配合。直线管理者需要带领下属员工提供工作分析有关的信息，并在人力资源管理专业人员的指导下将这些信息整理成规范的工作说明书。

员工的主动参与是工作分析的关键。在编写工作说明书时，各部门的直线管理者以及员工是主体，只有他们才最了解工作的实际情况。

7. 工作分析的实施程序

在工作分析实施方案中将工作分析实施分出若干阶段，说明每阶段具体的工作安排。

（四）工作分析实施注意事项

1. 建立虚拟的工作分析组织

建立工作分析组织，做好分工，保证充分参与工作分析的各类人员在工作分析的不同阶段各自担当一定的职责，具体内容见表 3-5。

表 3-5 工作分析组织中的人员分工

主 体	职 责	阶 段
人力资源 （咨询机构）	工作分析（岗位信息调查）培训 组织与指导信息调查 岗位信息分析与编写工作说明书 沟通确认	始终
管理层	落实与监督本部门内（所负责业务范围内）岗位信息调查工作	初期
	（部门内主管）协助人力资源部门完善本业务所属范围内的工作说明书	中期
	（部门经理与高层）协助人力资源部门完善本部门（或者所属管理范围内）所有的工作说明书	后期
员工代表	核对、整理、完善本部门内部岗位信息调查内容 初步整理本部门工作说明书 配合人力资源部门有关工作要求	初期
各岗位代表	提供本岗位所要求的信息	初期

2. 锁定关键的工作分析步骤，实现有效互动

在建立工作分析组织之后，按照一定的步骤展开工作分析工作，具体内容见表 3-6。

表 3-6 工作分析关键步骤

序 号	关键步骤	主 要 内 容	主 体
1	组织培训	编写工作分析培训资料 组织各部门的经理、岗位代表、员工代表接受培训	人力资源部
2	提供信息	按照要求填写岗位信息调查表	岗位代表 岗位直接上级
3	整理修改	系统整理本部门所有岗位信息，查漏补缺，保证信息完整、清晰 初步编写工作说明书	员工代表
4	编写工作说明书	确定规范化、标准化的工作说明书内容	人力资源部
5	沟通、确认	与部门内负责的主管沟通、确认 与部门经理沟通，确认工作说明书的内容	部门主管 部门经理

三、实训所需条件

1. 实训时间

本项目实训时间以 4 课时为宜，到本校各系办公室和人力资源管理部门进行调研访谈需 2 课时，撰写工作分析实施方案以及教师总结点评需 2 课时。

2．实训地点

多媒体教室，本校各系办公室和人力资源管理部门。

3．实训所需材料

本实训需要收集有关学校组织方面的背景资料和大学教师、高校辅导员这两类职位的具体资料。

本实训的背景设计如下：

假设学校要重新对全校教职工绩效考核制度进行一次修订，重点修订对象为专职教师和高校辅导员这两类职位。学校希望通过此次工作分析准确界定这两类职位的具体工作职责以及责任细分，提炼出操作简单、有效、实用的衡量工作完成效果的指标，并提供依据。

四、实训内容与要求

1．实训内容

撰写对大学教师、高校辅导员进行工作分析的实施方案。

2．实训要求

参照本书所提供的范本撰写工作分析实施方案，要求步骤清晰、明确，内容安排合理，文字简练、清楚。

五、实训组织方法与步骤

第一步，做好实训前的准备，复习有关撰写工作分析实施方案和工作分析流程方面的知识，准确把握此次工作分析的实施背景和目的。

第二步，对学生进行分组，建立工作分析实施方案撰写小组（每组5～7人）。

第三步，各撰写小组按照此次工作分析的流程进行内部分工，确定要访谈的部门、人员和所需收集资料的类型。

到人力资源管理部门进行调研访谈需要收集的资料包括：本校的战略、文化、各项制度和政策，组织机构图，工作流程图，各部门职能、职责分工，岗位配置图，大学教师、高校辅导员岗位办事细则，以及原有两类职位的工作说明书等。

到本校各系办公室进行调研访谈需要收集的资料包括：两类职务的主要职责与任务、职责权限、职位在组织内外的联系、职务的关键绩效指标、对任职者的基本要求等。

第四步，以小组为单位，就所收集的资料展开讨论，充分发表个人观点，确定工作分析实施过程中涉及的工作分析的背景及目的、工作分析的内容与结果、所需要的资料可使用的工作分析方法、工作分析的实施者以及实施程序等。

第五步，讨论结束后，在规定的时间内，每位学生必须撰写工作分析实施方案。

第六步，教师就学生撰写的工作分析实施方案适时讲评。

六、实训考核方法

1．成绩划分

实训成绩可分为优秀、良好、中等、及格、不及格五个等级。

2．评定标准

（1）实训前对工作分析流程和撰写工作分析实施方案等方面的知识是否熟练掌握。

(2) 小组通过调研收集的资料是否全面、翔实。

(3) 小组成员分工合作是否合理，合作过程是否和谐顺畅。

(4) 各小组在调研访谈和课堂讨论过程中，是否认真、积极地投入，体现出良好的团队协作精神。

(5) 是否按照工作分析流程进行操作，工作分析实施方案的内容安排是否规范、合理，文字是否简练、清楚。

(6) 课堂讨论、调研过程占总成绩的 60%，实训作业占 40%。

七、实训拓展与提高

W 公司的工作分析实施方案。

1．背景

W 公司是一家大型的电子产品公司。最近，某大学经济管理学院专家组对其进行了组织诊断与组织再设计工作。通过该项工作，W 公司形成了新的组织结构、职能权限体系和业务工作流程。为使 W 公司实现有效的组织运行，需实施工作分析。

2．目的

通过工作分析，使 W 公司组织设计的结果进一步深入和细化，将部门的工作职能分解到各个职位，明确界定各个职位的职责与权限，确定各个职位主要的工作绩效指标和任职者基本要求，为各项人力资源管理工作提供基础。

3．工作分析的内容与结果

本次工作分析要完成下列工作内容：

(1) 了解各个职位的主要职责与任务。

(2) 根据新的组织机构运行的要求，合理、清晰地界定职位的职责权限以及职位在组织内外的关联关系。

(3) 确定各个职位的关键绩效指标。

(4) 确定任职者的基本要求。

(5) 工作分析的最终成果将形成每个职位的工作说明书。

4．需要的资料

(1) 组织结构图。

(2) 各部门职能说明书。

(3) 工作流程图。

(4) 职权体系表。

(5) 岗位责任制。

(6) 人员名单。

5．工作分析涉及的方法

(1) 资料调研。

(2) 工作日志。

(3) 访谈法。

(4)职位调查表。

(5)现场观察法。

6. 工作分析的实施者

本次工作分析由某大学专家组和 W 公司有关人员组成工作分析实施小组共同进行。该实施小组的具体工作为：某大学的专家组，负责项目总的策划与实施；W 公司人力资源部人员，作为项目的协调与联络人；W 公司的高层领导，提出总体的原则并对工作结果进行验收。

7. 工作分析的实施程序

本次工作分析主要分三个阶段进行。

阶段一：准备阶段（10 天）

(1)对现有资料进行研究。

(2)选定待分析的职位。

(3)设计调研所用工具。

阶段二：实施阶段（10 天）

(1)召开员工会议，进行宣传动员。

(2)制订具体调研计划。

(3)记录工作日志。

(4)实施访谈和现场观察。

(5)发放调查表。

阶段三：结果整合阶段（20 天）

(1)对收集来的信息进行整理。

(2)与有关人员确认信息，并做适当的调整。

(3)编写工作说明书。

第四篇

招聘与用人篇

→ 八分人才,九分使用,十分待遇。
　　　　　　　　——尹明善

→ 一个公司要发展迅速得力于聘用好的人才,尤其是需要聪明的人才。
　　　　　　　　——比尔·盖茨

→ 人才与策略不同,是无法被对手公司轻易效仿的。
　　　　　　　　——韦尔奇

现　象

　　市场竞争归纳为一点就是人才的竞争，企业经营战略发展的各个阶段必须要有合格的人才作为支撑点，而员工流动率的问题是市场经济条件下企业面临的共性问题，有人员流动就有人员招聘。一个企业要想永远留住自己所需要的人才是不现实的，也不是人力资源管理手段所能控制的，再加上企业内部正常的人员退休、辞退，使得人员招聘工作成为企业人力资源管理经常性的工作，组织好人员招聘对企业尤为重要。

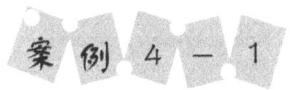

WY公司部门经理的招聘

 **案例介绍**

　　WY公司是一家生产、销售化妆品的国有企业。随着生产业务的扩大，为了对生产部门的人力资源进行更为有效的管理开发。2011年初始，分公司决定在生产部门设立一个新的职位，主要工作是负责生产部与人力资源部的协调工作。

　　根据公司安排，人力资源部设计了两个方案：一是在本行业专业媒体中做招聘广告，费用为4 000元，这样做的优点是对口的应聘人员比例高，招聘成本低，缺点是组织宣传力度小；二是在大众媒体上做招聘广告，费用为10 000元，其优点是组织影响很大，缺点是不合格的应聘人员比例很高，前期筛选工作量大，招聘成本高。人力资源部的初步意见是选用第一种方案。但人力资源部把两种方案向上级主管汇报，反馈回来的意见是：考虑到公司在该新领域处于发展初期，市场知名度不高，公司应该抓住每一个宣传组织的机会，第二种方案显然有利于宣传组织，所以人力资源部最后选择了第二种方案。

在接下来的一周里,人力资源部收到了1000多份简历,人力资源部人员首先从1000多份简历中选出100份候选简历,然后经再次筛选,最后确定5名候选的应聘人员,并将候选人名单交给了生产部的负责人。经过与人力资源部协商,生产部经理最后决定选出两人进行面试。这两位候选人是赵某和张某,人力资源部获得的他们的资料如下:

赵某:男,40岁,某名牌大学MBA毕业,是一位资深行政总监,在某公司已有6年工作经验,工作业绩相当不错,前任主管对他评价很高,缺点是比较自负。

张某:男,35岁,企业管理专业硕士,加入某公司已有7年,是一位资深人力资源总监,工作业绩突出,善于与政府官员打交道。

从以上的资料可以看出,赵某和张某基本条件相当。但值得注意的是:张某在招聘过程中,没有上一个公司主管的评价。公司告知两人等待通知。在此期间,赵某静待佳音;而张某打过几次电话给人力资源部经理,第一次表示感谢,第二次表示非常想得到这份工作。

人力资源和生产部门的负责人对两位候选人的情况都比较满意,虽然第二位候选简历中没有以前工作公司的直接主管的评价,但是生产部负责人认为这并不能说明其有不好的背景。生产部的负责人虽然感觉张某有些圆滑,但还是相信自己可以管理好他,再加上张某在面试后主动与该公司联系,生产部主管认为其工作积极性较高,所以最后决定录用张某。

张某来到公司工作了六个月,经观察发现:张某的工作不如预期的那样好,指定的工作经常不能按时完成,有时甚至觉得他不胜任其工作。

张某也觉得委屈,工作一段时间之后,他发现招聘时所描述的公司环境与实际情况并不一样;原来谈好的薪酬待遇在进入公司后有所减少;工作的性质和面试时有所不同;也没有正规的工作说明书作为岗位工作的基本依据。

随着国有企业改革的不断深入,其产权和经营权逐步分离,但是国有企业在政策上、财政上还是会得到诸多优惠,从而导致其在市场经济中适应力和竞争力不足。在上述案例中我们看到,该国有企业并没有形成一套科学的招聘方法,例如对招聘成本收益分析重视程度不够,招聘过程中主观色彩浓重,没有准确的岗位分析等,这些因素都是导致招聘失败的重要因素。

从成本收益分析角度,评价招聘工作好坏的标准一般有两个:一是是否符合招聘成本的要求,即招聘员工时花费费用的多少。在WY公司的招聘中,投递简历的人员数量、面试的人数和招聘的人员的比例明显不符合这一标准,导致投入的人力、物力等成本高出预先计划。二是招聘来的人员进入公司后的工作情况。其中第二个标准占有更重要的地位,对组织的影响更长久。WY公司在招聘张某的同时放弃了其他优秀人选以及其进入公司可能创造价值的损失,加上招聘张某的费用以及由于张某在工作中的不良表现而引起的管理成本的增加和对其他人员的消极影响等,就足以说明WY公司的招聘不成功。

WY公司人力资源部门在此次招聘中主要存在以下问题:

1. 忽视求职者的背景资料情况

案例中有一个细节可能是组织容易忽视的:求职人之一张某的前公司背景不是很完整,缺少前公司主管人员的评语。在招聘后期,关注候选人前公司的背景资料,了解被选者的个性品质是十分重要的。在短短的面试时间内不可能全面了解求职者的性格,况且在短时间内或单一环境下,求职人员往往往会小心地掩饰自己，使面试官对其表现产生错觉。在国外一些人才市场透明度较高的国家或地区，已经形成职业经理人在职场中的美誉度接受检验环境，而中国人才市场没有形成相应的制度，这时候公司对其前员工所出具的证明资料就显得十分重要了。

2．经理人员的心理偏好影响

由于张某的为人圆滑给WY公司的面试官心理造成了影响，在选拔过程中忽视了组织招聘的正规方式，只凭印象选择了张某。在面试考核期间，由于考核人员对被考核人员情况的某一方面有强烈的感受或印象，因此影响了他对此求职者其他方面的评价，觉得什么都好或都差，这样造成了"晕轮效应"。这种误差使招聘面试、考核失去了科学性和缜密性，使任职者和岗位脱节，容易导致招聘工作的失败。

3．在招聘过程中，做出详细的工作分析及其岗位说明书，不得对求职者宣扬组织不实之处和许诺无效

张某工作表现不能达到公司对该职位的要求，可能有两个原因：一是该职位的考核标准过高。在公司现有的条件下，无论张某如何努力，都不能完成任务。当张某认识到这一点时，就有可能表现为工作不努力，结果总是完不成任务。二是职位设置、考核标准比较科学，但是由于工作态度、工作技能、知识等存在不足，导致工作业绩不合格。以上这两个原因都与工作分析有关。如果没有工作分析作为基础，岗位职责、目标的设置就有很大的随意性，就不能科学地确定该岗位对人员的能力要求，因此，招聘来的人员就很可能不胜任工作。当然，即使有准确科学的工作分析作为依据，但在招聘过程的程序上出现偏差，也会导致招聘的人员不合要求。WY公司招聘的职位是随着业务的不断发展而设立的一个新岗位，没有现成的工作说明书。人力资源部在确定招聘标准时，更多地依靠用人部门的意见，这样一来，用人部门对岗位的解释、把握直接影响到招聘的筛选标准。根据张某的抱怨也可以知道，公司并没有该岗位的说明书。

一些组织为了吸引更多的求职者，向求职者宣传公司本身做不到的事，甚至承诺不可能实现的诺言。这样也许可以使一些求职者暂时被吸引到公司任职，但是一旦求职者进入公司了解详细情况或得到的承诺未兑现，其负面影响要超过宣传时所造成的正面影响。张某入职到组织中后发现公司的承诺与事实不符，他很失望，并有一种被欺骗的感觉，这样下去，不但会给其工作效率带来负面影响，而且会给组织的声誉带来不可估量的损失。所以这种做法对组织来说是万万不能采用的。

4．没有进行招聘后的评估

WY公司招聘工作结束后六个月过去了，由于没有对已完成的招聘工作做相应的评估工作，没有对刚入职的新员工的各方面状态进行二次评估，所以不能尽早地发现这次招聘中的失败。其实，组织为了以后招聘工作更好地开展，对上一次招聘工作做评估是十分必要的。它能帮助组织改正在招聘工作或其他人力资源管理工作方面的失误；它是对招聘的每一个环节工作的跟踪，以检查招聘是否在数量、质量以及效率方面达到标准。

正如WY公司一样，许多国有企业人力资源部在招聘时往往会基于两个方面考虑：一是招聘费用要低，二是宣传效果要好。这两者之间经常是互相矛盾的，如果选择招聘成本最低则宣传效果受到影响，如果选择影响大的招聘渠道则又会增加招聘成本。WY公司在招聘时考虑到公司刚刚起步需要加强宣传，选择在大众媒体上做招聘广告也是可以的，但是在招聘时间以及招聘程序上就不能与在专业媒体上做招聘广告完全一样。因为选择在大众媒体上做招聘广告，应聘的人员基数增加，同时也增加了人力资源部

的工作量。如果这时还是按照专业媒体的招聘时间和招聘程序安排招聘，显然会影响招聘的质量和效果。

WY公司没有对招聘筛选过程做详细的预先规划。一般来讲，筛选和面试求职者往往需要6～8周的时间，复试和决定人选要1周或更长的时间，决策后通知被选中的人员通常用2周时间。因此，人力资源部门要在需求预测中预计到组织职位的空缺时间，用以前招聘的经验制订出新的招聘规划，为组织经营发展战略的实施做好前期准备。

许多求职者的面试考核资料里一般只有姓名、性别、学历、年龄、工作时间及以前工作表现等基础信息，这些资料对人员筛选来说是远远不够的。这时候一般组织往往通过面试时对求职者的主观印象做出判断，这种判断的客观性和准确性是值得怀疑的。每一条资料所反映的只是求职者的某一方面、某一属性，而每一个应聘个体都是立体的、动态的，是由多方面组成的，其中的每个方面属性都会对其本人在以后的工作表现中有不同的影响。这些信息就成为招聘方把握应聘者以后工作表现的依据，了解的信息越多、越全面，对该应聘者以后的表现就越有把握；反之，信息越少，就越难把握，风险就越大，发生招聘进来人员不合格的可能性就越大。同时，招聘人员在对应聘人员进行筛选时，如果对应聘者的了解缺少科学的方法技术，对应聘者做出判断的客观依据越少，就越有可能通过自己的主观印象来做出判断。

综上所述，在人员招聘与录用过程中，招聘人员将会遇到各种各样的问题，需要招聘人员具备公正的态度及相应的知识和技能，只有这样才能在招聘过程中避免各种误区，保证所招人员符合组织的要求，否则不仅不利于组织的发展，而且也不利于员工个人的职业发展。在此案例中由于招聘人员的个人原因而导致的错误应当能够避免。只有组织招聘工作逐步正规化才能使组织整体人力资源管理有更大的提升。古语说"千军易得，一将难求"、"千里马常有，伯乐不常有"，招聘在组织人力资源形成中好比"伯乐"，组织只有学会做好"伯乐"，才能把众多"良才"吸收到组织中去，才能形成优秀的员工队伍，在竞争的市场条件下占据优势。

相关知识链接

员工招聘是组织吸引那些有能力、又有兴趣到本组织任职者，并从中选出适宜人员的过程。招聘作为一种管理活动出现得很早，一直是人力资源管理的基础。招聘是整个人力资源管理的开始。

一、员工招聘的原则

企业进行员工招聘的原因一般有以下几种：新成立的企业；现有职位因种种原因发生空缺；企业的业务不断扩大，需要增补人员；调整结构不合理的员工队伍等。无论是何种原因，企业在人员招聘工作中必须遵循以下原则。

1. 符合国家的有关法律、政策和本国利益

在招聘中应坚持平等就业、相互选择、公平竞争、禁止未成年人就业、照顾特殊群体、先培训后就业、不得歧视妇女等原则。由于用人单位的原因订立无效劳动合同或违反劳动合同者，用人单位应承担相应的责任。

2. 努力降低招聘成本，提高招聘的工作效率

这里所指的招聘成本包括：招聘时所花的费用，即招聘费用；因招聘不慎，重新再招聘时所花的费用，即重置成本；因人员离职给企业带来的损失，即机会成本（费用）。

3. 任人唯贤

由于我国人力资源管理工作的指导思想是服务于社会主义现代化建设，其根本任务就在于发现人才和合理地使用人才，因此，任人唯贤仍然是新时期用人标准中必须坚持的基本原则。这里，所谓的

"贤"就是德、才。我们所要求的德是不谋私利,一切以国家和组织的利益为重;我们所要求的才是推动社会发展和进步所需要的知识、能力和创新精神。

4．招收考试原则

这是坚持任人唯贤原则的重要条件,是确保人员任用质量的一种有效手段。有些发达国家认为要得到第一流的人才,就必须通过公开竞争考试。考试是对员工的业务水平、工作能力和工作态度的考查。考查成绩的优劣是评价员工的依据,也是促进员工发挥积极性和创造性的重要措施。大多数企业在人员选聘中采用"公开考试,择优聘用"的方法,已被实践证明是人力资源管理与开发的有效方法,并取得了很好的效果。

5．量才适用

人的专长和能力只有与他们的工作要求和职位相一致时才能得到充分发挥,这就要求企业人力资源管理部门遵照量才适用的原则。所谓量才适用,就是根据每个人的专长和能力、志向与性格的条件做到才以致用、各得其所、各尽其才。实行这项原则,首先要借助于工作分析,明确各个职位的要求与条件;其次,还要明确个人专长、才能和志向、性格等,只有全面地了解人,才能合理地使用人。能力测验、性格测验、兴趣测验等心理测验有助于了解人的专长、才能、志向和性格。

二、员工招聘程序

根据招聘活动本身的规律性,可以把招聘过程划分为几个相互独立又相互联系的阶段,招聘程序就是按照这些阶段进行计划安排。招聘的基本程序:招聘计划阶段、招聘策略发展阶段、寻求候选人阶段、候选人筛选阶段和检查评估阶段。

(一)员工招聘计划

在企业的不同管理层次上,招聘计划需要完成的任务是不同的。对企业的高级管理层来说,招聘计划工作包括审核和批准就业计划以及职务分析,制订招聘的总体政策,确定招聘的标准,设立员工的起始薪资水平等。对企业的各部门来说,主要的工作是向人力资源部门提供本部门空缺职位的数量和类型的信息,部门经理需要参加对招聘人员的面谈、筛选工作。人力资源管理部门在招聘计划中是核心单位,由最高管理层决定的招聘总政策需要由人力资源管理部门来具体实行。人力资源管理部需要制订具体的招聘策略、招聘程序,并同相关部门一起研究员工需求情况,进行具体的招聘工作,对候选人进行招聘、筛选和录用工作(见表4-1)。

表4-1 不同部门人力资源招聘工作分工

用 人 部 门	人力资源部门
(1)招聘计划的制订和审批 (2)提出招聘岗位的工作说明书及录用标准 (5)求职者初选,确定参见面试的人员名单	(3)招聘信息发布 (4)求职者申请登记,资格审查 (6)通知参加面试的人员
(8)负责面试、考试工作	(7)面试、考试工作的组织 (9)个人资料的核实、人员体检
(10)录用人员名单、人员工作安排及试用期待遇的确定 (13)正式录用决策 (15)员工培训决策 (17)录用人员的绩效评估与招聘评估 (18)人力资源规划修订	(11)试用合同的签订 (12)试用人员报到及工作方面安置 (14)正式合同的签订 (16)员工培训服务 (17)录用人员的绩效评估与招聘评估 (18)人力资源规划修订

注:表中的序号表示招聘工作中各项活动的顺序

招聘过程中，企业必须吸引到比空缺职位更多的求职者。但是吸引到的申请者究竟应该比实际招聘的人数多多少才合适，需要计算投入产出率。这是因为一些求职者可能是资格不够；一些求职者可能发现对申请的职位没有兴趣而退出；一些申请者可能是脚踏两只船，认为其他企业更好。

1．确定招聘的投入产出率

在这里我们把招聘看成是一个投入产出过程。投入即是全部的招聘总量中的求职者的数量，而产出则是在招聘结束后最终到企业报到的员工的人数。估算投入产出率比较有用的一个工具是招聘产出金字塔，如图4-1所示。使用这种方法，人力资源管理部的招聘人员可以知道，为了要获得最终的一定数量的员工，在招聘之初，必须吸引多少个申请者才能有保证。当然，在不同的国家、不同的时期、甚至在同一国家的不同地区，每一步的产出率都是不一样的。这些比例的变化与劳动力市场的供给直接相关，与劳动力供给的数量、质量直接相关。劳动力供给越充足，比例会越小，反之亦然。

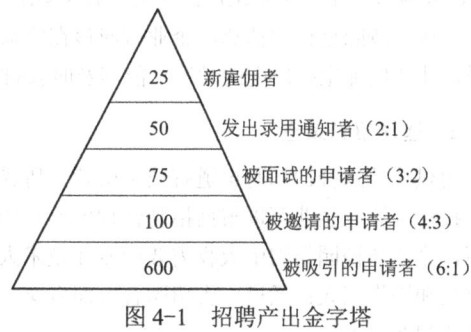

图4-1　招聘产出金字塔

企业需要的劳动力素质越高，产出比例也越小。这些比例的确定需要依靠丰富的招聘经验。要调整每一个投入产出率，也是有可能的，如在招聘广告中将招聘要求说得非常详细就可以提高申请阶段的产出率。

在应用招聘的投入产出率时要明确的一点是，它常是以过去的招聘经验为基础而得出的。如果是在一个以前从来没有进行过招聘的城市或者劳动力市场，企业就只能依靠其招聘人员的长期招聘经验来进行推测了。在取得招聘人数的目标时，企业还可以采取实地检验的方法对确定的投入产出率进行修正，如通过一次小型的招聘来完成这种检测。这种检测可以避免不必要的招聘开支和不必要的招聘活动。

2．确定招聘类型

所有的招聘活动都在或大或小的程度上强调招聘类型。基于这个原因，尽可能详细地陈述空缺职位所要求的知识、技术和能力方面的资格是招聘计划的一项重要内容。只有较好地完成了对招聘类型的计划，才可能打好筛选和录用工作的基础。职位的需求是通过职务分析和对职位的详细描述来实现的。如果职位描述不清楚或者不全面，就可能产生两种情况：

1）没有说明职位的性质。

2）没有说明职位的工作范围。

这两种情况都会造成不良后果，严重地影响招聘的效果。

（二）招聘策略

招聘策略是招聘计划的具体体现，是为实现招聘计划而采取的具体策略。招聘策略包括招聘地点的选择、招聘渠道或者方法的选择、招聘时间的确定、招聘宣传战略、招聘推销战略等。

1．招聘时间和地点的确定

（1）选择招聘地点。为了节省开支，企业在地理分布上将其招聘活动限制在最能够产生效果的劳动力市场上。这些限制一般是：①企业倾向于向全国范围内招聘高级管理人员和专家。②企业通常在跨地区的市场上招聘中级管理人员和专业技术人员。③企业经常在其所在的当地市场上招聘文职办事员和操作员工。

(2)选择招聘的时间。有效的招聘策略不仅要确定招聘的地点和方法,还需要确定招聘的时间,即在什么时间开始招聘才最合适。我们可以用一个例子来说明招聘时间的选择。例如,某企业需要招聘几名员工,根据预测,招聘的各个时间段落安排为:征集个人简历表需要 10 天;邮寄面谈邀请信需要 4 天;进行面谈安排需要 7 天;面谈后企业做出录用与否的决定需要 4 天;得到录用通知的人需要在 10 天内做出是否接受录用的决定;接受职位的人需要进行安排和准备工作,21 天后才能到企业报到、工作。按照这样的估算,企业就应该在空缺出现之前的两个月左右刊登出企业的招聘广告。只有这样,才能保证空缺出现的时候,能够及时安排新员工上岗、减少由于空缺可能带来的损失。

2．选择招聘渠道

可供企业选择的招聘渠道有员工引荐、刊登广告、职业介绍所、校园招聘、内部招聘(职位公告、职位投标)等。企业可以根据招聘计划所要求的候选人的数量和类型来选择不同的招聘渠道。一般情况下,企业从校园招聘中吸收需要的专业技术人员和管理人员;在就业服务机构或者职业介绍所招聘办事员和操作工人;通过广告招聘各方面专家。企业还常常在紧急需要人员的时候,通过员工引荐的方式招聘新员工。

3．发布招聘信息

不管选择何种方法进行招聘,一般来说,招聘信息的发布要遵循以下原则:广泛原则、及时原则、层次原则、真实原则、全面原则。

(三)挑选求职者的步骤

对候选人的筛选是招聘过程的一个重要组成部分,其目的是将明显不合乎职位要求的申请者排除在招聘过程之外。有效的筛选可以节省大量的时间和金钱。职务说明书是筛选的基础,筛选要以职务说明书所要求的知识、技术和能力来判断候选人的资格。

一般情况下,挑选求职者的步骤有:

1．初步接待

求职者与招聘工作人员通过直接接触,彼此形成初步印象,开始进行双向选择。若双方有进一步考虑的意愿,则求职者可领取申请就职表。

2．测验

通过知识、技能及心理学方面的测验,评估求职者适应工作的能力,包括文化业知识考试、操作测验、专门心理测验等。

3．审查申请材料和推荐材料

了解求职者的愿望、经历,从求职者过去的行为预测适应未来工作的可能性。

4．补充调查

对申请材料及推荐材料中的疑点,或某些特别重要又不宜直接向求职者个人调查的情况,如会计、出纳的忠诚度,重要特殊保密要求的岗位等,招聘单位应组织补充调查,弄清求职者历史及社会背景。

5．面试

这是挑选员工的重要手段。一项调查表明,英国有 90%的公司倾向于用面试法搜集求职者的信息。

6．体检

体检主要是确定求职者的一般健康状况,确定求职者是否有慢性病或岗位所不允许的生理缺陷。

例如，食品工业部门不允许有皮肤病患者或乙肝病毒携带者担任生产或销售工作；公关人员的外表一般应讨人喜欢等。

7．主管面试

重要岗位的求职者必须由该部门主管亲自面试以决定录用与否。

8．实习及试用

使初步决定录用者接触工作环境，再一次进行求职者和企业之间的双向选择。

9．录用决策

工人及办事员一般由人力资源管理部门决定是否录用，而管理人员及技术人员则需由招聘工作委员会集体决定。

10．发放通知

对决定录用的求职者发出正式录取通知，对不予录用的求职者也要发函致歉。

（四）对招聘工作进行检查评估

在数量、质量、效率方面对招聘进行评估是很有用的。研究表明，通过不同的招聘渠道和采用不同的招聘方法，产生的招聘效果是大不相同的。用不同方法招聘的员工可能表现出不同的工作绩效，不同的流失率，不同的缺勤率。因此，对招聘进行综合评估，有助于企业进行具体分析比较，从而发现招聘工作中存在的差错或者疏忽，以便在将来的招聘工作中进行修正，提高下一轮招聘的质量。

鼎好电子商场的多元化招聘

案例介绍

在中关村著名的海龙大厦旁边，又有一座大厦矗立起来，并经过进一步的大面积扩建，这就是鼎好电子商城。鼎好商城是由香港南威国际有限公司和北京兆泰房地产开发有限公司共同投资兴建的，是现代化的超大型的IT电子卖场，商城汇集了世界各名牌计算机专卖店，经销各类台式机、便携式计算机、数码产品以及DIY配件、耗材、办公设备等产品，另外商城还配有全市最大的中关村计算机维修城。同时，商城还设有办公写字楼、餐饮、地库停车等综合设施及服务，其总面积近20万平方米。

鼎好电子商城集开发商、物业管理、市场管理为一体，涉及诸多不同的领域和专业，包括工程维修、保安保洁、市场管理、广告策划、商务服务、物流调度等，公司在对市场的管理上融入了现代科技创新概念和国外先进管理理念，最大限度地为商（客）户提供全方位的优质服务；开业至今商城商户入住率始终稳定在98%以上，拥有商家300余户，从业人员1500余人，日客流量可达七八万人次。

毫无疑问，鼎好的经营是成功的，它不仅向人们展现了服务经济所蕴涵的巨大推动力，也改变了电子卖场的思维定式。由于鼎好成功的营销策略，使其在不到5年的时间内，就成为同行业中的佼佼者；由于鼎好的多元化经营，使其更好地实现了资源共享，产生了1+1>2的效果；由于鼎好的发展速度快、涉及领域广，使其对人力资源的管理也提出了更高的要求，尤其体现在人员的招聘和储备上。

人员招聘是人力资源管理中一个非常重要的环节，在招聘过程中有很多渠道可供选择，不同渠道的招聘适用于不同岗位的员工，即使是同一岗位，通过不同招聘渠道录用后的表现也存在很大差异，因此选择好招聘渠道是招聘工作成功与否的关键。

基于这一特性，鼎好商城定期在《人才市场报》《北京青年报》《北京晚报》等求职者找工作阅读率比较高的报纸上发布招聘信息，以保证公司一线人员的供求平衡、优胜劣汰。

目前，鼎好已经同河北、天津、内蒙古、黑龙江等省市的相关学校建立了长期合作的关系，每年都会从学校选择优秀的毕业生作为实习员工进入公司。首先，他们以同一个岗位的名义进入公司；然后经过一段时间的观察与锻炼，根据每名实习员工的特点和公司业务的发展将其配置到不同部门，这种形式既帮助学校解决了毕业生的就业问题，也使得公司与实习员工之间达到了一种更好的互动关系，做到人性化管理。因为在每名实习员工面前都有一个或近期或远期的工作期望，并且这个期望通过自己的努力能够达到，所以大多数实习员工的工作表现都很优秀。

目前鼎好商城的很多职位的招聘采用网络招聘，和前程无忧、中华英才等专业招聘网站都有过合作，并且取得了不错的效果。

随着鼎好商城的发展，员工推荐招聘方式应用也越来越广泛，而且它适用于各个层次的员工，招聘的质量也比较高。

鼎好商城在一线管理人员和办公室工作人员的选拔上多采用内部招聘方式。内部招聘在操作上又分为部门推荐和毛遂自荐两种形式，不论采用哪种方式，其招聘效果和激励效果的作用都很明显。

对鼎好商城来说，只有在发展的特定阶段，如需要大规模招聘专业初级人员的时候才选择现场招聘会方式，在解决日常人员流动造成的人员招聘需求上，则很少采用这种方式。

案例评析

在招聘中，合资企业的优势是显而易见的，它可以博取两个企业的长处。鼎好电子商城采取对不同的员工运用不同的招聘方式具有实际可操作性和创新性。这一方法不仅能够为企业输入新鲜血液，而且能够输入最合适的新鲜血液。

从案例中可以看出，鼎好商城的招聘渠道主要分为内部招聘和外部招聘两种。对于一线管理员采用内部招聘的部门推荐和毛遂自荐的方法，对于初级人员采用现场招聘方式，对于不急需但需要储备力量的员工采取校园招聘的方式，而且还根据情况不同采取媒体招聘等方式。通过多种方法的综合运用，可最大限度地避免各种招聘方法的弊端，实现最优化的选择。但是招聘是一项系统性很强的工作，本案例中提到的招聘渠道的选择，只是招聘工作中最为表象的一部分工作。

员工招聘有两个前提在本案例中并未体现，但做招聘计划时需要重视。

一是人力资源规划。从人力资源规划中得到的人力资源需求预测，决定了预计要招聘的职位与部门、数量、时限、类型等因素。

二是工作描述与工作说明书，它为录用提供了主要的参考依据，同时也为求职者提供了关于该工作的详细信息。这两个前提是招聘计划的主要依据。

在实际工作中，招聘工作是一项系统性和专业性都很强的工作。

第一，在招聘前要做好企业的招聘需求的分析，其内容包括：企业整体人力资源的规划和工作岗位分析，使招聘工作有一个明确的方向和目标，最终实现企业所招聘的人员与特聘岗位有效匹配。

第二，在招聘的准备阶段正确选择招聘策略，并制定合理的招聘流程，使招聘工作能够有计划、有步骤地开展，以满足企业人力资源的需要。

第三，在实施招聘的过程中还要注意一些特殊政策的规定如未成年人员的招聘、外籍人员的招聘、特殊群体的招聘等、保证录用员工的合法性。

第四，招聘录用工作结束后，还要有一个评估阶段，对招聘活动的评估主要包含两个方面：一方面要对照招聘计划对实施招聘录取的结果（数量和质量两方面）进行评价总结；另一方面是对招聘工作的效率进行评估，主要指时间效率和经济效率。进行招聘评估可以及时发现问题，分析原因，寻找解决的对策，有利于及时调整有关计划并为下次招聘提供经验。

鼎好商城招聘制度的建立和招聘流程的规范与优化，为公司的发展及选拔适合企业发展的人才提供了保障。企业为员工入职后提供的一系列培训，为打造有本公司特色的、不可模仿性的、稀缺性的人才提供一定的保障，这些对增强本公司的竞争力起到了一定的作用，进而为实现公司的长短期目标起到了推动作用。

著名管理学者、北京大学教授张维迎认为：很多企业垮台是因为企业人才的供给速度跟不上企业扩张的速度。不少外国企业是依据人才的供给速度来确定企业发展速度的。任何企业寻找人才不外乎两种途径：外面"挖"或内部培养，而如何协调好两者的关系就非常重要。

从外面"挖"的风险很大。对于一个跳槽的人，我们就要好好想想他为什么跳槽，这种人并不是都可以拿过来就用。

此外，企业的人才有两类：一般性人才，这是哪个企业都要有的；还有特质性人才，是只有这个企业才需要的人。后面这种人才往往需要在特定企业的不断实践中涌现出来，如果直接从外面找一个，他很可能无法适应。一个企业如果一直靠"挖"，那么它随时都面临着倒台的危险。外资企业进入中国时，开始都是"挖"，但很快就会转为以内部培养为主。判别企业机制成熟程度的一个标准，就是看它能不能不断从内部培养和提拔人才。

在内部培养时，企业要明白知识是消耗品，不同于买台电视看一辈子，教育将是终身的，如果企业只想到了工资而不能为员工提供不断受教育的机会，那么它未来对人才的吸引力也将是非常低的。

相关知识链接

一、招聘渠道的选择

任何一种确定的招聘方案，对求职者的来源渠道以及企业应采取的招聘方法都应做出选择，这是招聘策略中最重要的部分。

招聘分为外部招聘和内部招聘两大类，在这两大类下面又可以细分。

1．外部招聘

外部招聘的渠道主要有以下 5 种。

（1）报纸招聘广告。这种招聘方式适用于餐饮业、物业服务、市场管理等一线服务人员，这类人员适合的候选人较多，可替代性较强，对应聘者的要求相对不高。

（2）校园招聘。校园招聘的应聘者都是应届毕业生，他们的学历较高，学习能力强，工作经验少，可塑性很强。他们进入企业后适应环境快，进入状态快。由于鼎好商城的发展速度较快，所以做好人员储备和长期开发就显得很重要，而校园招聘就成为解决这一问题的良好途径之一。

（3）网络招聘。网络招聘是近年来随着计算机通信技术的发展和劳动力市场发展的需要而产生的通过信息网络进行招聘、求职的方法。该方法具有成本费用低、传播速度快、招聘平台大、受众实效强、地域范围广等优点。适用于招聘具有一定知识水平（如计算机使用、英语水平等）、专业（IT、网络、设计工作等）层次较高的人员的招聘。

（4）现场招聘会。现场招聘会是一种传统的招聘方式。在招聘会上，用人企业和应聘者可以直接进行接洽和交流，节省了企业和应聘者的时间，为双方提供了很多有价值的信息。随着人才交流市场的日益完善，人才招聘会也正朝着专业化的方向发展，如房地产人才专场招聘会、餐饮人才专场招聘会、中高级人才招聘会等。但随着网络招聘等现代化招聘形式的发展，这种传统的招聘方式的优势已经日益减退。

（5）员工推荐。员工推荐是一种常见而且有效的招聘渠道。具体做法是，由本公司的正式员工对所空缺的岗位进行人员推荐，由于被推荐者多是公司内部员工的亲友，所以他们对公司内部信息和岗位要求有着比较清楚准确的认识；人力资源部门可以更有针对性地进行选择，被录取的员工入职后离职率低，工作满意度高，工作绩效较好。

2．内部招聘

内部招聘既是一种招聘方式，又是一种管理方式。尤其对于晋升性质的内部招聘，它对员工是一种非常有效的激励方式，不但能够激励员工做好本职工作，不断提高工作技能和效率，也为企业留住优秀人才、增强企业凝聚力起到了一定的作用。内部招聘的优点是，公司充分了解应聘者，选择准确性高；应聘者充分了解公司和所应聘的岗位，容易适应新的工作岗位。

企业可以根据招聘计划所要求的候选人数量和类型来选择不同的招聘方法和招聘渠道。一般情况下，企业从校园招聘中吸收需要的专业技术人员和管理人员；在就业服务机构或者职业介绍所招聘办事员和操作员工；通过广告招聘各方面专家。企业还常常在急需人员的时候，通过员工推荐的方式招聘。

如果企业需要进行大规模的招聘，往往使用一种招聘渠道是不够的，而是需要采用不同的招聘渠道的组合，即综合的招聘方法，才能保证企业在确定的时间内招聘到足够的、合适的员工。

二、招聘渠道效益

为了对以后的员工招聘提供指导，在一次招聘结束以后，组织还应就此次招聘的渠道和方法做出评价。例如，2000年3~4月份，用友公司以登报纸广告和参加人才交流会为主来寻找人才，但结果均不理想：前者几乎没收到求职资料；而参加招聘的人大部分都不是用友所需要的人才。于是用友公司转向网络招聘，从5月份登招聘广告到6月份一个月收到的应聘资料是整个从1~6月份收到的应聘资料的一半，而且申请者的水平相当不错。

就招聘渠道效益的评估而言，组织可以考虑以下五个指标：

（1）每种渠道所吸引的申请者数目。

（2）每位申请者的招聘成本。其计算公式为：

$$每位申请者的招聘成本=每种渠道的花费/申请者数目$$

（3）合格申请者的数目。

（4）每个合格申请者的招聘成本。其计算公式为：

$$每位合格申请者的招聘成本=每种渠道的花费/合格申请者数目$$

（5）每种渠道来源的申请者中成功者数目。

由于对申请者合格与否以及成功与否的考验在时间上是滞后的。因此，总地来看，不宜过早地进行评价，否则容易导致错误的结论或忽略了本质现象。许多人曾研究过采用不同方式和来源的招聘效果，然而结论却很不相同。例如，戴克和柯里留斯（Decker & Cornelius）1979 年的一项研究显示，通过非正式渠道（如员工推荐）所招聘的员工的离职率要比正式渠道（如广告）所招纳的员工的离职率低。而斯沃夫等人（Swaroff，Bass & Barclay）1983 年的研究则显示，通过正式和非正式渠道所招聘的申请者在任期长短或绩效上并不存在差异。

此外，一项对 245 家公司的调查认为招聘办公室文员、生产和服务人员以及专业和技术人员时，在报纸上刊登广告是最有效的方法；而招聘管理者则从内部提升最有效，其次是报纸广告。有趣的是，同样有研究却得出截然相反的结论。出现这种冲突的原因在于影响招聘效果的因素是多方面的，因此，在一般意义上难以评述哪种来源或方式更合适，重要的是组织应根据自己的实际情况和经验，并综合分析各种当地、当时的外部条件之后，再决定采用哪一种或哪几种方式更适合自己。

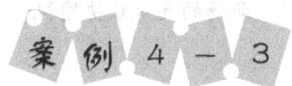

松下招聘实录

 **案例介绍**

宽敞肃静的天极网会议室里人头攒动，《21 世纪人才报》为松下举办的招聘会正在这里举行。一进大厅就可以看到醒目的条幅："松下招聘专场"，经过简单的时间安排介绍，招聘会正式开始了。

主考官经过一小时的单独面谈后，大家都聚集在大会议室内。

第一回合：简介

当记者踏进会议室时，活动已经开始。坐在会议室里大概有 20 个应聘者，他们正在进行着自我介绍，每个人以最简短的语言介绍自己。结束以后，主考官提出一个问题："介绍完后，谁能记住其中三个人的名字？"这个时候，只有两个人举手，然后把三个人的名字报了出来。"谁能记住两个？"此时又有三个人举手。"谁能记住其中五个？"没有人再把手举起来。这一回合结束了。

但是记者却深深地被主考官吸引住了。这似乎不像是老调重弹的面试方式，其中充满了种种的杀机，关键要看应聘者是否有这样的素质。也许自我介绍是很多场合下使用的一种方式，但是又有多少人会记住刚才那个人说了什么，只是一心想着自己如何更出色和吸引人。却不想，主考官要的就是这些反应。

第二回合：组织团队

当记者还在感叹不已时，下个环节又开始了。这个回合是要看大家的分工合作能力。

这个时候，大家被分为两组，在规定时间内，每个组要为自己的团队起一个名字，选一个队长，为自己谱一曲队歌，还要定出自己队伍的口号。看似简单的工作，却要甄别每个组合作的能力。这种游戏似乎让每个在场的人又回到了童年时代。第一组有两个女生，第二组是清一色男生。

第一组按照分工，开始了行动，先是选出自己的团队的领导，然后讨论团队的名字，完全忘记了自己这个团队的人是来跟自己竞争职位的，而是融在了一起。一切定论后，开始探讨自己的队歌和口号。为了能够让自己的队歌和口号更动人，这个组的队长先让一个人负责开始思考，口号大家一起来商谈。一切定局后，他们还扯开了嗓子练习自己的队歌。在旁边观看的记者也被这种气氛感染了。这种众心一致的场景非常动人，况且是在招聘现场，而那些常规的面谈、考试程序都被抛到了九霄云外。

在这里，他们好像就是同事，在做自己团队应该做的事情。

但是男性组似乎就有些令人诧异，他们两个一组、三个一伙地探讨着各自的话题，也许他们讨论的是同样的话题，但是大家不是共同讨论。记者唯一的感受：他们在面试，但是忘记了主考官要考的是什么，而恰恰是面试的东西：分工协作。直到主考官提醒他们为止。

正当第一组的人忘我地进行自己的队歌排练时，主考官拿出一张残缺的纸，问大家："你们有谁注意到我的这张纸缺了一角？"

"我注意到了。"有几个人回答。

"我知道，因为你在面试我的时候把纸撕掉一角的。"其中一个男士说。

"那你们有没有注意在你们面试坐的椅子的腿边有个纸团，直到面试结束，都没有人把它拣起来。"

鸦雀无声。

"好了，你们继续吧。"

整个会场被第一组的歌声渲染了，第二组的人也开始亮开了自己的嗓门。会场的气氛欢快愉悦，谁也不会想到这是在招聘，外面的人会以为这是在开文艺座谈会。

第三个回合：建立团队

在主考官的带领下，工作紧张有序且乐趣盎然地进行着。

随后进入的现场模拟是建立自己的市场部的结构。根据市场的需求，制订出所需要的职位和职位功能，及适合这个职位的人所具有的素质。

看到他们的题目，记者想起自己在企业时所做的这个训练，即使工作了那么久，也很少有人知道自己所在职位的功能和所具有的素质。但是对企业来说，每个职位都要起到一颗螺丝钉的作用，否则就是资源浪费。所以，这些工作在招聘的时候就需要人力资源部经理做好，其实也是对他们的一种考验。

这个模拟需要大量的纸，这时工作人员把纸分发到两个桌上，但被主考官阻止了，说："今天的工作都需要我来做，谁要什么东西也要跟我说，其他人不能多做。"

纸被收了回来。

主考官在题板上写了几个字：资源是有限的，资源是无限的。

这其中的道理，但愿他们都能明白。

讨论完毕，需要每个组的队长把自己的结构图画到题板上。但是他们不知道的是，只有一支笔，谁先走到题板前，谁就先得到在题板上板书自己结构图的机会。

靠近题板最近的第一组却错过了机会，只好退下来。

第一组的队长只好口述自己的结构图。但是第二组的人似乎并没有认真地听着对手的方案，他们也许认为是说给主考官听，跟他们没有任何关系。但是却不料，每一个细节都是主考官要考的内容，今天的场景完全打乱了他们的阵脚。其中一个面试的人对记者说，以前没有这样的场面，没有想到是一种做游戏的方式，在这个模拟游戏里处处充满杀机，而且这些不经意的细节却关系到他们的命运。

"你们对第一组的机构有何问题？"主考官终于问到了他们没有想到的问题。

众人无言。

第四回合：挑选产品

主考官把三种产品给了两个团队，让他们用自己的市场眼光，挑选出一种对市场更有冲击力的产品。结果他们挑选的产品都是相同的。

随之让他们制订产品的方案。两个组马上进入工作状态。

当他们聚精会神地做事时，主考官发布了一条新闻：翰林汇经过潜心研究，向市场推出一款软件，市场价是1000元，但是不久，清华同方推出同样功能的产品，市场价只有725元，所以，翰林汇的市场受到了重挫。为什么呢？

他的话让大家停顿了一下，但是他的话一结束，他们又回头研究自己的方案。

记者实在纳闷，为什么主考官在这个时候来打断他们的思路，而且是一个不相关的信息。为此记者问了主考官。

他说："这个信息听起来是多余的，事实上，要看他们什么时候会意识到他们的产品是相同的。现在他们两个组就犹如两个竞争对手，但是他们都没有注意对方在做什么，也没有观察邻桌在做什么。因为你的市场方案是要根据市场的动态来做的，要时刻观察着竞争对手在做什么。"

记者恍然大悟。在记者的工作生涯中，经历过两个厂商的生死搏斗，现在想来，这种保持竞争的意识要时刻存在，特别是来应聘市场的人员。

佩服主考官的精明，但是也为这些人才们感到遗憾。

第五回合：市场推广

一套具体的市场推广方案能体现一个市场人员应该具备的最基本的素质。也许今天的方案并不是很优秀，但是可以看出这个人的市场基本功，对他们来说是最重要的一个环节。

在策划方案的时候，两个组谁都没有去注意对方的动态，更别说主考官的行为了。

主考官在题板上写了一行字：游戏规则——制订者、执行者，而且把这行字圈了起来。但是这行字在那里默默地挂了半个小时，都无人问津，更别说看它一眼。

主考官实在看不下去了，就问了他们一个问题："你们当中有谁做过公关？"这个时候就有人零星地站起来说："我做过"。

"在公关当中，有没有人做过政府公关？"

"政府公关是要做的。"但是似乎底气不足。

然后又开始了谋划。

主考官无奈地摇了摇头，自言自语地说了一声："我尽力了。"

观察细节，不只是某个行业的从业人员应该具有的素质，而是在我们生活中时刻要使用的，更何况是在应聘。难道这样轻松的环境使他们放松了警惕吗？

在这个游戏开始时，规则由主考官制订，可是却没有人理会主考官想要的是什么，他的规则是什么。

做方案时依然，如果不知道这个市场的规则是什么，即使再漂亮的方案，照样行不通。

主考官的意旨不完全在漂亮的方案上，重要的是这个方案的思路和可执行的程度。

不管怎么样，直到上午的活动结束，都没有人去注意到竞争对手在做什么，也没有人关心松下这个外来企业在进入中国市场时所面临的政府公关。

第六回合：等待

时间在快乐且有压力的氛围中进行了一半。

12点到了，是大家午餐和休息的时候。主考官对他们说："12:00～13:00是午餐时间，13:00正式开始。"

但是他对下面的服务人员说："13:00～14:30之间，不允许给他们水喝，谁问都说不知道。就让他们等。"

游戏更好玩了。

午饭回来后，看着一屋子坐着的人，一个都没有动，好像在等待着抽奖号码的公布。

第七回合：逐一面谈

14:30终于到了。

等待的结果是再等待。当别的人被主考官叫去面谈时，剩下的还是等待。直到下午17点才结束今天的招聘。气氛仍然很热烈，一整天的面试估计是前所未有的，但是这么长的时间，却没有任何一个人感到劳累，如果有的话，应该是这个主考官。

"这样的招聘会是我第一次遇到，感到在里面学到了很多东西，而且还交了这么多朋友。很幸运参加这样的招聘会。"一个即将离开现场的应聘者说。

案例中，面试的整个过程都显示出松下公司对员工观察力的高要求。观察作为一种基本素质，十分有助于松下公司的将来发展。

首先在第一环节中，自我介绍并不是单纯地为了让考官认识求职者，更是让竞争的这些求职人员相互了解，正所谓知己知彼，百战不殆。因为在被正式录取后，竞争是无法避免的，所以任何一个员工应具备观察的能力，清楚自身处境，从而采取相应的应对措施。这一思想也贯穿了整个面试过程。

在方案介绍环节，当第一组队长口述其方案时，另一组人竟事不关己，毫不关心。而考官所问的问题正是想提醒候选人关注对手的方案是多么重要的事，因为只有通过对比才会更好地了解自己的不足，同时学习别人好的方法。

考官在面试过程中更是不止一次地提醒大家对周围环境观察。考官曾在黑板上写到"资源是有限的，资源是无限的"，暗示着我们应该通过对有限资源的观察来使其发挥无限的作用。

松下公司也很看重人员的创新能力。首先考官的提问和面试方式本身就突破常规，打破了求职者事先的安排。创新精神有助于企业更好地开拓市场，发掘潜在的客户。

人员的综合分析能力也很重要。考官在面试后期无奈地说"我尽力了"。在整个面试过程中，候选人未能对主考官所做的面试环节和问题做出很好的理解和判断，导致错失了很多挖掘其才能的良机。例如，在产品销售阶段，两组人选同样商品是必然存在竞争的。然而，他们都对考官中途所发布的信息无动于衷。这也证明候选人缺乏一种对当前环境信息的一种应有的敏锐度。

松下的面试过程不仅对求职者的知识和技术技能进行考核，还对求职者的价值观念进行判断，从而寻找符合公司价值观念的人。松下最看重的价值有团队精神、灵活性、人际能力、对质量的追求等。

对于应聘者而言，除了要有过硬的专业知识，丰富的实践经验外，临场应变的能力显得尤为重要。平时就训练自己的观察力，提高对周围环境变化的敏锐度，以便更好地处理所面临的问题。综合的分析能力也不是一时可以练就的，平时就应该关注周围发生的事，多练习分析能力。由于在日后的工作中有可能遇到突发事件，所以公司在人员招聘时是需要考虑这一问题的。

面试所提问题主要可以分为两类，一类是测试应聘者的综合素质，一类是测试应聘者的专业素质。所谓"随意性很大"，一般表现在进行综合素质测试阶段。因为测试的是综合素质，所以很多面试人员认为可以海阔天空地聊，最后给出一个综合评价即可。这种看法是不对的，至少是不科学的。

在综合素质测试中，主要需要了解应聘者以下一些综合素质：表达能力、概括能力、逻辑性、责任心、组织协调能力、自我认识能力、自信心、分析能力、心理承受能力和应变能力等。

对于不同岗位的应聘者，对上述各种能力的具体要求也不同。例如，对于销售人员，要侧重强调其表达能力、自信心、心理承受能力和应变能力；对于技术开发人员要强调其逻辑性、责任心和分析能力；而对于职能部门的员工，则要强调责任心、组织协调能力、心理承受能力和应变能力等。

虽然需要测试的素质和能力很多，但在具体提问时，通过几个典型的问题即可概括。例如，测试表达能力、概括能力和逻辑性时，让应聘者做一个自我介绍或者讲述一下自己的主要工作业绩。通过表达的清晰性、流畅性，可以看出应聘者是否善于表达概括，表达是否有逻辑性。例如，提问"你在以往工作中遇到过什么困难？你是如何解决这些困难的？"同样可以考察应聘者的逻辑性。

在考察组织协调能力时，可以询问一些应聘者以前组织过的活动。例如，"你在单位（学校）经常组织活动吗？请具体描述你是怎样组织一次活动的，你在其中的职责是什么？"，"在你主管的部门（项目）中，你是如何给每个人分派工作的？怎样协调他们之间的关系？"等。

在测试责任心时可以询问"你是否愿意向上级提出合理化建议？"，"假如分配给你的一项任务眼看期限已到，难以完成，你怎么办？"等。另外，可以让应聘者进行自我评价，以测评他的自我认识能力。例如"请对你的优点和缺点做一个评价"，"请对你自己的个性特征做一个评价"等。

在面试提问过程中，还要注意应聘者的回答是否准确和真实。有些应聘者会有意无意地夸大自己的优点，忽略自己的缺点。如果面试人员对应聘者所讲内容的真实性产生怀疑，则需要让应聘者举一些例子来证明他所讲内容的真实性。另外还可以从"为什么做、怎么做的、结果如何"这个逻辑链中去分析应聘者讲述内容的真实性。要留意应聘者所讲的内容前后是否一致。

另外，在面试提问中要注意应聘者的动机问题。首先是公司运作方式、价值观与个人愿望的吻合程度，其次是工作职责与个人愿望的吻合程度，再次是工作地点和个人愿望的吻合程度。如果这三项中有一项的吻合程度较差，则应聘者在公司的适合程度就会下降，面试人员要考虑该应聘者是否能够通过面试。

相关知识链接

面试是最为普遍的一种选拔测评方法，几乎所有的人员筛选过程都会需要面试，而且在一个招聘筛选程序中不止使用一次。所谓面试，是指一种经过精心设计，在特定场景下，以面对面地交谈与观察为手段，由表及里地测评应聘者有关素质的方式。

一、面试的目的

一般人们认为面试就是为了筛选应聘者。其实面试有其更深刻的目的。

1．评估应聘者的能力

面试的主持人通过提问、具体操作、情景模拟等方式来评估应聘者的能力是否能够达到应聘岗位的要求。

2．评估应聘者是否适应该岗位的工作

能力达到岗位的要求不一定能够适应这个岗位。一个非常典型的例子是，如果应聘者的能力远远高于该岗位的能力要求，那么应聘者即便通过了面试，也不见得会来公司上班，即便接受了这个工作，也很难稳定地长期在本岗位工作下去。只有做到岗位、能力相互匹配，才能将该岗位的人力资源成本降到最低水平。

"适应"的另一个方面是应聘者与公司的价值观是否相符。在面试过程中，关于价值观的问题很多人并不注意，总觉得这个问题很"虚"，很难考察。实际上这是一个非常具体的问题，特别是在招聘部门经理级以上人员或者企业的管理人员（行政、人事、财务等）时，价值观问题就显得非常重要。

3．让应聘人员明白应聘岗位的工作

在面试时，面试主持人对该岗位的工作内容描述得越细致越好，这样可以让应聘者对是否加入公司做出正确的判断。特别是高级人才的招聘，这一点非常重要。高级人才一般都很重视自身的发展，所以他们在选择公司的时候非常关心自己能在企业做些什么、自己拥有怎样的资源等。当应聘者了解到工作内容之后，可能会失去对该岗位的兴趣，但是这总比他选择来公司之后再离开要好得多，毕竟这时还不会对公司造成什么损失。

4．宣传公司

对应聘者来说，应聘的过程是他认识公司的过程，同时也就是对公司宣传的过程。面试环节将集中体现公司的各方面的实力，对应聘者的印象也会最深刻。宣传公司不仅是指在面试过程中讲解公司的状况和发展方向，更重要的是面试人员自身的素质、面试的安排，甚至包括面试人员的着装、举止等都会是一种对公司的宣传。如果不注意这些细节，宣传的效果就可能是负面的。

5．了解所有应聘者的整体情况，并对整个招聘活动作出评价

例如，通过面试了解到应聘者的一些背景情况，了解到他们找到招聘信息的途径，了解到本地相关人才的分布和待遇情况等，掌握这些信息对改进今后的招聘工作很有帮助。

二、面试的种类

1．根据结构化程度划分

根据结构化程度，面试可分为结构化面试和非结构化面试。

（1）结构化面试。结构化面试是指依据预先确定的内容、程序进行的面试形式。在面试过程中，主考官必须根据事先拟定的面试提纲逐项对被面试人测试，不能随意变动面试提纲，应试者也必须针对问题进行回答。也就是说，在结构化面试中，面试的程序、内容以及评分方式等标准化程度比较高，面试结构严密，层次性强，评分模式固定。

在本实训的"实践拓展与提高"里，编者列了一张典型的结构化面试表，可以帮助我们学习如何设计结构化面试表。

（2）非结构化面试。非结构化面试就是没有既定的模式、框架和程序，主考官可以"随意"向应试者提出问题，也没有固定答题标准的面试形式。主考官提问的内容和顺序都取决于其本身的兴趣和现场应试者的回答。这种方法会给谈话双方充分的自由，主考官可以针对应试者的特点进行有区别的提问。虽然非结构化面试形式给主考官自由发挥的空间，但这种形式也有一些问题，它易受主考官主观因素的影响，面试结果无法量化，也无法同其他应试者的评价结果进行横向比较等。

2．根据对面试的控制方式划分

根据对面试的控制方式，面试可分为以下几种：
（1）一对一面试与多对多面试。
（2）连续性面试与一次性面试。
（3）计算机面试与人工面试。

三、选择面试考官

选择面试考官是面试的关键。因为考官各方面的素质、性格特征、工作能力直接影响面试的质量。

1. 考官必须具备的条件

（1）必须具备良好的个人品格和修养，为人正直、公正。因为在面试过程中，主考官代表公司，是公司文化的象征，他应使每位应聘者在他们的接触中感受到彼此的价值。

（2）具有相关专业知识，起码在面试小组中考官的知识组合不应有缺口。此外，由于在面试评价过程中，定性评价往往多于定量评价，所以要求考官们有丰富的社会工作经验，能借助工作经验的直觉判断来正确把握应征者的特征。

（3）了解组织状况及职位要求，只有这样才能帮助公司选出真正需要的人才。

（4）面对各类应征者，能熟练运用各种面试技巧，控制面试进程。在面试过程中，主考官应能了解和感受应征人心理上的恐惧和焦虑，妥善疏解应征人的紧张，营造轻松气氛，要具备某种驾驭人的能力，使面试过程和目的免受破坏。

（5）有良好的自我认识能力。心理学研究表明，人们总是习惯以自我为标准去评价他人，作为面试官，如果不能对自己有一个健全、正确的认识，就无法正确地评价他人。

（6）掌握相关的人员测评技术，应能对录用与否做出果断的决定。

2. 考官小组

如果单个主考官无法同时具备以上全部条件，就应组织面试考官小组，以满足这些条件，否则无法保证面试质量。

四、面试的过程

1. 预备阶段

预备阶段主要以一般的社交话题进行交谈，使应聘人员自然地进入面试情景之中，以消除他们的紧张心理，建立和谐、友善的气氛。此阶段不记分，应尽快结束。预备阶段的问题要轻松、缓和。

2. 引入阶段

应聘人员的情绪逐渐稳定下来，开始进入第二个阶段，即引入阶段。这个阶段主要围绕履历情况提出问题，目的是给应聘者一次真正发言的机会。

3. 正题阶段

此阶段主要是从广泛的话题了解应聘人员不同侧面的心理特点、行为特征及能力素质等。因此，提问的范围也较广，主要是为了针对应聘人员的特点获取评价信息。问题多涉及时政性、社会要务、看问题的方法、价值观、兴趣等。

4. 变换阶段

此阶段主要从其他角度提出问题，如有关业务知识、岗位知识等。

5. 结束阶段

结束阶段应该自然结束，切不可给应聘人员留下某种疑问或者突然结束的感觉。若谈论的问题逐步减少或时间已到，面试应引向结尾。此时非语言的沟通很有用，如改变坐姿转向门口、看一下表等均可暗示面试结束时间已到。

五、如何提高面试效果

在很多公司里，负责招聘的人事工作人员只具有组织面试的责任，在实际的用人决策中并没有多少权力,尤其在中小型企业更是如此。但是,有些主持面试的管理者并没有面试的经验,或者不太善于进行面试工作。从这个角度来看,让人事负责人员参与到面试中去,进行及时的指导是非常重要的。

1. 紧紧围绕着主题来进行

很多管理者喜欢根据自己的喜好来进行提问,甚至武断地作出一些结论,这些做法都会影响到面试的最终效果。如果遇到这种情况,就应主动地将谈话的主题引回到面试的目标中来,因为每位应聘者的面试时间是一定的,如果这样无休止地谈论下去,势必会影响到后面的面试工作。

2. 防止管理者的主观印象误差

如果管理者与应试者曾经在同一所学校就读,或者有过其他共同的经历,他就会很容易产生主观印象的误差,会对应试者产生一种亲切感,从而影响了面试的客观性和公平性。反之,如果管理者不喜欢某种性格的人,而应试者偏偏又是那种性格的人,这也会产生主观性误差,当然这种主观性的误差是不好的印象,这对应试者也不公平。如果面试主持人是一位容易产生主观印象误差的人,则建议你最好组织"合议制面试",即由多个管理者同时面试,这样可以提高面试的效率。

3. 避免重复的提问

如果有多位管理者同时面试时,就有可能出现这个问题。这个时候就要注意分清每位管理者在面试活动中的职责,让他们明确自己的职责,并且只做职责内的事情。还要注意的是,要尽可能避免在面试过程中,管理者之间进行争论。例如,对于应试者的回答,不同的管理者有不同的看法,你要想办法让管理者把自己不同的意见记录下来,而不是当着应试者的面进行争论,否则会影响到面试的效果。

4. 对每一位应试者的标准应一样,不应前紧后松

这种情况在面试时也是会经常出现的。往往是在刚开始时,大家都精神十足,踊跃提问,但是到了后来,已经没有精力和兴趣再去关心应试者了。所以,在安排面试时,如果应试人员较多,要注意安排中间的休息时间。例如,在 1 小时左右就可以休息 10 分钟,一天总共的面试时间不要超过 4 个小时。

最后,在面试结束时,一定要收集到每位参与面试的管理者的书面意见,以便在对应试者进行综合评价的时候有据可查。

 实战模拟

模 拟 面 试

一、实训时间

通过本次实训,了解面试的全过程,掌握面试的技巧及其运用。

二、理论知识点

1. 什么是面试
2. 面试的目的
3. 面试的种类
4. 面试的准备工作
5. 面试的技巧

6．面试的过程

7．面试时应注意的问题

三、实训所需条件

（一）实训时间

实训可用 2 课时。

（二）实训地点

多媒体教室一间。

（三）实训所需材料

教师需提供现场面试录像及面试评价表（见表 4-2）。

表 4-2　面试评价表

姓名：		性别：		年龄：		编号：	
应聘职位：			所属部门：				
评价要素	评价等级				
	1（差）	2（较差）	3（一般）	4（较好）	5（好）
求职动机					
个人修养					
语言表达					
专业知识					
工作经验					
人际交往					
情绪控制					
自我认知					
应变能力					
评价	□建议录用		□可考虑		□建议不录用
用人部门意见　　　签字：		人事部门意见　　　签字：			总经理意见　　　签字：

四、实训内容与要求

（一）实训内容

观看现场面试。

（二）实训要求

1．了解面试前要做哪些准备工作。

2．学会如何开始面试。

3．了解面试中应如何观察应聘者的行为表现。

4．学会观察面试中主考官发问的技巧。

5．根据要求和完成任务过程中所了解的知识和技巧填写面试评价表。

五、实训组织方法与步骤

第一步，教师组织学生观看模拟面试录像（如中央电视台《绝对挑战》节目的录像）。

第二步，教师要求学生给每个参加面试的应试者填写面试评价表（这时学生站在主考官的视角，并根据自己的理解，依据评分表的内容，针对每个应试者的现场表现打分）。

第三步，教师组织学生分别就录像中主考官和应聘者的表现进行集体讨论（要求学生掌握在面试现场进程中，作为主考官和作为应聘者分别应具备的素质和能力）。

第四步，教师要求每个学生于下次课提交一份实训报告，报告中要求写出具体的对面试的看法及此次课的收获。

六、实训考核方法

（一）成绩划分

实训成绩可分为优秀、良好、中等、及格、不及格五个等级。

（二）评定标准

1. 学生的课前准备工作是否完善。
2. 学生对应试者及主考官的评价，从中考查学生掌握面试内容的程度。
3. 学生提交的实训报告的质量，从中考查学生对面试工作的掌握程度。

第五篇

培训与开发篇

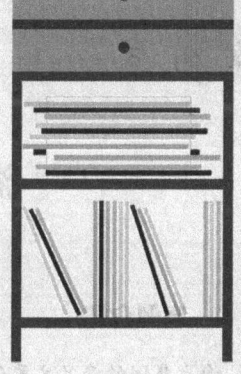

➡ 企业领导者的主要任务不是去发现人才,而是去建立一个可以出人才的机制。
　　　　　　　　　　　　——张瑞敏

➡ 你可以拒绝学习,但你的竞争对手不会。
　　——杰克·韦尔奇

➡ 培训很贵,但不培训更贵。
　　　　　　——松下幸之助

现　象

青黄不接的初夏，一只在仓库里觅食的老鼠意外地掉进一个半满的米缸。这意外使老鼠喜出望外，它先是警惕地环顾了一下四周，确定没有危险后，便是一通猛吃，吃完倒头大睡。

老鼠就这样在米缸里吃了睡、睡了吃。它也考虑过要跳出米缸，但是一想到那白花花的大米就放弃了，它想：等我再吃一天就跳出去。可是一天天过去，直到米缸见底，它突然发现米缸那么高，已经跳不出去了。

在这则寓言故事里，那半缸米就是老鼠的"试金石"——如果它抵制不了大米的诱惑，就要付出生命的代价。管理学家把老鼠能跳出米缸的高度称为"生命的高度"，而这高度就掌握在老鼠自己的手里：它多留恋一天、多贪吃一粒，就离死亡更近一步。现实生活中，大多数人面对显而易见的危险都能清醒地"止步"，但要做到清楚地认识潜在危机并及时跨越"生命的高度"，就没那么容易了。

众所周知，员工培训非常重要。公司通过内部培训或外出学习等手段，可以提高员工的专业素质，使他们更好更快地完成工作。但是培训需要付出大量的人力、物力、财力以及时间，往往还会与公司其他的工作发生冲突。一些公司为了眼前的利益，将员工培训变成了一句"说起来重要，办起来次要，忙起来不要"的口号，员工无法通过培训系统、全面地接触外界的新事物、新方法、新观念，逐渐失去了学习动力和竞争优势。这里的公司"利益"不就是那"半缸米"吗？

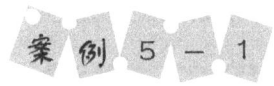

海立集团"Y"形人才培养模式

案例介绍

海立集团的产品主要包括：家用空调压缩机、除湿机压缩机、热泵专用压缩机、特种制冷设备、铸造、商用冷柜及汽车发动机等。目前，公司主业空调压缩机的年产规模达1800万台，产品销往世界160多个国家和地区。

海立取得的辉煌成绩，与它的人才培养模式是分不开的。海立集团推出的"Y"形人才培养模式是在解决企业人才培养困局过程中逐渐摸索出来的，为海立"从无到有、从小到大、从承接到创新"的飞跃奠定了坚实的基础，是企业人才培养的一剂"良方"。

1. "Y"形职业发展模式的提出

"为员工创造机会"是海立企业发展的一贯理念。海立人力资源部遵循空间理论，在制度层面上为员工实现个人价值提供一个可预期的职业发展空间，以实现公司和员工的同步发展。同时，通过公开的考核评价程序，为员工的晋升及发展提供均等的机会，以确保员工在实现个人价值过程中的公正性和合理性。

十多年来，海立逐步形成了符合公司需求现状的"Y"形职业发展模式，有效地解决了一窝蜂走管理之路的问题，实现了"人尽其才"的双路径发展模式，为公司的发展储备了更加丰富和多元化的优秀人才。

2．"Y"形职业发展路径图

所谓"Y"形职业发展模式，以工程技术人员为例，就是指让适合从事技术工作的员工走专业发展之路；让擅长管理的人才走上管理发展之路；而那些既懂得技术又擅长管理的员工可以根据自己的意愿选择发展的路径。通过设立这样的职业发展路径，最大限度地开拓了员工的专长和潜能，充分调动了员工工作的主动性和积极性。"Y"形员工发展阶梯的每一级都设立了具体的标准，要求员工在个人能力稳步提升的同时，还要使个人意愿与海立战略的发展方向一致，确保员工的发展能够支持和实现公司战略，实现个人与企业的同步发展。

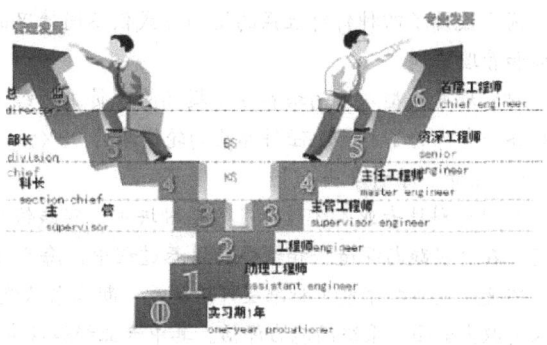

图 5-1 "Y"形职业发展路径图

刚进入企业的 1～3 年是员工的职业探索期。在这个时期，海立强调对员工自我认知能力、基础职业能力的培养和提升，通过动态职位管理体系、绩效导向的考核体系、业务轮岗与实践能力结合的人才培养和发展管理体系，使员工对个人职业生涯有一个初步的探索和规划。

3．"放水养鱼"计划

为了推行"Y"形职业发展模式，海立集团率先启动了人才储备计划，即为了使应届大学毕业生完成从学生到企业人的顺利过渡，海立为这些新人制订了详尽、为期一年的实习计划，通过实习宣扬了公司的发展历史、企业文化和管理制度，增强新人对组织的认同感；通过熟悉现场的产品制造流程及工艺和设备要求，帮助新人将专业理论与实际生产结合起来；通过业务轮换等岗位实践，提高新人对各主要部门组织职能和工作流程的了解及与人沟通、合作的能力，成长为合格的员工。

在这一年的实习过程中，海立给了新员工逐步熟悉工作、环境并融入企业的缓冲时间，同时通过评价等手段帮助员工客观分析自己的工作情况，根据自己的个性特点、兴趣爱好、人生理想、胜任能力等进行初步的职业生涯规划。

一年后，相关部门与员工通过双向选择确定岗位。在今后的两到三年中，员工可以根据兴趣爱好和个人特长，再次申请轮岗，通过变换工作角色，寻找适合自己的工作岗位，明个人的职业发展计划。同时，还可以根据需求，在海立动力学院的学习平台上选择相应的知识与技能培训，包括学历的培训。

4．培训进修者有奖

1994 年，海立出台了员工业余学历教育补贴政策。为了保障员工职业发展计划的顺利实现，海立不断提高补贴额度，改部分补贴为全额补贴，每年拿出数十万元，资助那些优秀的员工进行学历升级或培训提高，并奖励那些选修了相关业务培训的员工。

在时间上，通过调整考勤制度，给参加培训学习的员工提供更宽限的调休、请假政策。在空间上，公司设置了多功能厅、中小型教室、投影机、多媒体投影仪、便携式计算机、电子白板等，为培训提供了齐全、良好的硬件设施。2007 年，海立集团还成立了海立动力学院，建立了专属的培训场地，根据公司的地理位置和生产特点与高校合作，通过"联合办学、送教上门"的办法，不定期地为员工提供知识学习和素质提升的培训和课程。

5. 管理轮岗制度

继职业发展探索期之后，员工便步入了职业成长期。员工对海立的生产流程、工艺设备、品质保障、实验技术等有了较为全面的认识，并根据本人的专业、兴趣爱好自行确定岗位后，可以自主选择走专业技术发展的职业道路或者走管理发展的职业道路。针对不同的职业发展道路，海立立足于现有环境和条件，制订出相应的个性化、有针对性的培训和制度，帮助员工实现学习和发展的目标。

海立设计了四种针对性强的培训方式供不同情况的员工选择，包括：学历培训、入职培训、专业培训和管理培训。

对管理发展型人才的培养注重提高管理员工的综合能力，主要采取轮岗方式，通过轮岗来增强员工对各个岗位的了解。现任科部长的轮岗率为90%。

6. 培养"学科带头人"

公司为科技专业人才设计了"基础培训、实践锻炼、专业训练、深造提高"的专业技术培养发展通道。在"实践与深造"相结合的培养过程中，海立做了很多有益的尝试。

首先是完善技术能力标准及评价体系。新体系从能力素质、专业经验及专业成果三个方面对专业技术人员做出全面、系统的能力评估。其中专业经验及成果的评价采用量化指标，从专业领域工作的时间长短、负责参与过的专业活动和项目以及专业工作的成果等方面界定胜任各级别工作的硬性资格条件。

其次是营造良好的学术氛围。海立非常注重营造学术氛围，积极为技术人员提供学术发展的条件和资源。2001年，海立建立了博士后工作站，与国外一流大学联合培养学科带头人；派遣技术人员与国外一流大学共同研发领域内具有尖端技术水平的项目，如赴美普渡项目等。先后与美国普渡大学、马里兰大学、上海交通大学等合作进行压缩机软件设计、噪声振动、基础材料分析等专项研究共计12个。

海立每年选派优秀科技人才赴国外研修，鼓励和推荐有潜力的技术人才攻读工程硕士、博士。近年来，已推荐了3位科技人才攻读工程博士，21位科技人才攻读工程硕士。公司鼓励科技研发人员发表学术论文，多次组织员工参加国内外的学术研讨会，先后有20位科技人员参加了美国、英国、挪威、日本等国际制冷技术高峰学术会议，并发表学术论文。据统计，截至2007年，海立公司的员工已经公开发表论文71篇，其中国际论文20篇。

自2006年起，海立在技术体系中开设了"学研会"，每周开展一次讲座，技术总监作首次讲座，之后由技术员工自主申请开展，通过实际的技术案例、互动沟通，将宝贵的知识和经验传授给新进的技术人员，激发了员工的学习兴趣和不断探索的精神，建立了良好的学习讨论氛围。

再次是推行职务专利奖励。海立鼓励技术人员创新，把发明创造及时转化为公司的自主知识产权，促进专利技术产业化，并且运用专利制度促进技术创新。海立依照《专利法》及《专利法实施细则》的有关规定，制订海立特色激励制度，结合专利的具体情况，发给专利发明人一定的奖励和报酬，包括专利申请奖、授权奖和实施报酬奖，不断激励员工挑战难题、开拓创新。据悉，2005~2007年，获奖最多的员工共获得了17万元的奖金。这种方式在技术人员中产生了积极影响，鼓励了员工敢为人先、不落人后的竞争意识。

7. 办学院为一线员工淬火

海立目前有劳务派遣人员6 015人，占海立全部从业人员的64%。为劳务人员开设培训，不仅是为了提升员工的素质、满足岗位需要和适应企业的快速发展，也是海立回报社会、承担社会责任的体现。

为了提高一线作业人员的工作技能，海立联手上海电视大学，设立"电机实用技术"大专班，对一线作业人员进行理论和技术指导，并从一次性考核合格学员中选出前70%发放奖学金。目前2007年、2008年两届已有共178名员工经过个人申请、部门批准、海立动力学院审核、入学文化考试等程序，成为海立动力学院大专班学员。另外，海立还与电气李斌技师学院联办了技术等级班、与上海第二工业大学正式建立了"压缩机装配等级工培训和鉴定项目"，并循环开班，让员工源源不断地得到了学习和培训的机会。

另外,专门开设维修、焊接、电工等工种的委托培训,且他们的首次培训、鉴定费用均由海立承担。自 2003 年以来,海立劳务员工中取得行车工上岗证的有 207 人、铲车工上岗证的有 123 人、焊接工上岗证的有 209 人、压力容器工上岗证的有 10 人、电工(低压)上岗证的有 62 人,大大提高了工人的劳动技能和工作水平。

海立还诚心诚意地为一线作业员工设立了工作和职业发展、技能提高的培训目标,鼓励他们学习和掌握过硬技能,一岗多技,在上岗—初级工—中级工—高级工—班长—管理岗位的职业发展进程中,使员工的自我价值获得充分体现。

前 IBM 总裁曾说:"你可以夺取我的财富,烧掉我的工厂,但只要你把我的人留下,我就可以重建一个 IBM。"美国管理学权威彼德·德鲁克也曾说过:"企业或事业唯一的真正资源是人,管理就是充分开发人力资源以做好工作"。人类社会进入知识经济时代,人成为企业经营要素中的主要因素,随之掀起的人本管理思想成为现代企业管理的核心内容。

我国国有企业现有的人力资源管理在改革开放以来虽进行过一系列的改革,但从总体上看还处于传统的人事管理阶段。大多数的国有企业还仅仅停留在短期的岗位技术培训上,而缺乏从开发人的潜能的角度,结合自身的发展战略,培养企业发展需要的各种人才。在强调人才自由流动的市场经济体制下,与企业发展战略相脱节、缺乏一整套有效的激励和培训机制的人力资源管理模式已经难以适应市场竞争的需要。要充分发挥人力资源的效用,不但要发挥员工的积极性和主动性,还要努力提高员工的素质和技能,这就需要对企业员工进行有计划且持续的培训、教育和开发。

本案例中,海立的"Y"形职业发展模式正是在充分认识到人才培养重要性的基础上提出来的。主要通过下面两个方面来实现:

1. 做好职业生涯规划

案例中,海立集团在员工培训的工作上特别强调了职工的职业生涯规划,其流程如图 5-2 所示。

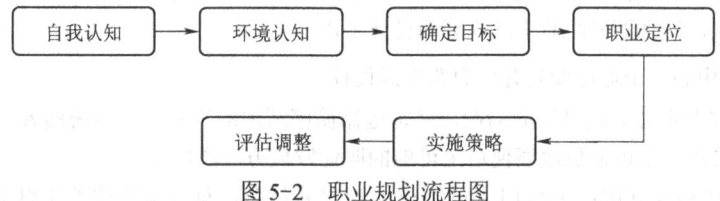

图 5-2 职业规划流程图

职业生涯规划是针对决定个人职业选择的主观和客观因素进行分析和测定,进而确定个人的奋斗目标并选择符合这一目标的职业,寻求不断发展和自我提升的过程。职业生涯规划要求根据自身的兴趣、特点,将自己定位在一个最能发挥自己长处的位置,选择最适合自己能力的事业,这对个人和企业都是非常重要的:对于个人,职业生涯规划的好坏必将影响整个生命历程;对于企业,能否引领员工做好职业生涯规划也直接影响到企业的发展和成长。

企业应该帮助员工发掘自己的长处,和员工一起讨论如何更好地利用这些长处来支持、实现企业的目标,并找到自己未来的职业发展方向。在本案例中,海立逐步形成了符合公司现状需求的"Y"形职业发展模式,有效地解决了员工一窝蜂走管理之路的状况,帮助不同的人才走上各适其职的发展道路,同时也为海立的发展储备了各类优秀人才。

海立人力资源在制度层面上为员工实现个人价值提供一个可以预期的职业发展空间,实现了公司和员工的同步发展。当员工刚到企业参加工作,作为企业人力资源管理人员就帮助员工进行全面分析,通过分析让员工认识自己、了解自己。员工只有正确认识自己,才能选定适合自己发展的职业生涯路线,从而初步制订一份阶段性或长远的职业发展规划,不断提醒自己、鼓励自己,避免迷失方向。海立的人才培养模式就是让适合从事技术工作的员工走专业发展之路,让懂得技术又擅长管理的人才走上管理发展之路。

2．及时对员工培训表现给予肯定和奖励

海立通过为员工制订了相应的培训课程,不断给员工提供机会,通过"放水养鱼"计划、岗位轮换、培养学科带头人等方法让员工得到更多锻炼自己和提升各方面能力素质的机会,同时,增强员工对公司的信任感和归属感,提高员工工作的主动性和投入程度,主动承担责任,从而将提高员工的素质和提高公司的组织绩效两方面有效地结合在一起,最终实现公司和员工自身的价值。

但是,实际生活中,培训不是单方面的投资,除了企业要投入资金外,员工还要投入时间和精力。因此,培训后员工总是期望能够以某种方式得到回报。如果企业给予的回报不及时,员工认为培训前后在企业中没有什么改变,就会通过跳槽来选择更好的工作环境。

本案例中,海立公司特别注意对员工进行精神或物质上的激励,如设立了专利申请奖、授权奖和实施报酬奖,鼓励员工不断学习和创新;对参加培训的员工设立奖学金,对学员的学习表现给予肯定;通过提供更有挑战性的工作、提高受训员工报酬等方式,承认员工通过培训努力取得的成果。同时,在硬件设施上不断完善,为员工创造了良好的学习环境。

通过本案例,我们可以看到海立公司在人才培养模式方面具有其独特性,这种培养模式是企业在发展过程中,遇到人才培养困局时逐步摸索出来的。海立的人才培养模式堪称我国国有企业的典范之一。

国有企业员工职业生涯规划与管理的关键点:国有企业作为大型产业集团,有着庞大的员工队伍、丰富的职位资源和成长阶梯,为人才的成长提供了上升的空间,也为开展职业生涯管理提供了广阔的平台。因此,国有企业要在科学发展观的推动下,根据国有企业自身的特点和企业的实际情况,借鉴国内外的先进经验,认真做好职业生涯规划的设计工作。

1．以员工为中心,企业协助其开展职业生涯设计

在导入员工职业生涯规划设计的初期,必须遵循循序渐进的原则。从传统的人事被动式管理转向主动的人力资源管理,不可避免地要使员工可能的职业发展方向透明化。

国有企业有必要成立由相关部门人员组成的管理委员会,负责工职业生涯规划的管理引导,并做好各级培训工作。职业生涯规划与管理不是一个部门就能够包办的,它涉及员工及所在企业的人事部门和企业领导层。对这些部门的相关人员及领导必须进行有关强化职业生涯规划与管理方面知识的培训,以提高他们对职业生涯规划与管理的重要性和必要性的认识,增强其执行活动的有效性和准确性。

2．合理设计双重的职业发展通道

科学合理地设置职位结构,建立适合员工成长的职业发展通道,是企业开展员工职业生涯管理的首要工作。在当前国内外不同组织职业通道设置的实践中,职业通道模式也各不相同,概括起来,主要有单通道模式、双通道模式和多通道模式三大类。

目前,国有企业员工概括起来主要为管理型员工和专业技术型员工两大类,因此在设计发展通道时,应该选择双通道模式,针对这两类员工分别设计不同的发展通道。这样不仅有利于充分调动员工

的积极性和主动性,而且为员工拓宽了职业发展空间,有助于员工自我价值的实现。

3．建立职业生涯规划与管理的反馈制度

员工职业生涯目标的设计必须有跟踪管理制度。职业生涯目标并非一成不变,而且每个人的学习能力及适应能力都有差异,因此,在不同的职业发展过程中,要对预先制订的员工职业生涯目标产生的缺陷进行修补。

职业生涯计划制订好后,员工将沿着设计的发展通道不断地从一个岗位转移到另一个岗位,从较低层次上升到较高层次,直到职业生涯目标达成。伴随着岗位和层次的变化,员工必须不断地接受新岗位和层次的变化,不断提高自身素质,改善素质结构。

在整个过程中,企业需加强对员工职业生涯计划的跟踪和指导,定期或不定期地对其工作进行反馈和点评,奖励和肯定其好的一面,帮助其克服存在的不足,督导员工不断地向着职业生涯设定的方向发展,最终实现其职业生涯目标。

4．建立较成熟的国有企业文化

在一个以能力为主导、而不是以身份为主导的竞争性现代市场经济社会中,人们应首先改变旧有的人才观念,改变只看学历、不重视能力的观念,积极推行职业教育与学科教育平起平坐、文凭与职业资格并重并举的制度文化,做到"竞争靠能力、开放靠市场、前进靠文化",力求个人目标和企业目标一致,个人目标必须服务于企业目标。

脱离了企业目标去制订员工个人职业生涯目标是不现实的,也是不可取的。员工的职业选择和职业生涯目标,既是个人的需要也是企业的需要,是员工个人利益和企业利益的有机结合。要协调好员工个人特点与职业目标的兼容性,处理好员工个性管理与组织内共同文化的冲突,解决好职业生涯管理典型示范与全面铺开的关系问题。

相关知识链接

一、员工职业发展规划概述

1．职业发展规划的内涵

员工职业发展规划是员工个人根据对自我个性的感知和对社会条件及环境的认识而确立的职业发展目标及其大致过程和步骤,是个人逐步实现其职业生涯目标,并不断制订和实施新的目标的过程。在个人漫长的职业生涯中,尽管个人的具体情况、职业选择、职业转换等各有不同,但是职业生涯发展却是每个人的共同追求。职业生涯发展的形式多种多样,主要有职务变动发展和非职务变动发展两种基本类型。

员工职业生涯开发计划的产生过程如图 5-3 所示。

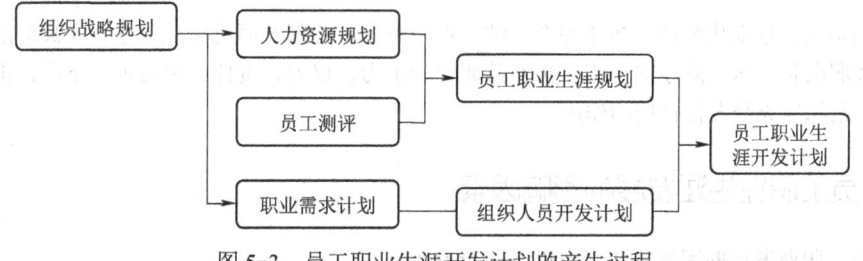

图 5-3　员工职业生涯开发计划的产生过程

2．员工职业发展规划的意义

员工的个人职业发展规划无论是对于个人还是企业都具有十分重要的意义（见表 5-1）。

表 5-1　员工职业发展规划的意义

	企　业	个　人
员工职业发展规划的意义	1）企业的迅速发展需要提高员工的工作能力和素质 2）通过开展员工培训和学习，调动员工工作积极性 3）企业需要有价值和适应性强的员工，以确保企业发展和市场竞争的需要 4）企业文化建设的需要 5）留住员工，尤其是那些最优秀的员工	1）职业生涯规划是员工实现个人发展的保证 2）自身的职业生涯发展需要进行规划和战略管理 3）员工个人职业生涯发展目标应与企业目标保持一致 4）只有不断学习才能适应技术发展和社会变化的需要

二、员工职业生涯发展的路径

理论界对员工职业生涯发展的最佳模式尚未取得一致意见，通常认为职业生涯发展经历了四个阶段：探索阶段、立业阶段、维持阶段和离职阶段。每个职业发展阶段都有不同的开发任务、开发活动和开发关系。

1．探索阶段

处于探索阶段的员工，往往进入组织的时间比较短，对组织尚不十分了解，与上司、同事之间还不熟悉，处于迷茫的适应期。在大多数情况下，如果没有他人的指导和帮助，员工往往难以承担工作角色，完成工作任务，因此，必须对他们开展岗前培训和社会化活动，以帮助新员工尽快地适应新的工作环境和工作伙伴，从而实现组织的工作目标。

2．立业阶段

在立业阶段，员工会在组织中找到自己的位置，独立做出贡献，承担更多的责任来获得更多的收入，并建立一种理想的生活方式。对于该阶段的员工，组织应制定政策，来协调其工作角色和非工作角色的平衡，同时为员工提供更积极的职业生涯规划培训活动。

3．维持阶段

在维持阶段，员工更关注技能的更新，并希望人们仍将其看做一个对组织有贡献的人。处于维持阶段的员工有多年的工作经验，拥有丰富的工作知识，对组织的期望和要求也有着深入透彻的理解，这些对于正处在成长中的年轻员工来说是十分宝贵的，因此，要使这一阶段的员工承担起教练和培训师的角色，充分发挥其优势。同时要防止该阶段的员工达到职业顶峰和出现技能老化等问题。

4．离职阶段

不同的员工，职业生涯的长短不完全一致，但是每个员工都要面对离职问题。在离职阶段，员工需要做好离职准备。这一阶段的员工，虽然其职业竞争力、权力、责任的中心地位下降，但是其优势仍然存在，组织应充分发挥他们的作用。

三、员工职业生涯发展的影响因素

影响员工职业发展的因素主要来自以下两个方面。

1．个人因素

尽管员工职业发展具有组织开发的意义，然而员工职业发展的轨迹及其结果，终究要由员工的个人努力程度来决定。所以，个人因素在员工职业生涯规划的实现过程中具有非常重要的作用。它主要表现如下：

（1）职业性向。所谓职业性向是由英文 Occupational Orientation 翻译而来，也有人译为职业倾向或职业取向，是由美国著名的职业咨询指导专家约翰·霍兰德提出的，指雇员的职业意愿和职业渴望。霍兰德基于自己对职业性向测试的研究，把人的职业性向归为六种类型（见表 5-2）。

表 5-2　职业性向分类表

职业性向类型	内　　涵	代表性职业
技能性向	认为具有这种性向的人适合从事那些包含着体力活动并且需要一定的技巧、力量和协调性的职业	机械维修、木匠、烹饪、电气技术等
研究性向	具有这种性向的人喜欢从事那些包含着较多认知活动，如思考、组织、理解等活动的职业	化学家、医师、大学教授等
社交性向	具有这种性向的人乐于从事包含大量人际交往内容的职业，他们通常喜欢周围有别人存在	心理医生、外交工作者以及社会工作者等
事务性向	具有这种性向的人一般从事包含着大量结构性的且规则较为固定的职业，在这些职业中，雇员个人的需要往往要服从于组织的需要	会计、银行职员等
经营性向	具有这种性向的人一般喜欢从事那些通过言语活动影响他人的职业	管理人员、律师、推销员以及公关人员等
艺术性向	具有这种性向的人常常从事那些包含着大量自我表现、艺术创造、情感表达以及个性化活动的职业	艺术家、广告制作者以及音乐家等

然而，大多数人实际上同时具有多种性向。霍兰德认为，这些性向越相似或相容性越强，则一个人在选择职业时所面临的内在冲突和犹豫就会越少。为了帮助描述这种情形，霍兰德建议将这六种性向分别放在图 5-4 所示的正六角形的六个角上。根据霍兰德的研究，某两种性向越接近，则它们的兼容性就越大。如果一个人的两种性向是紧挨着的，那么他将会很容易选定一种职业；如果其性向是相互对立的，如同时具有事务性向与社交性向的话，那么他在进行职业选择时就会面临较多的犹豫不决的情况。

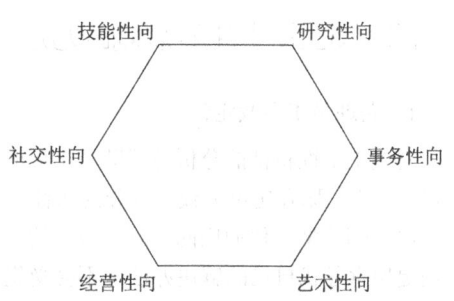

图 5-4　霍兰德的六种职业性向

（2）能力。这里能力是指劳动者从事一定体力劳动或脑力劳动的能力。具体地说，即是指运用各种资源从事生产、研究、经营活动的能力。它包括体能、心理素质、智能三个方面。体能、心理素质、智力、知识和技能构成了一个人的全面综合能力，它是员工职业发展的基础，与员工个体发展水平成正比。能力既对员工个体的发展提出了强烈需求，又为个体发展的实现提供了可能的条件，它是员工职业发展的重要基础和影响因素。

（3）职业锚。所谓职业锚（Career Anchor），又被称为职业动机，这一概念是美国麻省理工学院斯隆商学院的埃德加·施恩（Edgar Schein）教授最早提出来的。它是指当一个人做出职业选择时，无论如何都不会放弃的那种职业中至关重要的选择因素，也就是一个人选择和发展一生的职业时所围绕的中心。每一个人都有自己的职业锚，影响一个人职业锚的因素有：天资和能力、工作动机和需要、人生态度和价值观等。

2．环境因素

（1）社会环境因素（见表5-3）。

表5-3　社会环境因素

经济发展水平	在经济发展水平较高的地区，企业相对集中，优秀企业也比较多，个人职业选择的机会也就比较多，因而有利于个人职业的发展；反之，在经济落后的地区，个人职业发展也会受到限制
社会文化环境	包括教育条件和水平、社会文化设施等。在良好的社会文化环境中，个人能受到良好的教育和熏陶，从而为职业发展打下良好的基础
政治制度和氛围	政治和经济是相互影响和相互作用的，但政治体制始终是处于主导地位的，政治体制决定着经济体制、企业模式和经营方式等，从而也直接影响到个人的职业发展
价值观念	一个人生活在社会环境中，必然会受到社会价值观念的影响。大多数人的价值取向为社会主体价值取向所左右

（2）企业环境因素（见表5-4）。

表5-4　企业环境因素

企业文化	企业文化决定了企业的用工方式、态度和偏好，因此，员工职业生涯总体上为企业文化所左右，好的企业文化对于员工职业发展显然是有利的；反之，则会存在一定障碍
管理制度	员工职业的发展，归根结底要靠管理制度来保障，包括合理的培训制度、晋升制度、考核制度、奖惩制度等。企业价值观、企业经营哲学也只有渗透到制度中，才能得到切实的贯彻执行。没有制度或者制度定得不合理、不到位，员工职业发展就难以实现，甚至可能归于空谈

（3）**领导者素质和价值观**。一个企业的文化和管理风格与其领导的素质和价值观有直接的关系，企业经营哲学往往就是企业家的经营哲学。如果企业领导者不重视员工的职业发展，那么，这个企业的员工就很难实现自己的职业理想。

四、员工职业生涯规划的方法

1．帮助员工自我定位

对员工个性特征的分析是帮助员工形成正确自我观的重要内容，有助于员工个人职业发展目标的设定。员工的职业定位大致可以分为四种类型：

（1）创业型。他们倾向于具有较强的个人主义精神，在思维和行动上极度依赖自我和极度独立，他们更愿意寻找自己的解决办法，不会受集体想法的影响。他们有能力抛弃传统而找出开创性的解决方法。

（2）合作型。他们拥有较复杂的人际关系网络并以此作为事业的基础，着力于与别人建立关系和友谊，决不会采取破坏关系的做法。他们语言表达能力强，会推销自己的想法、调动他人的热情。由于其交友深广，他们往往能找到最适于帮助自己的人。

（3）专家型。他们处事适度，情绪控制能力强，能够和不同性格特点的人和睦相处。他们考虑他人，富有耐心，愿意帮助自认为关系较好的人。他们在与自己工作相关的周边有自己的社交圈子。他们努力保持已经成熟的工作方式，在工作上保持相当的连贯性和一致性，工作表现也较为稳定。

（4）客观型。他们倾向于具有较强的客观思维能力，强调通过缜密的思维和推理推导出结论，对于所做的任何工作都非常注重准确性和精确性。他们喜欢将一些理论的东西引入到决策制定过程中，并愿意学习和掌握新的理论方法。

职业生涯规划应该充分发挥员工的优势，保证职业生涯规划的实现。企业应为员工提供必要的指导,帮助员工完成职业定位。可以通过与员工进行正式和非正式的交流,也可以从他们在工作中处理事务的态度等来分析和判定员工的特质,实现诱导员工积极主动地发现自己的兴趣爱好和个人特长的目的。

2. 合理确定职业生涯目标

职业生涯目标包括人生目标、长期目标、中期目标与短期目标,它们分别与人生规划、长期规划、中期规划和短期规划相对应。一般来说,员工在确定职业生涯目标的时候,首先要根据个人的专业、性格、气质和价值观以及社会的发展趋势确定自己的人生目标和长期目标,然后再把人生目标和长期目标进行分解,根据个人的经历和企业的环境制订相应的中期目标和短期目标。

3. 职业生涯规划的调整

在人生的发展阶段,由于社会环境的巨大变化和一些不确定因素的存在,往往现状与原来制订的职业生涯目标会有所偏差,所以需要对职业生涯的目标进行评估并做出适当调整,以便更好地满足自身和企业发展的需要。职业生涯规划的评估与反馈是个人对自己和企业的不断认识过程,是保证职业生涯规划得以实现的有效手段。

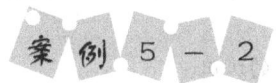

华为的人才培养机制

案例介绍

华为投资控股有限公司于1987年成立于中国深圳。业务涵盖了移动、宽带、IP、光网络、电信增值业务和终端等领域。其产品应用于全球140多个国家,服务全球运营商50强中的45家及全球1/3的人口。成为继联想集团之后,成功闯入世界500强的第二家中国民营科技企业。2011年财富世界500强发布,华为排名上升至351位,营业收入27 355.7百万美元。

华为公司在20世纪90年代中期遇到了人才瓶颈的问题,为了实现公司的发展,公司提出了建立任职资格体系,并于1997年开始筹建任职资格管理部,建立整个公司人才和任用资格的标准,负责培养研发和业务骨干。人才培养机制的建立,成功地解决了这一难题。

华为公司的任职资格体系主要是解决"资源池"的系统。主要特点是:

1. 事前的管理

很多企业对人才没有规划,管理也只是事后管理,通常是在需要人才时才想到对人才的培养,这时候往往已经来不及了。华为的做法是在事前就对人才管理进行规划,在公司的年度经营目标下达以后,就要分析、确定各类人才的需求,然后把重要的人才放进资源池,进行系统的培训,当需要时,把人才从资源池里调出来。

2. 培养工作精细化

很多企业在人才管理上,工作往往做得太粗,没有做到细致处,操作指导性不强。技术优秀的人很多,但是普遍缺乏管理能力,跨部门的经理太缺乏,合格的项目经理人员很少。华为推行IPD之所以成功,很大的功劳在于资源池的建立。华为的任职资格主要从项目经理入手,通过对有经验的高层的访谈,借鉴国外的任职资格标准,如NVQ、波音公司技术协会等,制订了项目经理的素质模型,然后进行评估，一旦发现素质缺失，就进行有针对性的培训，即"在实践中进行行为评估，根据需求开发课程培训"。

3．分层管理

华为对管理人员的任职资格采取分级管理的方式，把管理人员分为三个层次。5级是副总裁级，主要工作是制订方针、政策；4级是总监级，主要工作是目标管理；3级是经理级，主要工作是完成任务。

人力资源部主要进行方向、方针、专业的指导，监督执行分层管理。公司级高级人员的任职资格管理由任职资格管理部负责执行，公司设立任职资格管理委员会评定中高层干部。基层管理人员和专业人员的资格由各部门自己管理。

4．培养工作系统化

很多企业对人才的培养没有系统化。华为培养人才的具体做法是：

（1）通过专人辅导，解决课程学习不到的知识。例如，总裁秘书，有些高级人才就采取任命为总裁秘书的办法，加速成长。

（2）到关键岗位上锻炼。例如，华为设计了很多副职，根据德鲁克的观点，设计副职是不科学的，会造成职责混乱，但是华为设立的副职，对培养人才起了很大的作用。流失任何一个人，都不会影响公司的绩效，都能有人马上顶上去。

（3）岗位轮换。研发管理人员采取到市场一线锻炼的办法，提高对市场的认识。

随着市场经济建设步伐的加快，科技因素对我国经济社会的影响越来越大。从劳动密集型企业向资本密集型企业转变的核心就是科技进步，民营企业作为推动科技创新与进步的主导力量，在自身技术有限的情况下，通过引进国外先进的硬件设施，不失为一种快速发展的途径。

对于民营企业，如何培养人才开发人力资源也是影响其发展的关键因素之一。华为公司的人才培养机制创新就是个典型的例子。为解决组织发展中人才瓶颈问题，华为公司建立起了一套完备的人才培养机制。通过培训的事前管理，分析出人才需求与培训需求，然后将培训工作精细化，并设定了培训考核指标体系，最后通过分层管理，做到培训工作的系统化。这是一套适合华为公司的员工培训开发方案，也成为华为公司高速发展的助推器。华为公司在进行人力资源培训与开发工作时，很好地做到了以下几项工作。

1．华为公司很注重人员培训的事前管理

公司下达经营目标后，先进行人才培训需求分析，确定各类人才的需求情况，然后把重要的人才放进资源池，通过系统的培训，储备相应的人才。这种事前的管理为后面的培训开发打下了良好的基础。

2．华为公司的培训工作非常精细，严格设立考核标准

通过培训考核标准进行评估，对评估结果进行诊断，一旦发现员工的素质缺失，就设计有针对性的培训，根据需求开发培训课程。这种因材施教、对症下药的方式增强了培训的效果。

3．华为的人才培养标准是根据其任职资格标准来设立的

为了解决人才的职业化问题，华为花了几年的时间建立了一套完整的任职资格体系，包括十二个职位族类的详细的行为标准、知识标准和技能标准。把管理者分成三级，初级是基层管理者，中级是总监级，高级是副总裁以上人员。每一级的行为标准都非常具体，为人才培养工作提供了明确的要求

和详尽的依据。

任何组织的管理，只要涉及人员的聘用、选拔、晋升、工作安排等，都离不开员工培训。对于人才培养，大多数民营企业都或多或少地存在一些短期行为，没有形成与企业发展战略相匹配的、系统性的、持续性的培训机制，"只使用，不培养人才"已成为普遍现象。

民营企业在人才培养上面临的最大难题就是在企业成长与人才培养之间的抉择。相当一部分民营企业是机会导向型企业，他们重视企业的发展，轻视人才的培养。这是典型的短期行为，缺乏人才基础的企业高速成长是非常危险的。虽然一时效益可能比较好，但长期来看后劲不足，会使企业停滞不前，甚至出现退步。作为民营企业，想要增加企业人力资本存量，强化人力资本积累，需要注意以下几点。

1．树立正确的人才管理和培养理念

管理讲究"明道、优术"，道不明，则术不优。人才培养工作要做好，首先要有正确的人才管理理念和策略，这是企业人才培养和培训工作的基础。只有基于对人才的充分重视，才能对人才培养的重要性有更进一步的认识。

2．做好培训的准备工作

俗话说"不打无准备的仗"。公司在进行员工培训时要进行充分的准备，切不可跟风盲目地进行培训，或是走形式，为了培训而培训。

最重要的准备工作是做好培训需求分析。通过培训需求分析，既能明确培训目标、设计培训方案，也为进行培训评估提供了考核标准。企业可通过数据调研、问卷调查、面对面访谈、员工申请等形式来收集培训需求信息，从培训方式、培训时间、培训地点、培训教材、培训教师等方面来统计员工对培训的反馈情况，不断改进培训设计，增强培训效果。

3．内部培养与外部引进结合起来

可以采用基层管理者从外部引进、高级管理者由内部培养相结合的方式，引进的最高级别是中层管理者，如部门经理，而后在企业内部进行系统培养和考察，从中发现优秀人才，逐步将其升至高级管理岗位。

这就要求企业在度过生存阶段后应着手引进除财务、人事之外的部门级职业经理人，为以后打好基础。如果企业发现已经错过了最佳引进阶段，则要放缓速度，稳步引进职业经理人，从外围做起，不可急进。虽然这是一种"慢效药"，需要的周期要长一些，但其安全性较高，容易获得企业内部各方力量的接受，保持企业成长的持续性，不需要一个断裂期。

相关知识链接

一、组织培训应把握的原则

培训有其内在的发展规律和原则，只有遵循这些规律和原则，并有目的地合理运用，培训工作才能起到事半功倍的效果。一般来说，组织培训应把握以下原则：

1．按需培训原则

企业可利用的资源是有限的，企业组织培训的目标即在"有约束条件下"寻求培训效果的"最大化"或"满意解"。提高培训的针对性、不断满足企业与员工的培训需求，成为现代企业组织培训的趋势。

2．培训与使用相结合原则

如果培训的内容在工作中没有用武之地，那么，这些培训的投入显然是一种浪费；如果企业只注重对人力资源现有能力的当前使用而忽视了培训，对人才来说，显然是一种不道德的行为，同样，对企业来说，也是一种"不经济"的行为——合理的培训可以深挖现有员工的潜力，从而起到事半功倍的效果。

3．员工意愿、素质与企业需要相结合原则

任何有效的培训都会发挥一定的作用。如果把培训的内容和发展方向与员工的意愿和素质结合起来，把企业的需要与员工的意愿结合起来，培训的效果将会达到最佳。

4．循序渐进原则

员工对新知识、新技能的掌握是具有阶段性的，从不知道到知道，从知道到非常了解，从非常了解到融会贯通，这需要一个过程。如果企业不了解员工目前所处的层次就盲目地进行培训，很有可能设计层次过高或过低的培训，其结果是不言而喻的。

二、员工培训的基本程序

员工培训的基本程序包括以下几个步骤，其流程如图 5-5 所示。

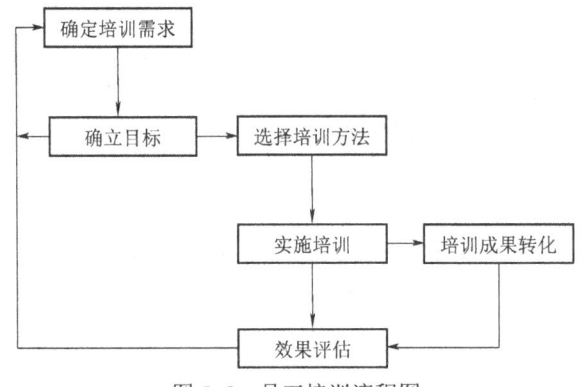

图 5-5　员工培训流程图

1．确定培训需求

确定培训需求，就是对培训需求进行评估。培训需求评估包括组织分析、人员分析和任务分析等主要环节。通过分析，可以回答是否需要培训、培训什么、怎样进行培训、何时进行培训、在哪里进行培训等一系列基本问题，从而为组织有效的培训奠定基础。培训需求评估的四个方面包括：

（1）组织分析。在给定公司经营战略的条件下，对公司的发展方向、经营目标、组织特征以及可利用的资源等情况进行分析，以明确培训需求的过程。

（2）人员分析。是对拟培训人员知识、技能、行为与态度等情况进行综合分析，以明确培训需求的过程。

（3）任务分析。主要是指通过对从事特定岗位工作所需的知识、技能和行为方式等情况的分析，找出岗位要求与员工综合能力之间的差距，以明确培训需求的过程。

（4）培训需求的整合。为便于分析，我们把企业在总体战略和个别岗位对培训的需求统称为工作需求，把员工对培训的需求称为员工需求。在一般情况下，工作需求和员工需求并不完全重合，但也很少出现完全不重合的情况，往往是既有重合又有差异，如图5-6所示。培训开始之前，要对它们进行整合。

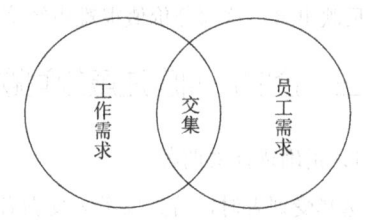

图5-6　培训的工作需求与员工需求示意图

2．设置培训目标

设置培训目标的作用是为培训计划提供明确的方向和依循的构架。只有有了目标，才能确定培训对象、内容、时间、教师、方法等具体内容，并在培训完成后，对照此目标进行效果评估。培训应有助于实现部门或企业的绩效目标。

培训目标主要有以下几大类：技能培养、传授知识、转变态度、工作表现。

3．选择培训方法

选择培训方法是根据培训的内容和培训要求，明确培训的具体方法及其相应的课程组合，如课堂教学、案例讨论、现场观摩、情景模拟、角色扮演等，以保证培训的系统性和完备性。

4．实施培训

实施培训是指在预定的时间和地点，以预定的方式对目标员工进行培训。同时，在培训的实施过程中，不断根据员工的反映和要求，及时对培训的内容、方式、时间、地点、进度等进行动态调整，以确保收到良好的培训效果。

5．培训成果转化

培训成果转化，是指受训者有效且持续地将所学到的知识、技能、能力等运用于工作中的过程。

影响培训成果转化的工作环境特征包括：培训转化氛围、管理者的支持、同事支持、技术支持、自我管理和应用所学技能的机会。

6．效果评估

培训效果是指在培训过程中受训者所获得的知识、技能、才干和其他特性应用于工作的程度。培训效果可能是积极的，这时工作绩效得到提高；也可能是消极的，这时工作绩效恶化；还可能是中性的，即培训对工作绩效没有产生明显的影响，这种情况下的损失不仅是培训经费，还包括时间的浪费。

培训效果评估的几项指标：

（1）骨干员工流失率。培训作为满足员工自我发展的重要手段，在维持骨干员工的满意程度上扮演着重要作用。

（2）人均产值增长率。人均产值的增长反映了员工专业技能的提升和工作效率的提高。人均产值的增加，也带来了公司收益的相应增加。

（3）成本节约。成本节约意味着企业的管理水平提高和工作的差错率降低，从成本的角度提高了公司的净利润，也是培训效果的体现。

（4）客户满意度。客户的满意不仅是公司长期发展的保证，同时也带来直接的经济效益，如客户投诉的降低、客户订货量的增加等。客户的满意度与公司的效益之间有一定的正相关关系，衡量客户满意度可以折算成公司效益，也可以计算出培训所带来的价值。

（5）员工能力的提高。员工对于公司的价值是不言而喻的，员工能力的提高可以在组织的考核指标上反映出来,这部分价值很难用经济效益来衡量,但是可以定性地说明培训的价值。

三、企业培训应注意的问题

1．正确选择受训者

选择受训者时,首先要考虑受训者是否有学习的动机。其次,要考虑受训者能否接受培训课程内容(指受训者的水平与培训目标和培训课程内容的差距)。最后,要考虑受训者的健康状况、身体特征、工作态度、岗位技能、兴趣爱好等。此外,企业的培训内容必须按照员工所担任职务的层次来确定,循序渐进地进行,不可跳跃。避免过于超前的培训(低层次员工接受高层次的培训)助长一部分员工产生自满情绪而不安心本职工作。

2．通过培训的评价机制对培训效果进行评价

(1)培训组织者对培训的组织实施应进行监督与指导,重点做好课程内容先后次序的安排与协调。

(2)根据信息反馈,对原定评价标准进行分析和修正,以便客观公正地评价培训效果。

(3)培训效果的评价包括两层意义,即培训工作本身的评价以及对受训者在培训后所表现的行为的评价。整个培训效果评价又可分为三个阶段：第一阶段,侧重于对培训课程内容是否合适进行评定,通过组织受训者讨论,收集他们对课程安排的反馈意见来进行评价。第二阶段,通过各种考核方式和手段,评价受训者的学习效果和学习成绩。第三阶段,在培训结束后,通过考核受训者的工作表现,如可对受训者前后的工作态度、熟练程度、工作成果等进行比较来加以评价,从而评定培训的效果。

3．建立领导支持机制

现代企业管理要求领导要有危机感、紧迫感,转变思想观念和思维方式,在企业培训管理中扮演好新的角色：为好企业培训的"设计师"。领导者必须是个好"培训师",即领导者要不断帮助员工共同学习,改善心智模式,进行系统思考,时刻扮演着教练或导师的角色。企业决策层和管理层的参与和支持往往对培训效果起着主导作用。

4．选择适当的培训方法

主要的培训方法有如下几种：

(1)对新雇员的培训。包括技术培训、取向培训(熟悉公司、工作、政策和程序、岗位职责培训、部门职能培训)、文化培训(企业文化精神层次的培训、企业文化制度和物质层次的培训)。

(2)对在职工人的培训。包括纠正性培训(技能欠缺)、变革性的培训(业务开发、企业重组、环境变化、市场开拓、战略联盟等)、开发性培训等。

具体的培训方法包括：工作指导培训、角色扮演、行为模仿、案例分析、实战技能培训、个性化培训、销售培训等。公司要根据培训者所需要的信息和技能及设定的学习目标来选择具体有效的培训方法。

5．持续地培训

培训是个长期、持续的过程,像提高管理水平这样的目标是不可能通过一次性的培训一蹴而就的,它往往需要经过一系列的、不懈的培训和实践才能实现。这就需要一个长期的培训计划,还要有一套有效的考评机制来跟踪考察员工的技能和工作状态,评价培训后的效果和确定后续培训的目标。

英特尔学习型组织的构建

 **案例介绍**

1968年，罗伯特·诺伊斯（Robert Noyce）、戈登·摩尔（Gordon Moore）和安迪·格鲁夫（Andy Grove）在硅谷共同创立了英特尔公司。1971年，英特尔推出了全球第一个微处理器。微处理器所带来的计算机和互联网革命，改变了整个世界。经过40多年的发展，英特尔公司在芯片创新、技术开发、产品与平台等领域奠定了全球领先的地位，并始终引领着相关行业的技术产品创新及产业与市场的发展。

英特尔的价值观指出，"要争取达到最优秀的高标准，把好事做好，就要不断地学习、发展、提高"。很显然要实现这一切，需要通过强大的培训来实现。

英特尔的员工培训体系包括新员工培训、技术培训、管理培训、领导力培训等类别。英特尔所有的培训，都要求经理人员亲身参与。英特尔公司每年都设定有具体的指标，规定经理人员必须教授多少门培训的课程，并考核为其他的员工提供培训的效果。

1. 新员工培训

实际上英特尔对新员工的培训计划在新员工进入英特尔公司之前就已经开始。英特尔要求每一个经理在招聘新员工时，都必须同时准备好一套很完整的员工培训计划，包括行政、技术、管理等各方面的培训。通常来说，一个完整的新员工培训的周期是9个月，通过一系列培训计划的实施，使新员工能够完全适应工作环境，熟悉英特尔的企业文化与价值观、岗位职责，并胜任其岗位工作。

英特尔公司要求经理人员每周与员工进行一次面对面、一对一的谈话，不断地了解新员工进公司后的进展，根据实际情况调整培训计划。

英特尔"伙伴计划"是帮助新员工适应工作的好方法。英特尔会指定有工作经验的员工作为新员工的伙伴，来"传帮带"新员工。新员工遇到任何工作上的问题，都可以请教其伙伴。

英特尔建立了一套实时的反馈机制来了解员工熟悉工作的情况，包括每周一次的经理人员进行的一对一面谈；培训部还会在3个月、6个月、9个月的时候，与新员工开会，了解对他们的培训计划的实施情况，以及他们融入英特尔公司企业文化的程度。

2. 英特尔大学

英特尔的价值观中明确指出要不断地学习。在英特尔，每个人都必须不断地学习，以适应高科技的发展步伐。学习并不是经理人的特权，每个员工都平等地拥有学习的机会，为此，1975年，英特尔创办了英特尔大学。英特尔大学为员工开设各种管理、技术等课程，讲师大都由英特尔公司的经理或高层管理者担任，英特尔认为这是最佳的学习方式。英特尔的高级管理层在英特尔大学参加高层培训，同时也在这里为来自全球各地的英特尔学员授课。

在领导力培训方面，英特尔的高层管理人员对英特尔的领导力提出了一系列要求。这些要求包括：战略思想，商务执行能力，个人对公司的忠诚度，全球性的领导力——能够领导分布在全球各地的业务以及不同文化背景的员工。

首先，英特尔会找到并确定一些关键的位置，这些岗位上的人员是要重点培养的对象；然后去发现合格的接班人，寻找有潜力的人去胜任这些岗位，因此就要为这些候选人提供一系列的领导力培训计划。培训课程与形式围绕着英特尔所提出的领导力要求，公司内部设有不同的培训课程，包括：如何成为全球的领导者；如何管理全球性的组织；怎样成为一个战略性的伙伴等。

除了众多英特尔公司内部的课程，还有许多外部培训机会。英特尔与许多著名教育机构合作，以满足员工培训的各种需要。公司与许多国际上著名的提供 EMBA 课程的教育机构合作，选派公司重点培训与发展的员工去参加 EMBA 培训。

除了众多课堂学习培训之外，还通过许多动手、实践的机会培训员工。通常的做法是，公司为候选人指定一名资深的管理者，这个管理者会为被培训者提供许多案例的分析，让被培训者具体分析这些案例，探究怎样解决问题。被培训者要汇报对案例的分析与解决的结果，由此来了解被培训者是否从培训计划中得到了所要求的领导技能。

3．教练制

英特尔还有许多计划与措施来进行领导力培训，如导师或教练制，公司指定有经验的资深人士与高层主管作为被培训人的教练或伙伴，一对一进行结对，由比较有经验的人为员工提供管理咨询，达到培训员工，提高员工综合领导力的目的。

4．职位轮换与跨国工作

英特尔还通过岗位的调动、职位的轮换来发展员工的领导力。作为一家高度国际化的跨国巨头，英特尔非常重视通过跨国工作轮换来培训员工的国际化工作技能与领导能力，派遣有潜力的管理者到其他国家工作一段时间，锻炼他们的跨文化管理能力。

5．"二位一体"

英特尔还在公司中施行一种"二位一体"任命计划。何为"二位一体"呢？即同一个职务同时任命 2 名经理人，其中一名主要是给他实习、锻炼的机会，培育其快速成长为合格的英特尔经理人。

这是一个学习型组织的典型案例。学习型组织是指该组织中的员工自觉地、不断地获取、传递并创造新的知识，并将其运用于提高工作绩效的实践当中，从而创造一个具有高度凝聚力和旺盛生命力的可持续发展的组织，是一个从个人学习到团队学习，到组织学习，再到全局学习的不断知识转化和整合的过程。

20 世纪 70 年代以后，随着发达国家从工业社会向信息社会的转变，人力资源管理思想和方法出现了新的飞跃。其一，人力资源管理重心由"人本"管理走向"人心"管理；其二，企业文化理论的不断系统化。如今，许多国外的企业都提倡一种组织严密、主动进取的公司文化，通过在企业内部打造学习型组织达到一个共同学习的氛围，积极组织企业的人才开发与培训工作。

在本案例中，英特尔公司营造了一种鼓励学习的工作环境。英特尔公司通过新员工入职培训，使新员工能够完全了解和适应工作环境，熟悉和认同英特尔的企业文化与价值观、岗位职责，并胜任其岗位工作。其后，公司根据员工的特点，推荐到英特尔大学进行相关的学习，给他们不断学习的机会，高层次的培训实践是学习型组织的重要特征之一。此外，英特尔还通过岗位调动、职位轮换来发展员工的领导力，让员工在不同的岗位上都有学习的机会，真正做到了不断从个人学习到团队学习，到组织学习，再到全局学习的知识转化和整合。在英特尔，培训更强调操作与实习，出色地将教育与公司业务目标结合起来，公司的培训也不仅仅是为教育而教育，学员们要接受一些具体的工作训练，直到能够正确掌握。

案例中，英特尔公司人力资源培训与开发的特点主要有：

1．培训对象广泛

英特尔打造的学习型组织给企业内部每个人以同等的学习机会。公司的培训不仅仅是针对新员工，而是可以全面面向公司不同层次的管理者以及技术人员。

2．培训时间长

英特尔的培训并没有将学习和工作完全地分开，而是通过岗位轮换、"二位一体"等措施将工作与学习培训合二为一，工作的同时也是在接受培训，从而大大延长了培训的时间。

3．培训的主体及方式多样

英特尔公司的培训方式有企业自行培训、管理院校式培训、教练式培训、外部培训等。这几种培训方式都以员工为核心，极具实用性与针对性，真正做到把培训升华到人力资源开发。

从国外企业人力资源培训与开发的模式上，我们可以得到以下启发：

1．人才培养是管理者的职责

人才培养工作是企业所有成员的共同责任，当然，首先是最高领导的责任。德鲁克指出管理者的三大职责：出业绩、培养人以及宣传企业文化。

优秀企业通常把人才培养看成"一把手工程"，第一负责人亲自带头培养员工，参加培训，言传身教。通用电气的韦尔奇、百事可乐的董事长都是经常亲自担任高层管理者培训的教员，甚至亲自拟定教学大纲。

在一个管理完善的企业中，培养工作的参与者应该是全组织的，通常包括：企业最高领导、人力资源副总裁、其他副总裁、各级管理者、人力资源部门、内部讲师、员工。他们各自的培养角色应该是非常清楚的。某优秀企业就将各部门经理的培养责任定位为：批准部门的年度培训计划；培养重要的管理和技术人才；为本单位的人才培养和培训工作提供各种必需的资源支持；担任内部讲师。

为了将培养工作落到实处，很多优秀企业将人才培养作为上司的重要职责和重要考核指标。宝洁每年的经理人员考核中都包括人才培养一项指标，如果这项评价不合格，那整个年度考核必将是不合格的。华为和IBM则干脆规定，没有培养出接班人的经理人员不能晋升。

2．企业在对员工培训开发的同时，要注意培训文化的培养

培训文化的发展可分为三个阶段：培训文化淡薄阶段、培训文化发展阶段和培训文化成熟阶段。英特尔公司的培训文化发展阶段正处于成熟阶段。企业在定位自身所处阶段的时候，一定要注意三个方面：

（1）企业是否真正拥有了对于现代培训的了解和认识。

（2）企业是否真正拥有了自己行之有效的培训计划。

（3）企业是否真正拥有了阶梯化的、与需求匹配很好的培训课程体系。

这三方面也是企业提高员工培训开发质量的重要途径。

3．扩展培训内容

培训内容可以有政治、文化、技术、业务、学历、非学历等各方面的培训。汇总起来可分为五种类型：一是预备型，即针对某些工作岗位的要求，对新成长的劳动力进行有目的的培训，使他们通过培训能满足岗位的要求。二是补习型，即根据生产的需要进行"补缺、补低、补新"的培训。三是提高型，为一些有培训前途的在职劳动者创造条件，提供受教育机会。四是更新型，让更换工作岗位的职工尽快学会所需要的新技术、新工艺。五是创新型，即培训那些有可能首次以非传统的方式解决社会经济技术问题并取得显著成效的人才，创新包括技术、设备、管理、观念等。前四种培训着眼于满足短期的岗位需求，针对性、实用性强；第五种类型是一种具有超前性、系统性的培训，创新是新世纪培训的主体，现代培训应以培养员工的创新能力为核心，把培训升华到人力资源开发、人力资本投入、扩大企业人力资本积累的高度去认识。

相关知识链接

一、培训的发展趋势

现代组织要真正搞好培训教育工作，就必须了解当今培训的发展趋势，与时俱进，不断创新。当今世界的培训发展趋势可以简要归纳为以下几点。

1．员工培训的全员性

培训的对象应该具有全员性，即上至领导下至普通的员工。员工通过这样的培训，将极大地提高员工和组织的整体素质水平，有效地推动组织的发展。特别是管理者，他们不仅要向员工说明培训的战略目标，更有责任引导员工学习并进行评估反馈。培训的内容应涵盖生产培训、管理培训、经营培训等组织内部的各个环节。

2．员工培训的终身性

单凭学校正规教育所获得的理论知识不足以迎接社会的挑战，必须实行终身教育，不断补充新知识、新技术、新经营理论，只有这样才能跟上时代的步伐，不被社会淘汰。

3．员工培训的多样性

员工培训的范围已经从企业扩展到了整个社会，形成"学校、企业、社会"的三位一体的庞大而完整的体系。培训的方式也多种多样，有企业组织的培训，有社会组织的业余培训，也有大学为企业开办的各类培训班。

4．员工培训的计划性

组织要把员工的培训纳入组织的发展计划之内，在组织内设专门的培训部门，负责有计划、有组织地向员工提供培训学习的机会。

5．员工培训的国家干预性

当今，西方的一些国家为了强调培训的重要性，甚至在立法中做了明确的规定——参加在职培训是公职人员的权利与义务，写明了筹措培训经费的细则。

二、新员工培训概述

成功的新员工培训可以起到传递企业价值观和核心理念并塑造员工行为的作用，它在新员工和企业以及企业内部其他员工之间架起了沟通和理解的桥梁，并为新员工迅速适应企业环境，与其他团队成员展开良性互动打下了坚实的基础。

入职培训的内容：

（1）新员工所需要的信息。

● 公司的标准、行为规范、期望、传统与政策，包括领薪的手续、证件的取得方法和工作时数等。

- 新员工需要社会化，即学习整个公司和管理当局所期望的态度、价值观和行为规范。
- 工作中技术方面的问题。

（2）入职培训的内容。

- 企业概况包括：公司的历史、背景、经营理念、愿景、使命、价值观。
- 本行业的概况：公司的行业地位、市场表现、发展前景。
- 基本的产品服务知识、制造与销售情况。
- 企业的规章制度与组织结构。
- 公务礼仪、行为规范、商业机密、职业操守。
- 薪酬和晋升制度。
- 劳动合同、福利与社会保险等。
- 安全、卫生。

（3）专业性培训。专业性的培训包括工作场所、办公设施设备和内部人员的熟悉。其中，内部人员的熟悉又包括：本部门上级、下属、同事，其他部门的负责人、主要合作的同事；了解业务、流程、职责、权限，包括客户、产品、市场、行业、对外联络方；有时需实地进行，如参观生产、仓库、研发实验室等；专业性的技术、业务、财务等管理方法训练。

三、培训开发的主要方式方法

按照不同的标准，培训的方法可以划分为不同的类别。这里我们主要按照培训的实施方式将培训的方法分为两大类：一是在职培训；二是脱产培训。

1．在职培训

（1）学徒培训。简单地说，这是一种典型的"师傅带徒弟"的培训方法，由经验丰富的员工和新员工结成固定的"师徒关系"，师傅对徒弟的工作进行指导和帮助。这种培训方法大多应用在那些需要一定技能的行业，如电工、美发师、木匠等。在高科技企业，这种形式被称为"导师制"。

这种方法较节约成本，且有利于工作技能的迅速掌握。问题是培训的效果受师傅的影响比较大；会影响到师傅的正常工作，降低其工作效率；容易形成固定的工作思路，不利于创新。

（2）辅导培训。辅导培训是指受训者以一对一的方式向经验丰富的组织成员进行学习的方法，辅导者通常是年长或有经验的员工，可以是企业中任何职位的人。

这种方法有些类似于学徒培训，不同的是辅导者的身份不一定就是师傅，可以是朋友、知己或者顾问的身份来对受训者进行辅导，两者的关系也不像学徒培训中的师傅与徒弟那样紧密。

为了保证辅导的效果，辅导者与受训者的兴趣必须一致，必须相互理解对方的心理。例如，大学毕业生的在职业务培训就是一种辅导培训。

（3）工作轮换。工作轮换是通过调动员工工作职位的方式来进行培训的方法。通过职位的变化，可以丰富员工的工作经验，扩展他们的知识层面，增加他们的技能水平，使他们了解其他职位的工作内容，从而能够胜任多方面的工作。

在职位轮换过程中，员工不可能深入地了解各个职位的详细工作内容，因此这种方法更适用于对通用型的管理人员进行培训。如果要对专家型的人员进行培训，采取这种方法的效果就不是很理想。

此外，在职培训还有教练培训、工作实习等方法。一般来说，正式的培训采用在职培训的比较少，大多还是采用脱产培训。

2．脱产培训

脱产培训就是指员工离开自己的工作岗位专门参加的培训。这种培训方法的优缺点与在职培训恰恰相反。脱产培训的方法主要有以下几种：

（1）授课法。这是最普遍、也是最基本的一种培训方法，就是通过培训者讲授或演讲的方式来对受训人员进行培训。

这种方法的优点在于：可以同时对一大批受训人员进行培训，成本比较低；培训者能够对培训过程进行有效的控制。

同时，它的缺点也是非常明显的：由于讲课的内容往往比较概括和一般化，因此要求受训人员同质程度比较高，如文化程度和工作要求比较相似，以便使培训者讲得更具体和实用；这种方法主要是一种单向沟通的方式，很少有对话、提问和讨论的机会，缺乏反馈、练习，受训人员比较被动；没有练习的机会，不适用于技能的培训。因此这种方法大多用于一般性的知识培训。

（2）讨论法。讨论法是应用比较广泛的一种培训方法，是指由培训者和受训者共同讨论并解决问题的过程。在实践中，首先由培训者综合介绍一些基本的概念和原理，然后再围绕某一主题进行讨论。

讨论法的优点在于：受训人员能够参与到培训活动中来，可以提高他们的学习兴趣；有利于受训人员积极思考，加深对学习内容的理解；在讨论中可以相互学习，有利于知识和经验的共享；此外，还可以同时培养他们的口头表达能力。

这种方法的缺点是：为了保证讨论的效果，参与的人数不能太多；不利于对基本知识和技能的系统掌握；讨论过程中容易偏离主题，因此对主持人的要求比较高。

（3）案例分析法。案例分析法是给受训者提供一个来自现实的案例，首先让他们独立地分析，然后再与其他受训者一起讨论，从而提出自己对问题的解决办法。

案例分析法的好处是：案例大多来自现实，通过对案例的分析，有助于解决类似的实际问题；案例分析强调个人的独立思考，对培训者的依赖程度比较低，因此有助于培养受训人员独立分析问题、解决问题的能力；它的最终目的不是给出一个确定的答案，而是借助这种方式，教会受训人员如何分析问题和解决问题。

这种方法的缺点是：案例的收集和提炼往往比较困难，案例虽然来自现实，但又不能是现实的直接反映，而要经过一定的加工；此外，这种方法对培训者的要求也比较高，要求能够给受训者以启发。

（4）角色扮演法。角色扮演法就是给受训人员提供一个真实的情境，让他们在其中分别扮演不同的角色，做出他们认为适合于各自角色的行为，表现出角色的情感。在扮演过程中培训者随时加以指导，在结束后组织大家讨论，以各自对扮演角色的看法来发表意见，这其实就是通常所说的"换位思考"。

通过角色扮演，受训人员可以体会到与自己工作有关的其他角色的心理活动，从而有助于改正过去工作中的不良行为，以利于建立良好的人际关系。例如，让一个售货员扮演顾客角色，让其体会到顾客受到冷落时的心理感受，从而改善自己的服务态度。这种方法的缺点在于操作起来比较麻烦，更多地用于态度改变的培训，知识和技能的培训往往不太适用。

（5）工作模拟法。工作模拟法就是指利用受训者在工作过程实际使用的设备或者模拟设备，以及实际面临的环境来对他们进行培训的一种方法。

这种方法的好处在于：由于与实际的工作比较接近，因此培训效果比较好；能够对培训的过程加以有效的控制；可以避免在实际工作中进行培训而造成的损失。

缺点是：培训的费用比较高；不可能做到与真实的工作完全一样，也存在培训的转化问题。这种培训特别适合那些出现错误的代价和风险比较高的工作，如飞行员的培训、管理决策的培训等。

（6）网络培训法。近年来，计算机和网络技术飞速发展，利用网络进行培训的方法也正在逐渐兴起。这种方法突破了传统培训的固有模式，打破了培训的时间和空间限制，使培训者和受训者不必再面对面地进行培训，这是培训与开发的重大突破。

近期，国内较早倡导网络培训的知识天地公司公布的数据表明：与传统的培训方法相比，网络培训具有明显的优势。采取网络培训，学习新知识所需的时间仅为传统面授方式的40%；对知识的记忆保持力提高了25%～60%；学习所接收的新信息量比传统模式增加了56%；从培训时间来说，比传统方式减少了30%；此外，这种方式还大大降低了知识传递过程中的偏差。

但是采取这种方法也是有缺点的，由于需要建立良好的计算机网络系统，因此培训的成本比较高。此外，有一些内容无法使用这种方法培训，如设备的操作培训、人际关系交往能力的培训等。

脱产培训还有视听法、公文筐处理训练、行为模拟法、敏感性训练等。

四、企业内部人才开发的主要途径

1．创造能让员工发挥所长的环境

工作环境往往会影响个人能力的发挥，企业尤其是效率没有充分发挥的大企业应该重视组织或制度的专业化、分工的细密程度等，创造能充分发挥员工能力的环境。

要做到这一点，企业首先应立足于内部人才的培养，盘活人才存量，形成人尽其才、才尽其用的良好态势，如建立企业人才库和人才交流中心，打破壁垒，互通有无，使人才流动到企业内最适合、最需要的岗位上，实现人力资源配置效率的最大化。

2．建立完善的教育培训机制

（1）企业应制订长期人才培养计划。企业应根据发展需要，制订长期的人才培养和开发计划。开设各种综合、系统的研修、教育讲座，有步骤、分层次地对员工进行全方位、前瞻性的培训，使培训活动做到制度化、规范化。

（2）构筑终身学习体系，创建学习型企业。鼓励员工通过多种形式实现终身学习，立足岗位，不断"充电"，自学成才，把个人追求融入到企业发展战略目标之中。

（3）优化培训内容。既重视业务技能培训，又强化理论知识学习；既搞好学历教育，又搞好能力培养。同时，大力培养人才的综合素质和适应能力。

3．建立有效的励才留才机制

企业普遍存在人才流失问题，流失的员工中也包括接受过培训的人才。许多企业要求员工接受培训前签订"培训服务协议书"，规定接受某类培训在本公司的最短服务年限，如果未满服务期要求流动，应补偿企业的培训损失，这对保护公司的培训投入起到了一定的作用，但仍然挡不住人才的流失。

培训是个双刃剑，作为企业来说培训会有损失，但总体来说，培训是值的。企业不要由于有些人才经过培训后流失而不敢做培训投入，关键是建立起有效的留才机制，尽可能减少人才的流失。

（1）报酬激励。人力资本投资理论中提到，企业经营者和专业人才应该像企业其他资本一样享有收益分配权，其形式除了货币收入以外，还可以实行股权、期权分配机制。报酬激励是为经营者及专业人才提供相适应薪酬的激励方式。除了一般的工资、福利、奖金以外，企业可设立人才奖励制度，定期表彰有突出贡献的专业人才和经营管理者，建立留住人才的激励机制，这样有利于发挥各类人才的积极性，有助于提高企业的凝聚力和向心力。据统计，在《财富》排名前1 000家的美国公司中，已有90%以上推行了股票期权制度，由于这种制度比较好地体现了激励与约束并重的特点，在西方被形容为职业经理人的"金手铐"。

（2）事业激励。马斯洛认为"人的最高需求是价值的自我实现"。这才是人才的最大动力。也就是说，要想留住人才，薪酬福利很重要，但发展机会更加重要。

首先必须使企业的目标与员工的目标结合、统一起来，人才往往有强烈的事业心和成就动机，希望在自己的事业上有所建树，对于他们来说，这是物质利益以外的强烈需求。因此，对人才的事业激励主要是创造一切机会和条件让他们能够施展才华。

其次企业在对员工进行培训时，一定要注意与他的发展相结合，应当计划一下他未来的一年、二年内可能到达什么位置，让员工看到发展的前景是很重要的。当然，发展机会不是凭空许愿。要让员工明确上面职位需要多少人，现有多少人，有多少职位有待升迁补充。

（3）感情激励。有效的感情激励包括对人才的尊重与认可、理解与支持、信任与宽容、关心与体贴。如果企业能做到"乐士之乐而乐，忧士之忧而忧"，就能充分发挥人才的积极性。同时，树立"以人为中心"的管理思想，倡导团结、进取的企业精神，塑造企业良好的诚信形象，形成积极进取、崇尚竞争的企业文化，进一步促进企业的团结和合作精神，增强企业集团的凝聚力和战斗力。

4．加强领导，推动人才培养

培养人才，选贤用能，知人善任，是领导者最主要的管理职能之一。领导者集选人、用人职责于一身，人才培养效果及使用效能的好坏，与领导干部识才、用才的艺术直接相关。

因此，建立领导干部人才培养责任制，把对人才使用的好坏作为领导者业绩考核的依据之一，并给予应有的激励和约束非常重要。对于当前很多国内企业而言，领导者应进一步转变观念，努力扩大选才视野，坚持德才兼备、知人善任的原则，以推动企业人才的培养。

毫无疑问，培育人才的成功，最终的受益者是企业，企业应充分发挥其积极作用。当前我国企业所面临的市场竞争日趋激烈，企业内部的人才培育在企业中的重要性得到了极大的提升。企业管理层也认识到培训和培养员工是人力资源管理活动的重要内容，不断加大投入，甚至把培训看做实现经营规划的重要组成部分，这对于提升我国企业在国际市场上的核心竞争力显然是个好消息。

实战模拟

人力资源培训方法——角色扮演法

一、实训目的要求

通过该实训项目，使学生熟练掌握角色扮演法的实施方法和步骤。

二、基本知识要点

1．角色扮演法的概念

角色扮演法是指让参加者身处模拟的日常工作环境之中，按照实际工作中应有的权责来担当与其实际工作类似的角色，模拟性地处理工作事务。通过这种方法，参加者能较快熟悉自己的工作环境，了解自己的工作业务，掌握必需的工作技能，尽快适应实际工作的要求。

角色扮演的关键问题是排除参加者的心理障碍，让参加者意识到角色扮演的重要意义，减轻其心理压力。此法相当于一种非正式的表演，不用彩排，它通过学员自发地参与各种与人们有关的问题，扮演各种角色，通过这种方式去体验其他人的感情，通过别人的眼睛去看问题，或者体验别人在特定的环境里会有什么样的反应和行为。

角色扮演法适用于新员工、岗位轮换和职位晋升员工的培训，主要目的是为了帮助员工尽快适应新岗位和新环境。

2．角色扮演法的一般过程

（1）准备。准备工作主要包括：确定演练的内容；设定角色，如客户经理；准备资料；确定培训的时间、地点及道具等。

依据不同的学习目标，角色扮演可分为有剧本或者没有剧本两种方式。在有剧本方式的案例中，培训者要求受训者根据剧本进行演绎，表现内容清晰明确。相反的，没有剧本的角色扮演让参加者最大限度地表现自己的能力和正常情况下的反应。

为了使得角色扮演法能够有效地进行，培训者要充分明了、清晰地向每个角色扮演者提供关于如何演这个角色的指导大纲以及说明材料，包括如何扮演角色的提示等，制订课程计划及时间安排，如对角色的解释、背景、角色的态度，并考虑所需的道具和材料，如谈判使用的表格等。同时，要在练习场地做好桌子、椅子和一些必要的小道具的配置，使演练随时可以进行。

1）介绍训练课程的题目及目标。培训者必须讲清角色扮演的预期要达到的学习目标、时间限制，并承担有关小组规定和基本原则的义务。

2）角色分派。在介绍完毕之后，培训者必须考虑由谁来扮演哪个角色。在开始选择角色时，通过征求自愿者，也可以在观察个性的基础上做出直觉判断，或仅仅着眼于人们的工作职务，或者随机进行角色和姓名选择，进行角色的分配。除演练者外，其他人作为观察者，仔细观察整个表演过程，并进行分析、评价。

3）将材料发给所有参加者，演员用2～3分钟理解自己的角色。另外，发给观察者观察表。

4）演练者准备角色。使演练者事先适应自己所扮演的角色，培训者可在旁指导。

5）演练前做一些热身活动，如自我介绍、一分钟演讲等，创造一种轻松愉快的气氛。

（2）实际演示。

1）培训者向观察者介绍演练的特定情境和角色特点并进行角色分派。

2）演练者开始表演。

3）演练结束后，观察者对演练者的表演进行分析评价，包括优缺点及以后需要注意的问题。培训者必须评价在真实生活中所发生的与角色扮演的内容相应的事实的要点和行为，并列出受训者所展示的实际能力。

4）演练者发表对自己和对方角色的看法，有何成功之处、失败之处及改进方法。

5）播放录像，对角色扮演者的表演提供更多的认识和更深入的了解。

3．角色扮演法的优点

（1）有助于训练基本动作和技能。

（2）提高人的观察能力和解决问题的能力。

（3）活动集中，有利于培训专业技能。

（4）可训练态度仪容和言谈举止。

4．角色扮演法的缺点

（1）人为因素较多。

（2）强调个人。

（3）容易影响态度，不易影响行为。

（4）角色扮演的设计和实施较复杂。

三、实训内容及要求

实训内容：角色扮演法的应用

A 公司是一家专门生产和销售"飞达"系列品牌冰箱的中法合资公司，公司成立于 2000 年 5 月，目前拥有员工 1 500 多人，设有生产部、技术部、销售部、采购部、人力资源部、财务部等职能部门。张宏是技术部的经理，直接向总经理汇报工作。技术部下有 4 个组，分别为生产工艺组、质量控制组、生产计划组和设备管理组。每组有员工 20 名，各组设组长 1 名，直接向张宏汇报工作。技术部的主要工作职责是负责制订生产计划、设备的管理与维修、质量控制、生产工艺与过程控制、协调生产，并随时解决生产过程中遇到的各类技术问题。

为了提高生产效率，公司的管理团队经讨论制订了一份优化生产过程的计划，并决定由生产工艺组负责具体的推行工作。生产工艺组的组长是吴越。而这一优化过程需要生产工艺组与生产部密切合作，共同进行。因此生产部主管的配合对这一项目的成功具有极其重要的意义。

但据张宏了解，在上周生产工作会议上，吴越与生产部的钱经理因意见不合发生过激烈的冲突。当时，钱经理提出要改进一套生产设备，但吴越认为，由于工厂条件有限，改进设备不可行。钱经理级别比吴越高，听后很不高兴，大发脾气，双方各执己见，吵了起来。最后，在其他人的劝说下，他们虽然停止了争吵，但也是不欢而散。这件事可能会影响吴越与钱经理之间的合作。

现在假设被试者就是张宏，他要做的是向吴越布置这一工作任务，并说服他主动改善与钱经理的关系，以使优化项目顺利进行。

角色任务说明

现在是周一上午，张宏经理（被试者）把吴越组长（即配合者）叫到办公室，目的是为通知后者有关优化生产过程项目的具体内容，同时张宏经理还希望吴越组长能够改善与生产部钱经理的关系，并全身心投入到这一优化生产过程的项目中。

请记住，技术部张宏经理已经坐在办公室，吴越组长进来了。他不知道经理找他有什么事，张宏向他转达项目内容 30 分钟后张宏必须出发去机场，到外地参加一项重要会议。谈话时间必须控制在半小时以内。

配合者指导手册

在本次角色扮演测评活动中，配合者被要求扮演吴越组长，与其直接上司、技术部张宏经理进行一次历时约 30 分钟的谈话。具体的谈话背景请仔细阅读背景材料以及提供给被试者的"角色背景材料"。

配合者的背景材料

吴越已经在 A 公司工作 3 年了，从最初的蓝领生产工人做起，1 年前被提升为技术部生产工艺组的组长。总地说来，他喜欢自己的岗位，有能力，工作也很努力，只是偶尔做事比较马虎。上一季度就出现过两次发错报告的问题，因此上一季度张宏经理对他的考核评价是 2 级（考核分 5 级，1 级最差，5 级最优）。对此他有所不满，认为这两次犯的都是小错误，也没有导致什么损失。

他已经深深地感受到了竞争的压力，而且他认为该优化生产过程项目的确能起到提高效率的作用，但要实施这个新项目，人手方面有不小的困难，上个月有 2 名员工刚刚辞职，影响了整个团队的士气。最近新招聘进来的 1 名员工还在进行入职培训，暂时派不上用场。他目前从事的工作已非常繁忙，时间不够用。另外，要想推行这个生产优化项目，设备方面也有问题，现有的设备不够先进，推行该项目时会出现较多的技术难题。

在上周的生产工作会议上，他与一生产部主管钱经理发生了冲突。不过，他一直认为自己理由充分，没有做错，是钱经理无理取闹。实际上，他认为钱经理是一个自负的人，固执己见，不愿听取他人意见。他觉得与这样的人很难开展合作，打心眼儿里不愿意和钱经理打交道。

要求

使用案例进行角色扮演法教学。

四、实训组织方法及步骤

第一步，教师要设定明确的教学目标，角色扮演的全过程始终围绕教学目标进行，任何活动设计都要指向既定的目标。

第二步，任课老师要认真备课，精心设计角色，巧妙营造表演环境，重点突出要说明的主题，并事先向学生说明剧情，留有充裕的时间让学生熟悉剧情。

第三步，挑选符合剧情要求的学生担任不同的角色，提醒学生在扮演角色时把自己融入进去，忘掉自我，从剧中人物的角度去考虑问题，付诸行动。

第四步，给充当观众的学生布置任务，让他们判断每位同学扮演的真实性；裁决这件事情处理的对错、决策水平的高低并思考：假如我是这个角色应该怎么做？

第五步，把环境布置好，让学生进入角色，开始表演。在表演中要把主题完成以后再停止演出。

第六步，启发台下观看的学生去评价"演员"。可以提出下列问题：如果由你来扮演这个角色，你会怎样做？你遇到这个问题时，你会怎样处理？让学生讨论一下发生的剧情，如某个角色为什么那样去做、那样去想，它的价值如何？然后教师对每个角色的表演和观众的评价加以分析、总结、指导。在整个角色扮演的过程中，教师履行着导演的角色，驾驭整个剧情的发展，是每个角色的裁判，最后要做出与课程设计思想、目标相符合的结论，完成预期的教学设想。

五、实训时间

准备阶段在课前做好，角色扮演实施可安排1～2小时。

六、实训报告

实训结束时当场完成实训报告，实训报告内容及格式见表5-5。

表5-5　人力资源管理实验实训报告

姓名：　　　　　　　　　部门：　　　　　　　　　实训日期：　年　月　日

实训项目名称		实训目的	
实训内容		实训资料	
实训过程		实训结果或结论	
收获或体会		改进建议	

评价意见：

评价人签字：

七、实训成绩评定

实训成绩分为5个等级：优秀、良好、中等、及格、不及格。由于该实训项目着重考查学生对角色扮演法这一培训方法的熟练操作情况，因此实训表现所占成绩比重较大，为70%，实训报告占评价成绩的30%。

1．实训表现评定参考准则

（1）角色扮演的准备工作是否充分，包括道具的准备、时间和场所的安排。

（2）角色扮演的介绍工作是否清楚，角色分配是否合理。

（3）是否能有效地引导学员做好扮演前的热身准备。

（4）总结是否恰当、完整。

2．实训报告评定参考准则

（1）是否有完整的原始材料，如道具或角色扮演中所产生的文字材料，如有条件配以角色扮演的照片或录像形式。

（2）是否记录完整的实施过程和确切的实训结果。

（3）是否有实际收获和体会，包括参加活动的收获或体会、活动体现的实践价值、对今后有关工作的建议等。

第六篇

绩效与管理篇

➡ 企业存在的目的只有一个明确的定义：创造客户。
　　　　　　　　　　　　——彼得·德鲁克

➡ 无法评估，就无法管理。
　　　　　　——琼·玛格丽塔

➡ 如果强调什么，你就检查什么；你不检查，就等于不重视。
　　　　　　　　　　——IBM 公司总裁郭士纳

现　象

激烈的企业竞争在很大程度上反映的是人才竞争。在企业管理中，如何激励和影响员工行为，必将成为管理者思考的人力资源问题之一。

各企业设置人力资源部门的目的基本一致，即满足企业在发展过程中对人力资源的需求。企业管理中最难的管理就是对人的管理、大量实践证明，绩效考核可以作为处理这一管理难题的优选方案。因此，正规的企业都把绩效考核引入到企业。管理者把绩效评估运用到人力资源管理工作中，既希望从中得知员工工作业绩情况，又希望能获取有关员工培训、开发的信息。由于不同行业具有不同的文化背景，所以各企业要有针对性的进行绩效管理，但从各企业的反馈情况来看，大部分所获得的绩效考核结果与期望值都或多或少存在一些差距。

H 航空食品公司绩效考核机制

 **案例介绍**

H 公司是我国某航空公司旗下子公司，成立于 20 世纪 50 年代初。经过近 60 年的努力，在业内已具有较高的知名度并获得了较大的发展。目前公司有员工 1000 人左右。总公司本身没有业务部门，只设一些职能部门；总公司下设若干子公司，分别从事不同业务。在业内同行的国有企业中，该公司无论在对管理的重视程度上还是在业绩上，都是比较不错的。由于国家政策的变化，该公司面临着众多小企业的挑战。为此公司从前几年开始，一面参加全国百家现代企业制度试点；另一面着手从管理上进行突破。

绩效考核工作是公司重点投入的一项工作。公司的高层领导非常重视，人事部具体负责绩效考核制度的制订和实施。人事部在原有的考核制度基础上制订出《中层干部考核办法》。在每年年底正式进行考核之前，人事部又出台当年的具体考核方案，以使考核达到可操作化程度。

H 公司的做法通常是由公司的高层领导与相关的职能部门人员组成考核小组，考核方式和程序通常包括被考核者填写述职报告、在自己单位内召开全体职工大会进行述职、民意测评（范围涵盖全体职工)、向科级干部甚至全体职工征求意见(访谈),考核小组进行汇总写出评价意见并征求主管副总的意见后报公司总经理。

考核的内容主要包含三个方面:被考核单位的经营管理情况,包括该单位的财务情况、经营情况、管理目标的实现等方面;被考核者的德、能、勤、绩及管理工作情况;下一步工作打算,重点努力的方向。具体的考核细目侧重于经营指标的完成、政治思想品德,对于能力的定义则比较抽象。各业务部门(子公司)都在年初与总公司对自己部门的任务指标经过了讨价还价的过程。

对中层干部的考核完成后,公司领导在年终总结会上进行说明,并将具体情况反馈给个人。尽管考核的方案中明确说考核与人事的升迁、工资的升降等方面挂钩,但最后的结果总是不了了之,没有任何下文。

罗经理在绩效考核方面遇到的难题使H公司在考核方面存在的不足和缺点暴露无遗。

罗经理在H航空食品公司担任地区经理快一年了。她分管的10家供应站每站有1名主任,负责向一定范围内的客户销售和服务。H公司不仅服务于航空公司,也向成批订购盒装中西餐的单位提供所需食品。H公司雇请厨房工作人员采购全部原料,并按客户要求的规格,烹制订购食品。供应站主任负责订购计划,编预算,监控分管指定客户的销售服务员等工作。

罗经理上任的头一年,主要是巡视各供应站,了解业务情况,熟悉各站所有工作人员。通过巡视,她收获不少,也增加了自信。罗经理手下的10名主任中资历最老的是马先生。他只念过一年大专,后来就进了H公司,从厨房带班长干起,三年前当上了如今这个供应站主任。

近一年的接触,罗经理了解了老马的长处和缺点。老马很善于和他重视的人包括他的部下和客户们搞好关系。他的客户都是"铁杆",三年来没一个转向H公司的对手去订货的,招来的部下经过他指点培养,有好几位已被提升,当上了其他地区的经理。

不过他的不良饮食习惯给他带来严重的健康问题,身体过胖导致心血管病加胆囊结石,使他这一年里请了三个月病假。其实医生早给过他警告,他置若罔闻。再则,他太爱表现自己,做了一点小事,也要来电话向罗经理表功。他给罗经理打电话的次数超过另外9位主任的电话数总和。罗经理觉得过去共过事的人没有一人是这样的。

由于营业扩展,已盛传要给罗经理添一名副手。老马已公开说过,站主任中他资格最老,他觉得这地区副经理非他莫属。但罗经理觉得老马若来当她的副手,真叫她受不了,两人管理风格太悬殊;再说,老马的行为准会激怒地区和公司的工作人员。正好年终考核要到了,公正地讲,老马这一年的工作,总的来说,是干得挺不错的。H公司的年度考核表总体评分是10级制,10分是最优;7~9分属良;5~6分是合格中等;3~4分是较差;1~2分是最差。罗经理不知道该考核中老马会评几分,评高了,他就更认为该提升他;评低了,他一定会大为恼火,会吵着说对他不公平。

老马自我感觉良好,觉得跟别的主任比,他是鹤立鸡群。他性格开放豪迈,爱去造访客户,也爱跟手下人打成一片,他最得意的是指导部下某种新操作方法,卷起袖子亲自下厨,示范手艺。跟罗经理谈过几次后,他就知道罗经理讨厌他事无巨细,老打电话表功,有时一天两三次,不过他还是想让她知道自己干的每项成绩。他也知道罗经理对他不听医生劝告,饮食无节制的看法。他为自己学历不高但成绩斐然而自豪,觉得这副经理就该提他,而这只是他实现更大抱负过程中的又一台阶而已。

考虑再三后,罗经理给老马考核总体分评了6分。她觉得这是有充足理由的,因为他不注意卫生,病假三个来月。她知道这分数远低于老马的期望,但她要用充分说明来坚持自己的评分。然后她开始考虑怎样给老马各考评维度的分项分数,并准备跟老马面谈,向他传达所给的考核结果。

当前,企业间的竞争日益剧烈,如何在激烈的竞争中立于不败之地,有效进行人力资源管理成为

每个企业获取竞争优势、取得成功的法宝之一。而绩效考核体系作为人力资源管理的核心，其建立的有效性在一定程度上决定了企业人力资源管理的有效性。

在国有企业中，企业往往不愁销路、员工很多是关系户，绩效考核似乎变得没有必要。但是随着国家相关政策的出台，民企和外企迅速成长，开始抢夺国有企业市场，很多国有企业于是着急找寻产品销路、进行员工管理。尽管在员工管理过程中，逐步认识到绩效考核对人力资源管理的重要性，也采取了相应措施对员工进行绩效考核，但绩效考核的内容和相关步骤却因缺乏科学性、系统性导致效果甚微的局面。从 H 公司绩效考核案例中，我们应认识到绩效考核的每一阶段都是至关重要的，前一阶段是后一阶段得以很好实施的前提和基础。

通过以上案例，首先，我们看到罗经理的绩效考核不是基于同被考核者共同制订绩效考核计划，这不仅给被考核者造成绩效考核指标模糊的感觉，认为只要自己做好计划，编制预算，监控分管指定客户的销售服务员的工作就好，而且也导致了在进行绩效考核时，缺少一个对被考核者进行全面评价的根据。其次，因为缺乏绩效沟通，所以导致老马不能通过沟通改进自己的工作行为。最后，在进行绩效考核时，罗经理全凭自己的主观印象进行考核，并没有做到公正、公平、合理，显然不能让老马信服。绩效管理是一个科学行为，其过程设置必须要严密，充分考虑到各种情况，只有这样才不至于遭到被考核者的强烈反对。

一、H 公司存在的问题

尽管 H 公司制订的绩效考核机制在一定程度上具有完整性，但从罗经理在工作中遇到的问题来看，H 公司的绩效考核体系仍然存在若干问题，具体来讲有以下几点。

1. H 公司的考核制度太笼统，没有细分

考核应该分为业绩、出勤等多项，然后依据重要程度分别给出权重，业绩权重一定要高，最后加权平均，得到分数。

评估指标没有量化。在本例中，评估指标主要分为最优、良、合格中等、较差、最差。但"最优""合格中等"的标准是什么，各层次的差距应控制在什么范围之内，应该用什么样的百分比进行表示，显然缺乏科学性和公正性。这样通常会使超额完成任务的员工受到打击，从而降低其工作的积极性。

2. 考评主体单一

直接主管给下属打分不能作为最后结果，因为这里面可能掺杂过多的感情因素，应该按权重加入其他部门同事或同级之间的评价。实行单一由直接领导考评的前提是考评人对下属从事的工作有全面的了解，而且能从下属的高绩效中获益，同时会因下属的低劣绩效而受损，因此能对下属做出精确评价。但如果不满足这些条件，考评者又对下属有偏见，则很容易产生感情用事、评价不客观的情况，最终失去了评估的有效性。

3. 考评中缺乏沟通的环节

绩效评估不是单线的信息通报或者形式化的结果传递，它是主管与下属成员之间进行沟通、协调行为的企业组织行为，是建立企业职员之间合作伙伴关系的桥梁之一。

企业开展绩效评估的战略目标之一就是借此使企业内部的管理沟通制度化和程序化。可以说，全体成员在绩效评估中都扮演着重要角色，正如许多人力资源管理专家所言，至少 50%的绩效问题产生于缺乏有效的绩效沟通，而许多企业往往却忽视了这一点。绩效评估中的沟通主要是评估者与审核者之间的直接沟通，分析被评估者的绩效及结论，由评估者向被评估者表达评估结果，最后建立职工绩效评估档案系统。

4．对考评者缺乏监督机制

在现代企业制度中，由于企业管理者与所有者的利益可能存在不一致，这便出现了信息经济学中的道德风险问题，即经济代理人（如管理人员）在追求自身效用最大化的同时，损害了委托人（如企业所有者或其他代理人）的利益。在绩效评估中来自绩效评估者与被评估者的信息都存在一定程度上的隐蔽性。对绩效评估者来说，一方面是下属职员的评估者，另一方面是更高级别领导的被评估者。如果没有制度约束，其最佳策略是对下属采取"做好人"的态度，对上级领导只把最突出的绩效显示出来，而将经营失误或亏损隐瞒起来。

二、绩效管理的组成

一个完整的绩效管理过程包括绩效计划、绩效沟通、绩效考核和绩效反馈四个方面。

1．绩效计划

这是整个绩效管理的起点，它是指在绩效周期开始时，由上级领导和员工一起就员工在绩效考核周期内的绩效目标进行讨论并达成一致。

2．绩效沟通

就是在整个绩效期间内，通过上级领导和员工之间持续的沟通来预防或解决员工实现绩效目标时可能发生的各种问题的过程。

3．绩效考核

是指确定一定的考核主题，借助一定的考核方法，对员工的工作绩效做出评价。

4．绩效反馈

就是指绩效周期结束时，上级领导和员工之间进行绩效考核面谈，由上级领导将考核结果告诉员工，指出员工在工作中存在的不足，并和员工一起制订绩效改进的计划。

绩效评估的作用是为决策提供重要参考，为组织发展提供重要支持，为员工提供一面有益的"镜子"，为确定员工的工资报酬提供依据，为员工潜能的评价以及相关人事调整提供依据。做好绩效评估过程中的各项工作关系到绩效评估的实施结果。

1．有效的绩效评估需要企业高层领导者的支持和重视

很多企业的绩效评估之所以存在漏洞，重要原因之一是没有引起企业高层领导者的支持和重视，许多领导者认为绩效评估是人力资源部门的工作，于是在对员工进行评估时，没有做到仔细评审和认真责任，或者仅是走过场，而人力资源部也只是做一些周期性的评审，这里便存在一个绩效评估理念和态度的问题。企业必须认识到绩效评估是企业战略管理行为，绩效评估可以选拔人才并且对企业管理及企业目标实现的竞争态势实施动态控制与分析。

2．绩效评估的有效实施需要优秀的企业文化

大量研究表明，优秀的企业文化可以使员工树立正确的行为准则、信仰和价值观，使他们在特定条件下采取正确行动，促使组织绩效的改进。在绩效评估中，关键要做到公平与效率。而要实现公平

与效率，必须要有员工的参与、决策的透明性、相互之间的信任和良好的职业道德，而这些又常常与企业文化分不开。

3．科学设置绩效评估指标

科学设置绩效评估指标是指应该遵循SMART原则，也就是指标应该：

1）明确具体，不能模棱两可。

2）指标可以测量，同时尽可能量化。

3）设置的指标员工可以达到，指标的设置不能过高或过低，应该与员工的职责相匹配。

4）指标设置应该具有相关性，应与员工的主要职责相关，而不应把重点放在与员工职责关系不大的指标上。

5）指标应该有时效性，可以根据员工职责的变化不断进行调整。

4．沟通是有效绩效评估中必不可少的环节

从广义上说，沟通不仅仅是信息传递，而且是以参与和培养为使命的，这就需要双向沟通。因为下属不仅需要了解那些对自己有影响的结果，还希望有发表自己见解的机会。如果在绩效评估中没有对评估指标、具体内容和评估依据等向员工做充分说明并且不给员工参与的机会，就可能导致员工在评估结果不理想时产生不满情绪，所以必须建立双向的沟通机制。主管和员工共同制订绩效指标，对完成情况进行评估，分析并提出改进方法，真正把绩效评估作用落到实处。

相关知识链接

1．绩效考核的原则

（1）公平原则。公平是确立和推行人员考绩制度的前提。不公平，就不可能发挥考绩应有的作用。

（2）客观考评的原则。人事考评应当根据明确规定的考评标准，针对客观考评资料进行评价，尽量避免渗入主观性和感情色彩。

（3）严格原则。考绩不严格，就会流于形式，形同虚设。考绩不严，不仅不能全面地反映工作人员的真实情况，而且还会产生消极的后果。考绩的严格性包括：要有明确的考核标准；要有严肃认真的考核态度；要有严格的考核制度与科学而严格的程序及方法等。

（4）单头考评的原则。对各级职工的考评，都必须由被考评者的"直接上级"进行。直接上级相对来说最了解被考评者的实际工作表现（成绩、能力、适应性），也最有可能反映真实情况。间接上级（即上级的上级）对直接上级作出的考评评语，不应当擅自修改。这并不排除间接上级对考评结果的调整修正作用。单头考评明确了考评责任所在，并且使考评系统与组织指挥系统取得一致，更有利于加强经营组织的指挥机能。

（5）结果公开原则。考绩的结论应对本人公开，这是保证考绩民主的重要手段。

一方面，可以使被考核者了解自己的优点和缺点、长处和短处，从而使考核成绩好的人再接再厉，继续保持先进；也可以使考核成绩不好的人心悦诚服，奋起上进。

另一方面，还有助于防止考绩中可能出现的偏见以及种种误差，以保证考核的公平与合理性。

（6）结合奖惩原则。依据考绩的结果，应根据工作成绩的大小、好坏，有赏有罚，有升有降，而且这种赏罚、升降不仅与精神激励相联系，而且还必须通过工资、奖金等方式同物质利益相联系，只有这样才能达到考绩的真正目的。

（7）反馈的原则。考评的结果（评语）一定要反馈给被考评者本人，否则就起不到考评的教育作用。在反馈考评结果的同时，应当向被考评者就评语进行说明解释，肯定成绩和进步，说明不足之处，提供今后努力的参考意见等。

（8）差别的原则。考核的等级之间应当有鲜明的差别界限，针对不同的考评评语在工资、晋升、使用等方面应体现明显差别，使考评带有刺激性，鼓励职工的上进心。

2．绩效考核流程

（1）制订考核计划。为了保证绩效考核顺利进行，人力资源部门应当事先制订考核工作计划。首先，明确考核的目的和对象；然后，选择考核内容和方法；最后，根据不同的考核目的、对象和内容，确定考核时间。

（2）进行技术准备。绩效考核是一项技术性很强的工作，其技术准备主要包括确定考核标准、选择或设计考核方法等。

（3）选拔考核人员。选拔考核人员是关系着考核成败的大事。在选择考核人员时，应考虑两方面的因素：第一，能够全方位地对员工的工作表现进行观察；第二，有助于消除或者减少个人偏见。通常可以考虑以下人选：直接主管、高层管理者、相关部门管理者、同事、下级人员、自我考核、客户、专家。

（4）收集资料信息。作为考核基础的信息，必须做到真实、可靠、有效。收集资料信息要建立一套与考核指标体系有关的制度，并采取各种有效的方法来达到。

（5）做出分析评价。这一阶段的任务，是对员工个人的各方面做出综合性的评价结果。

（6）考核结果反馈。绩效反馈指在绩效周期结束时，管理者和员工之间进行绩效评价面谈，使员工充分了解和接受绩效评价的结果，并由管理者指导员工如何改进绩效的过程。通过反馈，员工知道主管的评价和期望，从而根据要求不断提高；通过反馈，主管了解员工的业绩和要求，有的放矢地进行指导和激励。

（7）考核结果运用。考核结果可以为组织管理提供大量有用的信息，主要的应用范围包括：向员工反馈考核结果，帮助员工改进绩效；为任用、晋升、提薪、奖励等人力资源管理措施提供依据；检查企业管理各项政策，如检查企业在人员配置、员工培训等方面是否有效等。

其结果的运用要遵循一些原则，如以人为本，促进员工的职业发展；将员工个体和组织紧密联系起来，促进员工与企业共同成长和发展；统筹兼顾，综合运用，为人事决策提供科学依据。

目前，绩效考核结果运用中出现了很多问题，这些问题影响了绩效管理整体效果的提升，如绩效评价结果反馈不及时或没有反馈；绩效评价与员工的切身利益结合不紧密；员工的绩效评价与员工培训和个人发展没有很好结合；绩效考核结果应用方式单一，缺乏绩效管理的有效手段；绩效考核结果应用形式化倾向严重。

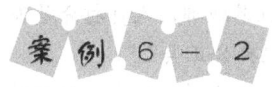

某民营企业绩效评估的差距

案例介绍

某民营企业（简称 R 公司）已成立 4 年。公司从成立到现在，业绩不断攀升，发展势头较好，已在全国较大城市建立了相应的分公司。但最近一年，R 公司绩效考核出现了一些问题，针对出现的问题，公司总部召开会议，讨论对策。

R公司总部会议室，王总经理正认真地听取上年度公司绩效考核执行情况的汇报，其中有两项决策让他左右为难。一是经过年度考核成绩排序，成绩排在最后的几名却是在公司干活最多的人。那么这些人是否按照原先的考核方案降职和降薪，下一阶段考核方案如何调整才能更加有效？另一个是人力资源部提出了运用一套管理软件来提高统计工作效率的建议，但用一套软件是否能真正产生预期的效果。

R公司成立仅4年，为了更好地对各级人员进行评价和激励，在引入市场用人机制的同时，还建立了一套绩效管理制度。用人力资源部经理的话说，这个方案是细化传统的德、能、勤、绩几项指标，同时突出工作业绩的一套考核办法。其设计的重点是将德、能、勤、绩几个方面内容细化延展成可考量的10项指标，并把每个指标都量化成5个等级，同时定性描述等级定义，考核时只将被考核人员的实际行为与描述相对照，就可通过对应成绩相加的方式得出最终考核成绩。

但考核中却发现了一个奇怪的现象：原先在工作中比较出色、积极的职工，考核成绩却常常排在后面，而一些工作业绩并不出色的人却排在前面。一些管理干部对考核结果大排队的方法不理解。但是综合各方面情况，目前的绩效考核还是取得了一定的成果，各部门也都能很好地完成。如今让领导为难的是，如何对考核排序在最后的人员落实处罚措施，因为这不仅会影响到他们本身工作的积极性，还会影响到和他们一样认真工作的人，但是如果处罚措施不落实，又会破坏考核制度的严肃性和连续性。考核中存在的另一个问题是，统计工具比较原始，考核成绩统计工作量太大，人力资源部3个人需统计总部200多人的考核成绩，在统计之后还要分别和这些人谈话。在考核的一个半月中，人力资源部几乎没有时间做其他工作，出现了很多工作被搁置的局面。

面对上述局面，王总经理决定请车辆设备部、财务部和工程部的负责人到办公室深入了解实际情况。

车辆设备部的李经理和财务部的韩经理来到了总经理办公室，当总经理简要地说明原因之后，车辆设备部李经理首先快人快语地回答道："我认为本次考核方案需要尽快调整，因为它不能真实反映我们的实际工作情况。例如，我们车辆设备部主要负责公司电力机车设备的维护管理工作，总共有20个人，却管理着公司近60台电力机车，为了确保它们安全无故障地行驶在600公里的铁路线上，我们需要按计划到基层各个点检查和抽查设备维护的情况。在日常工作中，我们不能有一次违规和失误，因为任何一次失误都是致命的。但是在业绩考核中有允许出现'工作业绩差的情况'指标，对于我们来说，考核只有合格与不合格之分，并不存在分数等级是多少的问题。"

财务部韩经理紧接着说道："对于我们财务部门，工作基本上都是按照规范和标准来完成的，平常填报表和记录等工作都要求万无一失，这些如何体现出创新的最好一级标准？我们没有这项内容，评估我们是按照最高成绩打分还是按照最低成绩打分？还有一个问题我认为也应该重视，在本次考核中，我们沿用了传统的民主评议的方式，我对部门内部人员评估没有意见，但是让其他部门人员打分是否恰当？因为我们财务工作经常得罪人，让被得罪的人评估我们的工作人员，这样公正吗？"

听完大家的意见，王总想：难道公司的绩效管理体系本身设计存在问题？如果是，那么问题出现在哪里？考核内容与实际工作情况不符，指标体系如何设计才能适应不同性质岗位的要求？公司是否应该同意人力资源部门提出的购买软件方案的建议？是否有一个最有效的方法解决目前的问题？对此，总经理陷入了沉思。

在我国，越来越多的民营企业开始认识到绩效考核的重要性，并不断地在企业运营中实施绩效考核，然而很多企业并没弄清绩效考核的真正内容及相应的注意事项，于是便在实际的操作过程中出现

了偏差，从而导致结果不理想。

众所周知，公司各个部门、各个职位的衡量方式是不一样的，绩效考核最忌一刀切。因此，在实际工作中，我们应当先建立一套行之有效的绩效考核制度，将各部门的岗位职责及产生的经济效益量化，然后在公司内部实行，最后对任务完成情况进行考核。

绩效评估体系的建立从来就是一项长期的管理投资，R公司刚起步便建立科学的现代考评制度，当然免不了要经历一番探索过程。R公司绩效评估体系的最大问题是，指标设置过于简单，没有充分考虑到岗位要求的特殊性，从而造成指标考核的相对不公平。例如，在考核制度中，汽车司机和行政人员的交流能力指标权重相同，这必将导致考核信度下降。上述问题出现的原因可以从以下几个方面考虑。

1. 绩效管理目标不明确

绩效管理目标应定性为准确评估员工绩效，并督促员工努力提高个人绩效。然而，R公司的绩效管理体系并不能准确反映员工的绩效，人力资源部的目标定位过于笼统、空泛，不能切中要害。

2. 人力资源部工作重点不当

人力资源部的工作重点应放在调查、研究、分析公司各部门的实际情况，制订行之有效的考核方案，并收集反馈信息，对考核方案进行适当调整。然而，本案中，人力资源部本末倒置，几乎将所有精力都放在考核成绩、数据统计方面，忽视了工作重点。

3. 考评人员有很大的局限性

（1）民主评议的客观公正性令人质疑。评议中必然会出现较多的成见、偏见和不实之见，这势必会导致评议结果有失偏颇。另外，大范围统计容易受从众心理影响，使大部分人的考评结果都一样，最终失去绩效考评的意义。

（2）考评人员未经培训。一方面，在民主评议中，对所有考评人员进行培训是不可能的。另一方面，人力资源部没有重视对公司领导的培训，而这应该是考评培训中的重中之重。

4. 考评内容不合理

（1）考评内容超出了绩效的外延。对于一个人来说，工作并不是他的全部生活。对于公司而言，对一个人的考评也并不需要考评他的全部，只需要考评这个人的工作与公司目标达成的相关部分。R公司的绩效考评中，有些考评项目设计空泛，与绩效没有实际联系，这非但不能起到正面作用，反而减少了绩效部分的权重，使考核结果梯度不明朗。

（2）考评内容过于统一。对于一个公司来说，不同部门不同岗位的要求、工作性质、工作方式有很大差别，因此对各部门的考评应有不同的侧重点，应针对各部门工作岗位的特点，确定相应的考评方法，选择适当的考评项目。而R公司却采用统一标准、统一尺度、统一考评项目对全公司人员进行考核，出现了公司中工作出色的员工在绩效考核中排在后面的情况，使考评非但没有起到正面作用，反而起到了负面作用。

（3）评价标准描述不准确。对于同一个考评项目，不同部门、不同岗位要设立不同的评价标准。R公司在执行绩效考评过程中使用了统一的评价标准，而且描述空泛，没有做到针对不同部门特点进行准确细致描述的要求。

考评内容是考评过程中最重要的环节，任何工作都要为考评内容服务，所以R公司绩效考评改革重中之重是考评内容的改革。案例中提到了如何对考评排在后面而工作业绩十分出色的员工进行处理的问题。针对这一点，错不在于员工，而在于公司所制订的考评方案，我们不能为了维护考评方案的权威性而错误地处理工作出色的员工。所以，人力资源部应主动说明情况，取消错误的考评方案，及时调整方案或制订新的考评方案。与此同时，公司领导也应做好解释工作。

要做好绩效考核工作，除做好职位分析，了解各岗位实际特点外，尽快编制新的绩效考核体系也是非常重要的环节。做好绩效考核体系的编制工作要注意以下几个方面的工作。

1．明确考核目标

由公司领导带头，组成由人力资源部和各部门负责人共同参与的领导小组，对公司进行深入细致的分析，制订总体考核目标，针对不同部门，确定不同的考核目标。考核目标的制订应从"为人事提供依据"和"促进员工个人绩效发展"两方面考虑。

2．调整人力资源部的工作

增加人力资源部人员配置，确保充分发挥人力资源管理作用。购买人力资源信息化软件，将人力资源部的工作人员从繁重的统计、填表、计算等工作中解放出来，把重点放在对公司各部门的调查、研究、分析、制订考评方案及考评方案的完善上。同时，也要适当对公司考评人员进行技术培训，做好考评宣传、解释等工作，使广大员工理解支持考评计划，清楚考评过程，从而使考评工作顺利进行。

3．确定考核人员

不主张使用民主评议方式，因为其费时费力且效果不佳。对于企业中不同员工的绩效考核可借鉴以下做法：针对各部门负责人的考评，考评小组由公司领导与人力资源部组成；针对各部门员工的考评，考评小组由公司领导选派代表、人力资源部选派代表和该部门负责人组成。在整个考评过程中，人力资源部主要负责考评的组织和执行工作，具体表现为对考评人员技能的培训和与被考评人员进行沟通。领导代表与本部门负责人主要实施对员工的考评工作。

4．制订考评内容

（1）绩效考核，顾名思义，是对绩效的一种检测。其考评内容主要是工作业绩、工作能力和个人主观能动性三个方面。因此，所设立的考评项目不得超过这三个基本框架的范围。一般情况下，工作业绩所占比重应在一半以上，其余两项所占比重基本相等。

（2）人力资源部依据各部门考核目标，制订各部门的考评项目。如果部门中岗位之间差别很大，在制订考核项目时，也要做相应调整。总而言之，人力资源部负责做细做好每一方面工作。

（3）每一个考评项目都分为优、良、完成、基本完成、未完成五个等级。人力资源部对每一个级别的要求都要做细致的描述，使每名考评人员、被考评人员都准确地认识到什么是最好的，怎么做才是公司最需要的，只有这样才能真正实现考评目标。

当然得出评估结果并不意味着绩效评估工作的结束，在绩效评估过程中获得的大量有用信息可以运用到企业各项管理活动中。

1）利用向员工反馈评估结果的机会，可以帮助员工找出其工作中存在的问题、明确方向，这对员工改进工作、提高绩效会有很大的促进作用。

2）为人事决策，如任用、晋升、加薪、奖励等提供依据。

3）检查企业管理的各项政策，如人员配备、员工培训等方面是否有失误。

相关知识链接

一、绩效考核内容

1．确定绩效考核基本内容

从"绩效考核"一词的字面意义上可以看出，人力资源考核是以实际成效为中心，注重人们劳动成果。但是仅看"绩效"是不够的，实际上，许多考核都把员工的工作态度和行为作为考核的内容。从总体上看，考核项目分为"个人特征"（包括技能、能力、需要、要素）、"工作行为"和"工作结束"三大方面。但这三方面的指标各有侧重，适用范围不同，也存在着一些不足。

不同组织会根据自己的特点选择相应的指标作为绩效考核依据。绩效考核指标不仅会因为组织的不同而不同，而且在同一组织中，不同性质的岗位选择考核指标也大有区别。

2．建立考核项目指标体系

为了使考核具有可操作性，必须对考核内容做进一步的细化，形成考核项目指标体系。在工作分析的基础上，根据考核和整个人力资源开发与管理工作的需要，把考核的各方面分解为体现工作性质及相关方面具体内容的项目，规定出真正用于考核的各项详细指标，进而形成考核指标体系。

（1）绩效评价指标的构成。指标名称、指标定义、标志、标度。

（2）评价尺度的类型。量词式、等级式、数量式、定义式。

（3）绩效评价指标的基本要求。内涵明确清楚；具有独立性；具有针对性。

3．各项目的分值分配

在列出考核的各项具体指标后，考核管理部门需要根据考核的重点，对每个指标分别给予加权和打分。这一过程体现了某一指标在整个考核体系中的位置与重要性。应当指出的是，加权和打分过程十分关键，对某一因素的加权、打分不同，会导致考核结果的完全不同。同时，它具有政策导向作用，会引导被考核者的行为。

4．规定各项目的打分标准

对每一个考核项目赋值之后，要给出每一个项目的打分依据。

二、绩效考核操作中的误区

绩效考核本身不是目的，而是为获得更高业绩水平而使用的手段。但是考核者往往背离绩效考核的目的，为了考核而考核，在考核中只是评价员工的工作状况，人为地拉开距离，抓住绩效低下的员工，最后甚至把他们淘汰掉。而上述情况往往会导致被考核者对考核标准不认同，出现抵触情绪，从而影响员工的工作绩效。在这个过程中，他们往往觉得自己是被监视、被责备的对象，不被尊重，没有安全感，所以往往会出现消极抵触、防御心理的情况。绩效考核过程中容易出现的问题一般可以分为两类：一类与考核标准有关；另一类与主考人有关。

1．与考核标准有关的问题

考核标准不严谨。考核标准应根据员工的工作职能而不是职位设定。考核项目设置不严谨、考核标准描述含糊不清，加大了考核的随意性。

考核内容不够完整。如果不能涵盖全部工作内容，或者以偏概全，如出现关键绩效指标缺失等情况，就无法正确评价员工的真实工作绩效。

2．与主考人有关的问题

由于考核者主观随意性具有过严、过宽、趋中的心理倾向，绩效考核很可能出现偏差。

（1）晕轮效应。晕轮效应是指员工的业绩，由于受一些特别的或突出的特征的影响，而掩盖了其他方面的表现和品质。这将会导致考核者不能从全方位评估被考核者。

（2）宽严倾向。宽严倾向包括"宽松"和"严格"两个方面。宽松倾向是指考核中所做出的评价过高；严格倾向是指考核中所做出的评价过低。

（3）平均倾向。平均倾向也称调和倾向或居中趋势，是指大多数员工的考核得分在"平均水平"的同一档次，并且往往是中等水平或良好水平，这一点集中体现在考核结果具有统计意义上的集中倾向。

（4）近因效应和首因效应。近因效应是考核者只看到考核期末一小段时间内的情况，对整个考核期间的工作表现缺乏长期了解和记忆，以"近"代"全"，只是对最后一阶段的考核。首因效应是指考核者凭"第一印象"判断。

（5）成见效应。成见效应也称定型作用，是考核者因经验、教育、世界观、个人背景以及人际关系等形成的固定思维，造成对考核评价结果的刻板化影响，通俗说法是"偏见""顽固"等。

三、绩效考核评估流程

一般而言，绩效评估工作大致要经历制订绩效评估计划、确定评估标准和方法、收集数据、分析评估、结果运用 5 个阶段。

1．制订绩效评估计划

为了保证绩效评估顺利进行，必须事先制订计划，在明确评估目的的前提下，选择评估的对象、内容和时间。

2．确定评估的标准和方法

（1）评估的标准。绩效评估必须有一定的标准，作为考察和分析员工的尺度。评估的标准一般可分为绝对标准和相对标准。绝对标准以客观现实为依据，且不以考核者或被考核者的个人意志为转移，包括出勤率、废品率、文化程度等。相对标准，即被考核者既是被比较对象，也是比较尺度。例如在评选先进时，规定 10%的员工可选为各级先进，于是可采取相互比较的方法。标准因群体不同而有所不同，而且不能局限地对每一个员工单独做出"行"与"不行"的评价。

一般而言，评估标准采用绝对标准。绝对标准又可分为业绩标准、行为标准和任职资格标准 3 大类。

（2）选择评估方法。在确定评估目标、对象和标准后，就要选择相应的评估方法。以下是常用的评估方法。

业绩评定表：所谓业绩评定表就是将各种评估因素分为优秀、良好、合格、稍差、不合格（或其他相应等级）五个等级进行评定。其优点在于，简便、快捷，易于量化。其缺点在于，容易出现主观偏差和趋中误差；等级宽泛，难以把握尺度；大多数人高度集中于某一等级。

工作标准法（劳动定额法）：把员工的工作成绩与企业制订的工作标准（劳动定额）相对照，以确定员工业绩。其优点在于，参照标准明确，评估结果容易获得。缺点在于，针对管理层的工作标准制订难度较大，且缺乏可量化衡量的指标。此外，工作标准法只考虑工作结果，对那些影响工作结果的因素则不加反映,如领导决策失误、生产线其他环节出错等。目前,此方法一般与其他方法一起使用。

强迫选择法:评估者必须从 3~4 个描述员工在某一方面工作表现的选项中选择一个(有时两个)。其优点在于,用来描述员工工作表现的语句并不直接包含明显的积极或消极内容,评估者并不知道评估结果的高低。其缺点在于,评估者会试图猜测人力资源部门提供选项的倾向性。由于难以把握每一选项的积极或消极成分,因而得出的数据难以在其他管理活动中得到应用。

排序法:把一定范围内的员工按照某一标准由高到低进行排列的一种绩效评估方法。其优点在于,简便易行,完全避免趋中、严格或宽松误差。缺点在于,标准单一,不同部门或岗位之间难以比较。

硬性分布法:将限定范围内的员工按照某一概率分布划分到有限数量的几种类型上的一种方法。例如,假定员工工作表现大致服从正态分布,评价者按预先确定的概率(如共分五个类型,优秀占 5%,良好占 15%,合格占 60%,稍差占 15%,不合格占 5%)把员工划分到不同类型中。这种方法有效地减少了趋中、严格或宽松误差,但问题在于,假设有可能不符合实际,各部门中不同类型员工的概率不可能一致。

关键事件法:即将那些对部门效益产生重大积极或消极影响的行为记录下来的方法。在关键事件法中,管理者需将员工在考核期间内所有的关键事件都真实地记录下来。其优点在于,针对性强,结论不易受主观因素影响。缺点在于,基层工作量大,并且要求管理者在记录中不能带有主观意愿,在实际操作中往往很难做到。

叙述法:评估者以一篇简洁的记叙文来描述员工的业绩。这种方法集中描述员工在工作中的突出行为,而不是日常业绩。不少管理者认为,叙述法不仅简单,而且是一种最好的评估方法。然而其缺点在于,评估结果在很大程度上取决于评估者的主观意愿和文字水平。此外,由于没有统一的标准,不同员工之间的评估结果也难以比较。

目标管理法:目标管理法是当前比较流行的一种绩效评估方法。其基本程序如下:

1)监督者和员工联合制订评估期间要实现的工作目标。
2)在评估期间,监督者与员工根据业务或环境变化修改或调整目标。
3)监督者和员工共同决定目标是否实现,并讨论失败的原因。
4)监督者和员工共同制订下一评估期的工作目标和绩效目标。

目标管理法的特点在于,绩效评估人的作用从法官转变为顾问和促进者,员工的作用也从消极的旁观者转变为积极的参与者。这增加了员工的满足感和工作自觉性,能够以一种更积极、主动的态度投入工作,促进工作目标和绩效目标的实现。

IBM 的绩效管理分析

案例介绍

IBM 公司 1911 年创立于美国,是全球最大的信息技术和业务解决方案公司,目前拥有全球雇员 30 多万人,业务遍及 160 多个国家和地区。主要从事计算机和相关服务。

在创办 IBM 公司时,老托马斯·沃森为公司制订了"行为准则",这些准则主要包括:必须尊重个人;

必须尽可能给予顾客最好的服务；必须追求优异的工作表现。这些准则一直牢记在公司每位员工的心中，任何一个行动及政策都直接受到这三条准则的影响。"沃森哲学"对公司的成功所贡献的力量不亚于技术革新、市场销售技巧，或庞大财力所贡献的力量。如今，遍布全球的IBM能有条不紊地正常运转，主要是依靠IBM的管理技术，它是推动IBM发展的动力，而这些技术的发展与改革也离不开"沃森哲学"的影响。

在人员的绩效管理上，IBM取消了以往绩效四级考核的评等方式，而改用新的三等（1，2，3）评等方式，并实行纺锤形的绩效分配原则，即除非有例外状况，绝大多数的员工都能得到2的评等（当然绩效优异的部门可能会认为不公，因为部门主管会认为得2的评等的人要多一些。而在一般员工心目中对绩效差的部门，也拿到同样比例的2的评等亦觉不公）。IBM的新绩效管理制度叫个人业务承诺，即除了由经理人作年终绩效考评外，员工亦可自己另寻找6位同事，以匿名方式透过电子窗体考评，称为"360度反馈"（这种方式存在的弊端在于：部分员工在评价时，只征求平时关系比较好的同事的意见并提前知会，这很可能会导致最终评价结果缺乏客观性）。表现评等为第3等时，代表本人未达成业务承诺（PBCs），那么就必须更努力工作，以达到更佳的业绩。如果得到特别差的评等3，你可能被给予6个月的留公司查看期限。评等2代表你达成目标，是个好战士；得到1的人称为"水上飞"（Water Walkers），代表你是高成就者，超越自己的目标，也没做错什么事。

员工的绩效计划，建立在员工自己按下列三个领域设定的年度目标上：

（1）**必胜**（Win），这里表达的是成员要抓住任何可成功的机会，以坚定的意志来立志，并且竭力完成。例如，市场占有率是最重要的绩效评等考量。

（2）**执行**（Execute），这里强调三个词，即行动、行动、行动，不要只是坐而言，必须起而行。

（3）**团队**（Team），即各不同部门间不许有冲突，绝不在顾客面前让顾客产生疑惑。

这种绩效考核对一般IBM成员具有重要意义，而对于被赋予管人责任的管理人员，则根据员工意见调查（Employee Opinion Survey），高级主管面谈（Executive Interview），门户开放政策（Open Door Policy）的反馈，另加一个评等，并且这一评等占有整体评等一半的比重。

IBM管理者的责任有：

（1）**人员配置**（Stuffing）。①配置有才能的人。②对每个职工，根据其工作成绩及将来可能需要的技能，提出他今后在公司内的几种发展前途。③根据需要，对职工进行适当的调配。

（2）**培养**（Developing）。①为职工履行职务适当地安排必要的教育训练。②要支持、鼓励职工增长知识与技能，提高信心，同时引导职工对未来的事业充分理解。③适当培养自己与部下的接班人。

（3）**调动职工积极性**（Motivating）。①制订有效的部门目标与明确的业务目标。②确认职工进修业务与评定标准。③进行适当的指导与监督。④最大限度地发挥职工的知识与技能。⑤按业务目标，定期对职工的成绩进行评定。⑥推荐、晋升善于发挥能力的、有上进心的职工承担更重要的工作。⑦对取得成绩者给予适当奖励，以贯彻正确的管理。⑧为职工能持续追求最佳效果创造条件。⑨对主动承担工作并发挥独创性获优异成果者，加以表扬，同时给予相应的待遇（提薪、晋升）。⑩选择典型实例向职工推荐。⑪对工作优异，做出贡献者予以表彰。

（4）**授权**（Delegating）。充分授予职工以执行职务所必要的决策权。

（5）**与雇员的关系**（Employee Relations）。①为了解职工需要什么和关心什么，有效地确立并坚持定期交流。②确切掌握职工的工作积极性及事业的发展，并向上级汇报。③适当地掌握职工私人信息。④发现公司的方针、制度、惯例等和实际情况相违背时，要提出改革方案。

（6）**安全与健康**（Safety & Health）。①通过对工作方法和机械设备的定期检查，掌握并排除危害安全与健康的因素。②对工作方法进行实验与说明。

（7）**公司财产的安全与保密**（Security）。①对自己管辖的一切公司财产负有保证安全与管理的责任。②教育职工懂得人人都有确保公司财产安全的义务。③熟悉有关公司财产安全及保密的规定以及各种办理手续,如有影响公司财产的事态发生,要及时采取适当措施进行制止。

(8) **机会均等**(Equality)。①在所有部门的业务活动中,都不会考虑人种、信仰、肤色、年龄、性别、婚姻状况、出身、国籍或身体状况的差异,一律实行"机会均等",采取积极的行动。②为残疾人提供雇用机会与工作环境。

(9) **社会责任**(Social Responsibility)。①充分理解 IBM 对地区社会与一般社会的责任。②在履行经营责任的同时,要坚持不懈地关注社会责任。

(10) **自我开发**(Personal)。①要安排充分时间进行自我能力的开发与训练(特别是发挥人才作用的训练)。②关于组织管理的责任。

(11) **计划**(Planning)。①制订长期、短期的业务目标,提出可望取得最大成果的实施计划方案。②编制并提出能够正确反映收入与开支的预算方案。③经常适当地搜集影响产品、服务与技术的新信息,并为谋求 IBM 的利益,有效地利用这些信息。④在确定计划时,要根据经验提出改进方案。

(12) **组织**(Organizing)。①要经常保持能够随机应变的组织形式。②熟悉并遵守方针、指令与手续。③在必要情况下,对现行指导方针提出改革方案。

(13) **实施**(Doing)。①为达到长期与短期的目标,指挥日常业务。②为组织全体人员取得最大成果,调整各项业务工作。③为使职工能对公司、负责人全面信任而积极工作,保持日常管理的统一性。

(14) **交流**(Communicating)。①不论第一线生产部门还是管理部门,都要通过与有关人员积极的协作,养成并保持一种富有创造性的默契配合精神,以促进共同目标的实现。②有关重大事项,履行职务所采取的决策和措施,要经常向上级报告。

(15) **控制**(Controlling)。①核实执行情况是否符合制订的计划。②按被通过的预算限度,履行自己的职责。

员工有效管理是企业发展至关重要的一环。一般员工和管理层员工的绩效管理均需要因地制宜的制订办法。案例中,IBM 的绩效管理从多个方面入手,总结起来主要有六大原则。

1. 双向沟通原则

在执行环节需要持续不断的沟通,绩效考核计划的制订需要管理者与员工共同参与,双方达成共识,最终形成承诺;在评估阶段,需要就绩效进行讨论,形成评估结果。在员工对评估结果有不同意见时,应可以向更上层申述的通道。不论将结果用于薪酬、职位变动还是职业生涯发展,都应与员工进行明确的沟通。IBM 虽然采用薪酬保密制度,但是在薪酬的构成、支付方式、奖金计算方式等方面都与员工进行明晰的沟通。

2. 透明原则

对员工来说,管理上的透明,首先可以满足员工的"知情权",能让员工知道目前的成绩如何以及怎样才能做得更好,容易让员工有成就感并愿意接受挑战,激发大家的工作热情和斗志。IBM 要求业绩评估的结果由主管和经理在第一时间告知员工,以保证提供信息及时,消除不必要的猜忌。

3. 正面激励原则

IBM 对员工采取积极的激励政策,基本上没有惩罚性质的措施。

4. 绩效考核指标精炼原则

复杂事情简单化,最简单的往往是最本质的。设定三五个绩效指标所得到的绩效结果远比设定十个或者更多无所不包的绩效指标效果要好。IBM 一般更关注销售收入、存货周转、产品质量、客户满意度和利润等指标。

5．强调执行原则

绩效管理中强调沟通，而部分语言表达能力好、人际关系好、拥有资源多和影响力强的人或业务单元则更可能获得较好的评估结果。因为这些人常常能够把"想"做什么事表达得非同一般。对此，IBM 绩效管理的原则是，一方面看考核报告结果，但重点要看员工完成承诺的程度，较少关注过程表达。

6．建立健康绩效管理文化

绩效管理是一种结果导向型管理活动，其最终目标是建立高绩效的企业文化，营造具有激励作用的工作氛围。绩效考核除其本身所需要的考核方法和指标体系外，还需要以明确的企业目标和相应的企业文化为前提。

IBM 的绩效管理方法给我们的启示：

（1）绩效管理是企业成功的必要条件。严格的绩效管理会产生工作动力，促进企业进一步发展。

（2）绩效管理是动态的，永无止境的。企业向前发展，管理水平也要提高。绩效管理必须根据企业目标进行调整，根据内外部条件变化进行动态优化，而不能形成教条。

现代人力资源管理理论将人力资源管理系统划分为九大独立的模块，这九大模块分别是：组织结构设计与管理、员工招聘与甄选、培训、员工素质管理、薪酬福利管理、绩效管理、劳资关系管理、职业生涯规划、企业文化建设。在人力资源管理系统的九大模块中，绩效管理是人力资源管理的中枢和关键，其他八个模块与绩效管理密切相关，它们的运作评价与分析改进离不开这一模块，因为离开这一模块，整个价值链就会发生断裂，不再完整。

现在许多企业，不仅把绩效管理定位为绩效考核，仅为薪酬分配制度服务，而且把绩效管理制度基本等同于奖金分配制度。这种错误定位严重影响了人力资源管理职能的发挥，要充分发挥人力资源管理系统的作用，就必须重新定位，将绩效管理制度同分配制度分离开来，以任职资格为基础，通过目标设定进行全员评价，再通过薪酬制度、岗位轮换制度、培训教育制度、职业生涯规划对员工进行有效的激励，变单一考核为融合目标设定、绩效沟通、绩效改进三方面的正面引导，不断改进员工绩效，进而提升公司绩效。

1．绩效管理的核心思想是绩效改进

绩效管理的核心思想是要不断地提升和改进企业、部门和员工三个层面的绩效，考核、扣罚或嘉奖都仅是激励形式。一个完整的绩效管理体系由绩效计划、绩效辅导、绩效诊断、绩效评价、绩效反馈几部分组成，并形成一个全封闭的循环。从公司和部门层面来说，表现为绩效管理循环，即通过计划、实施、辅导、检查、报酬来引导员工实现公司和部门绩效目标并提升其绩效水平；从员工个人层面来说，表现为不断提升的绩效改进循环，通过员工和部门经理的共同参与，加之绩效辅导、检查等几个环节，实现员工技能的不断提升和绩效的不断提高。

2．绩效管理非常关注绩效沟通

绩效管理中的沟通非常重要，不管是目标建立过程中的绩效沟通，绩效实施过程中的沟通，还是绩效评价时的绩效沟通，都非常重要。第一，在目标建立阶段，管理人员和员工通过沟通就目标和计划达成一致，并确定绩效评价标准，这是非常基础的一个环节。如果缺少了沟通，员工没有参与感，心里有抵触甚至根本不认同绩效目标，那么绩效目标的建立就犹如空中楼阁，不可能实现。第二，在

目标实施的过程中，员工可能会遇到这样那样的问题，甚至会遇到一些跨部门的障碍，作为管理人员有义务与员工及时进行沟通，解决他们在权力、技术、资源、经验、方法上的困难，确保他们在顺利完成目标的同时能获得最直接的指导、帮助和经验积累。最后，在绩效评价时，沟通就显得更加重要和必要了。通过沟通，管理人员能告诉员工过去几个月来的成绩、失误、长处和不足，并指导员工朝正确的方向发展，并就上一个工作周期的工作结果达成一致的意见。

对管理人员来说，绩效沟通有以下四点意义：①可以帮助下属提升能力。②能及时有效地掌握员工的工作情况和工作心态，及时发现问题、解决问题，确保员工工作方向和工作结果的正确。③能客观公正地评价员工的工作业绩。④能提高员工的参与感、工作积极性和满意度。

对员工来说，通过绩效沟通有以下两点意义：①能通过有效的沟通发现自己的不足，确立改进的重点和改进的方向。②沟通是双方进行情感和工作交流的契机，是员工表达自己工作感受的重要机会。

3．绩效管理既注重结果，也注重过程

绩效管理体系是一个注重结果的体系，但同时它也是一个注重过程的管理体系。单纯强调某一方面而忽略其他方面都是片面和不正确的，针对这一点我们在实施绩效管理体系时，一定要多加注意。现在很多企业犯了这一原则性错误，把绩效考核当做绩效管理，在季度末或年度末填写几张考评表格，给员工打上一个分数就算了事。其实，忽视绩效管理其他重要环节的做法是非常危险的，如目标分解、目标调整、绩效沟通、绩效分析与改进、绩效成绩的运用等，这些环节恰好是绩效管理最重要的过程环节，我们说管理要注重过程，如果绩效管理忽略了这些过程，绩效考核就很难做好。

4．绩效管理强调各级管理者的参与

绩效管理是保证战略实施的有效管理工具，从这个意义上讲，企业所有管理者都应当承担绩效管理的责任。绩效管理涵盖在各级管理者管理工作范围之内，但是不同层次和不同职能的管理者在绩效管理中的责任是有所区别的。

相关知识链接

一、绩效管理

绩效管理是指制订员工的绩效目标并收集与绩效有关的信息，定期对员工的绩效目标完成情况做出评价和反馈，以确保员工的工作活动和工作产出与组织目标保持一致，进而保证组织目标完成的管理手段与过程。

对于绩效管理，人们往往把它等同于绩效考核，认为绩效管理就是绩效考核，两者并没有实质区别。事实上，绩效考核只是绩效管理的一个组成部分，代表不了绩效管理的全部内容。完整意义上的绩效管理是由计划绩效、监控绩效、考核绩效和反馈绩效四个部分组成的一个系统，如图6-1所示。

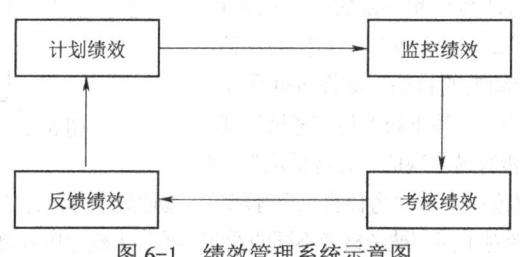

图6-1　绩效管理系统示意图

二、绩效管理的实施过程

作为一个有机系统,绩效管理在实际工作中是按照一定步骤来实施的。这些步骤可以归纳为以下四个阶段:准备阶段、实施阶段、反馈阶段和运用阶段,如图6-2所示。

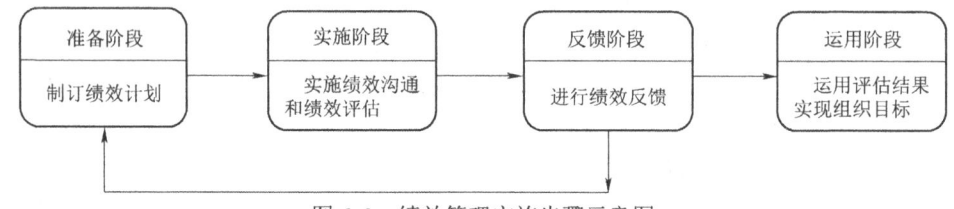

图6-2 绩效管理实施步骤示意图

三、绩效管理的几种模式

1. 目标管理

定义:目标管理是以目标为导向,以人为中心,以成果为标准,而使组织和个人取得最佳业绩的现代管理方法。目标管理亦称"成果管理",俗称责任制,是指在企业个体职工的积极参与下,自上而下地确定工作目标,并在工作中实行"自我控制",自下而上地保证目标实现的一种管理办法。其流程如图6-3所示。

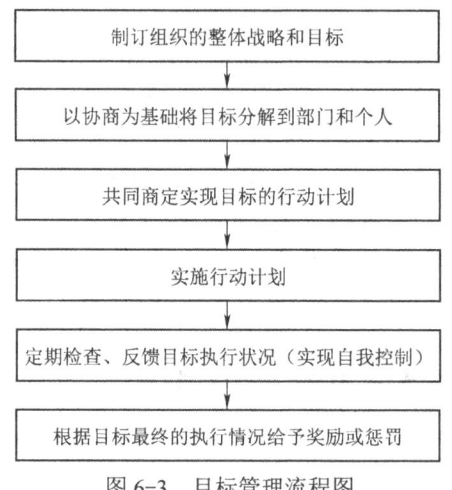

图6-3 目标管理流程图

(1)目标管理对组织内易于度量和分解的目标会带来良好的绩效。对于那些在技术上具有可分性的工作,由于责任、任务明确,目标管理常常会起到立竿见影的效果。而对于技术不可分的团队工作,则难以实施目标管理。

(2)目标管理有助于改进组织结构的职责分工。因为在力图把组织目标的成果划归一个职位或部门的过程中,容易发现授权不足与职责不清等缺陷。

(3)目标管理启发了自觉,调动了职工的主动性、积极性、创造性。由于强调自我控制,自我调节,将个人利益和组织利益紧密联系起来,因而提高了士气。

(4)目标管理促进了意见交流和相互了解,改善了人际关系。

2. 360度考核法

(1)360度考核法又称为全方位考核法,最早被英特尔公司提出并加以实施运用,是指由被评估者的上级、下级、同事、客户(包括内部客户和外部客户)以及被评估者本人,从多个角度对被评估者进行全方位的评估,再通过反馈环节,达到改善绩效的目的,如图6-4所示。

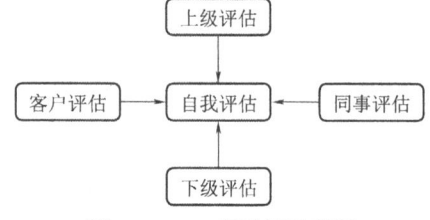

图6-4 360度反馈示意图

(2)优点:①打破了由上级考核下属的传统考核制度,可以避免传统考核中考核者极容易出现的"光环效应""居中趋势""偏紧或偏松""个人偏见"和"考核盲点"等现象。②通过全方位评估,使管理层获得的信息更准确。③可以反映出不同考核者对于同一被考核者不同的看法。④防止被考核者急功近利的行为(如仅仅致力于与薪金密切相关的业绩指标)。⑤较为全面的反馈信息有助于被考核者多方面能力的提升。

(3) 缺点：任何一种方法都不是十全十美的，虽然 360 度反馈有着传统绩效管理模式无可比拟的众多优点，但也存在明显缺陷。①360 度反馈的技术含量较高，因而对评估问卷的设计、评分标准的制定、信息的统计和分析等方面的要求很高，要清楚如何填写问卷、如何客观地评价他人、如何解读评估报告等。所以，360 度反馈的实际操作具有一定难度。②在 360 度反馈中，如果培训和操作不当，很可能在组织内造成紧张气氛，影响员工士气。不仅无法达到提升绩效的目的，还有可能出现事与愿违的局面。③由于 360 度反馈涉及的人员众多，就不可避免地增加了员工的工作量。一位员工同时要对自己、上级、下级、同事，以及为其提供服务的其他人员进行评估，这无疑将占用他们大量时间，增加工作压力。④信息来源的多样性不仅为数据的收集和处理带来困难，而且当来自不同渠道的信息不一致甚至相互矛盾时，将使评估难以进行。

总体来说，360 度反馈是一种难度高、成本大的评估方法。但如果运用得当，将收到很好的效果。

3．平衡计分卡

（1）平衡计分卡最突出的特点是将组织的愿景、使命和发展战略转变为具体的目标和测评指标，使其与组织的业绩评估系统联系起来。传统的组织业绩评估往往以财务指标为中心，然而，财务指标仅仅反映以往行为的结果，没有考虑这些财务指标的驱动因素，而且具有一定的滞后性，所以，以往组织的测评指标是单一的、失衡的。平衡计分卡将各种衡量方法整合为一个有机的整体，既包括财务指标，又引入顾客、内部流程、创新与学习这三个方面的指标。这四个角度的结合，构成了内部与外部，结果与驱动因素，长期与短期，定性与定量等多种平衡，如图 6-5 所示。这样，组织一方面要追踪"硬性"的财务指标，另一方面要密切关注那些使组织提高能力并获得可持续性增长的"软性"指标。

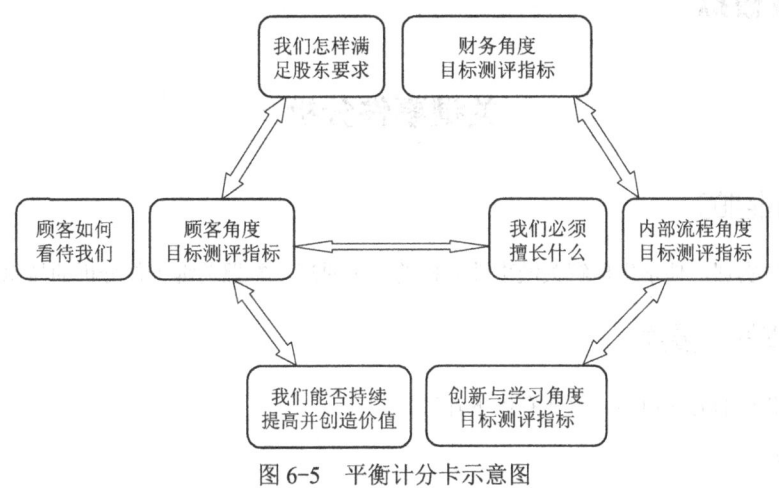

图 6-5　平衡计分卡示意图

（2）实施平衡计分卡应注意以下问题。

1）切勿照抄照搬其他组织的经验和模式。不同的组织产生于不同的背景，面临着不同的竞争环境，需要不同的战略，所以平衡计分卡四个层面的目标及衡量指标皆不相同；即使目标相同，也可能采取不同的指标来衡量。此外，不同组织指标之间的相关性也不同，相同的指标也会因产业不同而导致作用不同。总之每个组织都应开发具有自身特色的平衡计分卡，如果盲目地模仿或抄袭其他组织，不但无法充分发挥平衡计分卡的优点，反而会影响其对组织业绩的正确评价。

2）提高组织管理学信息质量的要求。与欧美组织相比，我国组织对信息的精细度和质量要求相对偏低，这会在很大程度上影响到平衡计分卡应用的效果。信息的精细度与质量的要求度不够，会影响组织实施平衡计分卡的效果，如导致所涉及与推行的考核指标过于粗糙，不真实或者不准确情况发生，使之无法有效衡量组织的经营业绩。此外，如果无法正常发挥平衡计分卡的应有作用，还会挫伤组织对其应用的积极性。

3）正确对待平衡计分卡实施成本与效益之间的关系。平衡计分卡的四个层面彼此是连接的，要提高财务指标首先要改善其他三个方面，要改善就要有投入，所以实施平衡计分卡首先出现的是成本而非效益。尤其是，效益的产生往往十分滞后，使投入与产出、成本与效益之间出现一个时间差，可能是6个月、12个月或更长的时间，因而往往会出现客户满意度提高了，员工满意度提高了，效率也提高了，可财务指标却下降了的情况。所以在实施平衡计分卡时，要以长远的眼光看问题，改善非财务指标所做的大量投入，在可以预见的时间内，是可以从财务指标的改善中收回的，不要因为实施几个月没有效果就丧失信心。

4）平衡计分卡的执行要与奖惩制度相结合。组织中每个员工的职责虽然不同，但使用平衡计分卡会使大家清楚组织的战略方向，有助于群策群力，也可以使每个人的工作更具方向性，从而增强每个人的工作能力和效率。为充分发挥平衡计分卡的效果，需要在重点业务部门及个人等层次上实施平衡计分卡，使各个层次的注意力集中在各自的工作业绩上。这就需要将平衡计分卡的实施结果与奖惩制度挂钩，注意对员工的奖励与惩罚。

总之，平衡计分卡不是可以直接嫁接或移植的，每个组织可根据自身的使命、战略、技术和文化量体裁衣，量身定制。

 **实战模拟**

关键事件分析

一、实训目的

通过该项目实训，使学生理解关键事件分析的基本原理，掌握关键事件分析的技术和方法。

二、基本知识要点

关键事件分析的方法很多，主要有以下几种。

1．描述法

描述法又称实时记录法、叙述法、鉴定法等，是指评价者对评价对象的能力、态度、成绩、优缺点、发展的可能性、需要加以指导的事项和关键性事件等作出评价，由此得到对评价对象的综合评价。

通常情况下，描述法只能用于发展性评价，而不能用于评价性评价。所以，它一般是作为其他评价方法的辅助方法，主要用于观察并记录评价需要的事实依据，以避免认知误差的发生，并为绩效反馈提供事实依据。

根据所记录事实的不同内容，描述法可以分为：能力记录法、态度记录法、工作业绩记录法、指导记录法和关键事件记录法。

2．关键事件法

关键事件是指那些对部门的整体工作绩效产生积极或消极影响的重大事件或重大行为。关键行为一般分为有效行为和无效行为。关键事件法要求评价者或管理者为每一位员工准备一本"绩效考评日记"或"绩效记录",由考察人或知情人随时记录。

3. 记录关键事件的 STAR 法

STAR 法,是由 4 个英文单词的第一个字母表示的一种方法。由于 STAR 英文翻译后是星星的意思,因此也称"星星法"。

STAR 法记录的一个事件或行为需要从 4 个方面来描写。

S 是 Situation——情境:记录事件或者评价对象行为发生时的情境是怎么样的。

T 是 Target——目标:记录评价对象为什么要做这件事情。

A 是 Action——行动:记录评价对象当时采取什么行动。

R 是 Result——结果:记录评价对象采取这个行动获得了什么结果。

三、实训内容及要求

实训内容:区分有效行为与无效行为。

案例:以下是对某超市主管人员的一些行为记录,要求从以下所列的行为中分别挑选出有效行为和无效行为,并总结归纳该职位对任职人员的基本素质要求。

(1) 对于进入店门的顾客,经常报以热情友好的招呼,并且主动上前提供购物引导和帮助,获得顾客的好评。

(2) 能够注意并分析事物内在的相互关系,判断事物之间的因果关系,按重要性排列任务的次序,并制订出相应的行动计划或方案。

(3) 在没有监督的条件下能够独立地工作,即使遇到一定的困难和挫折,也能够独立作出决策,能够及时地完成组织安排的任务或计划。

(4) 在员工需要帮助时,能够向员工提供关于如何做的帮助,告诉员工应该如何工作,并提出一些建议。

(5) 认真倾听他人谈话,能够抓住他人谈话的思路与主要思想,偶尔提出一些问题以便确认理解他人的谈话意思。

(6) 总经理来视察时,为了表现自己,当众提出了其他同事的部分错误,导致了同事之间人际关系的紧张。

(7) 经常在不该自己加班的时候,主动留下加班帮助其他同事,协助其他同事及时完成公司安排的计划任务。

(8) 当一位新招聘进来的员工上班迟到时,粗暴严厉地批评了这位下属,还带有讽刺和挖苦,挫伤了这位员工的自尊心。

(9) 能够设定具体的具有挑战性的目标,并通过改进工作方法和流程来不断地提高绩效。

(10) 同顾客沟通时,能够比较准确地发现和挖掘顾客的需求,并提出合理化建议,赢得顾客的信任,获得顾客的好评。

(11) 当顾客要求退换在本店购得的某商品时,粗暴拒绝,导致顾客悻悻而去。

(12) 总是提前开始工作,带齐工作所需要的所有必要装备,穿戴整齐。

(13) 非常聪明,学东西速度非常快。

(14) 有时候有不配合其他部门工作的现象,存在着部门本位主义倾向,从而导致公司的总体工作有时会遇到困难。

(15) 能够严格要求自己,受到大家尊重,同时对下属人员的纪律要求也比较严格。本人及其所属部门能够遵守公司的各项规章制度以及工作记录，基本没有违规事件。

要求：区分记录中的有效行为和无效行为。

四、实训组织方法及步骤

建立实训小组（3~5人），以小组为单位开展以下各项活动：

第一步，挑选出有效行为。

第二步，挑选出无效行为。

第三步，总结归纳该职位对任职人员的基本素质要求。

第四步，总结并编撰实训报告。

五、实训时间

本项目实训时间以1小时为宜。

六、实训报告

实训结束后，每位学生必须编撰实训报告。实训总结和实训报告编写原则上要求学生当场完成上交，指导教师视情况进行讲评。

七、实训成绩评定

（1）实训成绩按优秀、良好、中等、及格、不及格5个等级评定。

（2）成绩评定参考准则。

1）能否准确地挑选出有效行为并阐明理由。

2）能否合理地归纳出目标职位人员的素质维度要求。

3）对任职人员的素质描述是否全面准确。

4）参加实训的态度是否积极，准备是否认真，实训报告是否记录了完整的实训过程，文字是否简练、清楚，结论是否明确，收获和体会是否客观。

5）课堂模拟、讨论、总结占总成绩的70%，实训报告占总成绩的30%。

第七篇

薪酬与激励篇

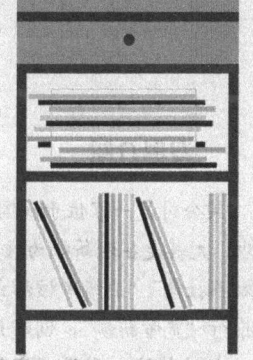

→ 钱是个可恶的东西，用它可以办好事，也可以做坏事。

——冈察洛夫

→ 奖励什么，就会得到什么。

——米契尔·拉伯福

现　象

进入 21 世纪以来，企业之间的竞争日益激烈，而现代企业的竞争很大程度上是人才的竞争，如何留住优秀人才成为企业成败的关键。薪酬问题是企业吸引和保留人才的关键，是整个企业激励机制的核心。在这个人力资源日趋重要的时代，薪酬问题作为人力资源管理的核心问题越来越得到企业的重视。

薪酬是员工从事工作的物质利益前提和激励因素，它与员工的切身利益密切相关，是影响和决定员工的工作态度和工作行为的重要因素之一。同时，薪酬也与企业的绩效密切相关，是企业十分关心的问题。这是因为：其一，薪酬作为一种成本，在企业成本中所占比重很大，其增加可直接导致企业利润下降；其二，薪酬作为一种激励手段，如果运用得好，将极大地调动员工的积极性。因此，人力资源管理的一项重要任务就是建立科学的薪酬制度，合理地确定员工的薪酬水平和薪酬结构，以保障员工的物质利益，激发员工的工作积极性，吸引和稳定高素质员工；同时保证企业获得良好的绩效，增强企业的竞争力，为促进企业目标的实现而创造必要条件。然而现今很多企业（特别是国有企业），薪酬往往自己决定，尤其表现在企业高管身上，显然没有让薪酬发挥其应有的激励作用。

国有企业——自定薪酬

宽带模式砸碎国企薪酬枷锁

案例介绍

某公司是一家位于我国西部地区的国有大型烟草企业，员工 5 000 余人。长期以来，公司在人力资源管理，尤其是在以薪酬为核心的激励体系方面存在突出问题。"分配多少讲平均""岗位轻重凭感觉""薪酬绩效不挂钩""业绩考核形式化"等日益成为企业发展的严重障碍。为此，该公司自 2002 年底在全系统率先推行"宽带薪酬"，创建并形成了极具特色的国企激励体系。2003 年 9 月因此受到行业表彰。

打破传统，引进"宽带"

为了改变传统国企人事现状，使广大员工在思想上对"宽带薪酬"有个清楚的认识，以减少公司"三项"制度改革中的人为阻力，该烟草公司高管层在工作步骤上做出了明智的安排。

首先，明确列示出传统薪酬结构及其所带来的大量弊端：

（1）等级多。一般有十几个甚至二十几个岗位（即职位，下同）工资级别。频繁的岗位工资级别调整产生大量行政工作，导致员工将注意力集中在调整级别工资上而非注重自身技能和所做绩效的提高。

（2）级差小。相邻的两个岗位工资级别的差异很小。员工晋升一级，所获得的激励作用并不大，高级别岗位的薪酬与基层岗位的薪酬拉不开差距。

（3）级幅小。级幅是指每个岗位级别内的工资浮动范围。通常每个岗位级别只有一个工资点，没有浮动范围,即"一岗一薪"。这样,同一岗位的不同员工中,绩劣者可与绩优者共"享"同一薪酬,而绩优者无论多么突出,都只能与绩劣者同"忍"一样的回报。

(4) 无叠幅。传统的薪酬结构中相邻岗位级别的工资没有重叠的部分。这就意味着员工不管工作多少年,绩效多优秀,如未能获得岗位级别的晋升,工资都是一成不变的,因而不利于鼓励员工优秀的工作表现以及多技能的培养。

(5) 等级结构森严。传统薪酬结构因缺乏弹性,致使企业面对行业竞争、市场状况、人才流动等局面常常束手无策。

随着宽带薪酬概念的明确,公司内部对其有了本质上认识:

(1) 传统人事管理注重的是岗位、职务概念,岗位、职务薪酬;而基于"宽带薪酬"的人力资源管理注重的则是价值、绩效概念,价值、绩效薪酬。

(2) 岗位讲价值、工作讲绩效,上岗讲竞争。

(3) 员工无须沿着传统的职位或职务等级走"单线",只要工作能力、工作绩效有所提升,就能够获得更高的薪酬激励。

公司进一步指出,宽带薪酬的实施是个系统工程,它所解决的不仅是"工资"问题,同时也是一个系统问题——一个企业激励体系问题。这里说宽带薪酬的实施是个系统工程,因为实施宽带薪酬,离不开组织优化、岗位设计与价值评估等基础要件;同样,说它解决的是一个企业的激励体系问题,是因为它较传统薪酬模式更好地解决了广大员工的考核激励、薪酬激励和培训激励问题。

激励体系:三位一体,力促"宽带"

鉴于上述宽带薪酬模式的全新要求,该烟草公司开展了"构建以'组织优化、岗位设计与价值评估'为基础,以考核激励、薪酬激励和培训激励为主体的企业激励体系"的人力资源管理创新活动。

梳理组织部门结构,优化岗位职责体系

首先是按照国家和行业有关机构改革的工作部署,在全系统开展了机构改革和减员分流工作。全系统 16 个单位,机关科室则由原来的 176 个精减为 125 个,减少 51 个,减幅 29%,从业人员减幅 35.28%。其次,在全面收集有关工作信息的基础上,对企业流程进行了优化整合,进而对所有岗位的工作职责、任职条件与资格进行了细化和重新界定,形成了规范化、标准化的"职位说明书"。这不仅为员工的选聘、培训提供了标准,同时也为岗位评价、绩效管理、薪酬管理和其他人力资源管理活动提供了科学的依据。运用价值创造理念,首推岗位价值测评。

在传统的薪酬框架下,岗位重要程度往往没有量的界定。因此,人们总以为自己的岗位最重要,相互贬低其他岗位现象较为普遍。但是,通过借助"要素评分法"而首次推出的"岗位价值测评",彻底打破了这种岗位间自以为"重"的局面。该方法将岗位评价因素抽象为知识技能、责任、努力程度和工作环境四大方面,并赋予不同权重 300∶290∶260∶150(总权数 1 000)。最后依据岗位职责大小,分别赋值打分,分值经过系统处理得到定量的岗位价值数。

如此,岗位价值测评的结果,不仅为公司内部的薪酬分配与调节提供了科学、合理的依据,也为岗位等级数量及岗内工资变动范围的确定,进而为宽带薪酬设计,以及基于宽带薪酬的激励体系构建奠定了系统、理性的基础。

量化细化考核指标,发挥考核激励功效

该烟草公司依据"宽带薪酬"理念,在指标提取、赋值和计算出考核系数的基础上,重点突出了绩效考核的可激励性。

(1) 同一岗位的不同员工,考核成绩优秀者,即使岗位级别未得到晋升,但按照岗位价值(系数)序列,其享受的价值系数可以得到提升,从而绩效薪酬得到提高。这样的同岗不同薪,有利于发挥考核激励作用。

（2）不同岗位的员工，当低岗位员工由于考核成绩优秀而提升的价值系数，因为宽带薪酬的重叠性与高岗位员工的某一价值系数相等时，便可达到"不同岗也可同薪"的效果。如此考核，激励岗位间员工看重的不再是传统薪酬下的岗位（职务）级别，而是自身的能力和所创造的价值。

整合价值绩效尺度、强化薪酬激励管理

与传统薪酬制度相比，该烟草公司更加注重薪酬本身激励作用，创新特色彰显在岗级薪酬激励、绩效薪酬激励和特区薪酬激励等方面。

（1）岗级工资激励。该公司宽带薪酬模式在员工基本薪酬方面，主要体现在岗位薪酬的设计上。由于岗级薪酬标准是与岗位价值系数相挂钩的。为了保持岗位内在要求的动态适应性，公司定期对岗位等级进行岗位价值再测评、再排序，并根据经济效益情况设定岗级薪酬基数。员工岗级薪酬按照其所在岗位确定，并根据员工个人历史绩效予以调整。岗级工资标准的计算公式为：岗级工资=岗级工资基数×岗位价值系数。

（2）绩效薪酬激励。员工绩效薪酬等于"公司绩效薪酬发放基础×岗位价值系数×绩效考核系数"。就是说，假定公司当月绩效薪酬发放基数为500元，某员工所在岗位的价值系数为1.3，当月绩效考核系数为0.98，则该岗位员工当月绩效薪酬为500×1.3×0.98元即637元。由此实现了价值薪酬和绩效薪酬的激励作用。

（3）特区薪酬激励。虽然该公司宽带薪酬较好地起到了选、育、用、留的作用，但对公司内部价值贡献较大者或外部市场稀缺的人才，其效力仍然有限。为此，公司考核薪酬委员会还设立薪酬特区，旨在使企业的薪酬政策与外部人才市场的薪酬水平接轨，进而提高企业对关键人才的吸引力、增强企业在人才市场上的竞争力。

注重人力资本增值、追求员工培训激励

该公司高管层认为，实施员工培训，不仅是为了企业的价值提升，同时也是对员工人力资本价值的提升，特别是当培训机会、内容、种类与员工岗位、职务升迁、考核成绩相挂钩时，培训实质上更是一种激励。

宽带，能否颠覆传统

一位出色专业技术人员的薪酬可以与科技部部长的薪酬平起平坐；一位最优秀员工甚至可以拿到副总经理级的高薪，这样一种全新的薪酬分配模式——"宽带薪酬"目前不仅正在个别外资企业中尝试运作，而且正在被援引到国有企业。而在中国传统薪酬制度中，定人定岗，定岗定薪已经成为一个不成文的规矩，要想突破原先工资的级别，只有提级，而这样带来一个直接弊端就是在固定岗位上，员工干得再好，也不可能得到大幅度的加薪，唯一的奖励只有以奖金形式发放的补贴。

所谓"宽带薪酬设计"，就是企业将原来二三十甚至四五十个薪酬等级压缩成几个级别，但将每一个薪酬级别所对应的薪酬浮动范围拉大，从而形成一种新的薪酬管理系统及操作流程。

在这种薪酬体系的激励下，员工们所受到的激励就是，不遗余力地"往上爬"，而无论他最终爬上去的这个岗位是否真的适合他去做。同时，企业也一相情愿地认为，在低一级职位上干得好的员工，在高一级职位上必然也会干得很出色，于是，晋升就成了许多企业对优秀员工的一种最主要的激励方式。

不过，任何一个新事物都是一把双刃剑，宽带薪酬自然也有其不足之处，宽带薪酬可能带来的弊端与绩效管理存在很大的关联度。

由于宽带薪酬的评估主要来源于员工对公司的绩效，绩效管理就成为公司管理的重要方面，如果绩效管理做不到位，岗位的变化幅度特别大，在这样的情况下采取宽带薪酬，员工工资浮动大起大落，会给员工的心理造成极强的不稳定感，从而对公司缺少归属感。同时，如果绩效管理不到位，员工薪水下跌，而员工又自认为自己工作卖力，则会使他对管理的公正性、公平性、合理性产生猜忌、怀疑等不健康情绪，极易造成公司内部、上下级之间、同事之间人际关系的紧张，当然，这种紧张不是源于宽带薪酬，而是绩效管理不到位的后果。

世界500强企业中有200多家采用了宽带薪酬这种适合扁平化组织结构的薪酬模式，并在运用中取得了成功。加入WTO后，随着我国国有企业改革力度的深入，很多国企在探索过程中大胆尝试当今各种前沿的企业管理方式，其中就有不少企业导入了宽带薪酬模式来制订薪酬结构。但是，根据调查显示，宽带薪酬在国有企业中的推行却没有取得理想的效果，所以有必要对国有企业宽带薪酬进行研究。

通过上述案例我们可以看到，激励导向的宽带薪酬体系具有以下几个特征：①打破了传统薪酬结构所维护和强化的等级观念（用"层"代替"等"），减少了工作之间的等级差异，有利于企业提高绩效并且创建学习型组织文化，同时有助于企业保持自身组织结构的灵活性和有效地适应外部环境能力。②引导员工重视个人技能的增长和能力的提高，激励其树立自我学习、自我提高的意识，使其不去计较职位晋升问题，因为只要提高和改进自身能力就可以获得相应的报酬。③有利于增强企业的核心竞争力和提高企业整体绩效。

在激励导向的宽带薪酬体系中，绩效工资是激励员工业绩成长的主要项目，因此，薪酬体系运用的成功与否很大程度上与绩效考核体系相关，透明公平的绩效考评是宽带薪酬的灵魂。在宽带薪酬体系中，员工薪酬在其所处范围之内随工作绩效值的大小而浮动变化。这就使得绩效考评体系备受员工关注。宽带薪酬强调绩效考评的公平性和透明化，让员工知道每一个评分细则，这样不仅有助于完善公平监督机制，提高员工积极性，还有助于员工通过评分标准来了解自己的发展方向，从而随时调整个人预测，使之与企业的整体价值取向保持一致，使员工个人发展与企业整体发展紧密联系在一起，从而实现企业与员工双赢。

薪酬管理是企业人力资源管理与开发的核心问题。随着社会经济的发展，我国市场逐渐与国际市场接轨。但是在企业内部，传统薪酬体系的弊端逐步凸显，阻碍了企业的发展。目前许多企业仍然沿用传统的薪酬制度（尤其是国有企业），在企业中"一岗一薪"的现象十分普遍。而这种薪酬体系不利于调动员工的工作积极性，不同程度地导致企业在市场上的综合竞争力下降。目前如何建立一种新的、以公平和效率为核心，并且富有激励和约束作用以适应市场经济竞争的薪酬体系即宽带薪酬，成为企业关注的问题，这种新的薪酬体系对企业获得核心竞争优势具有举足轻重的作用。

传统薪酬与宽带薪酬的比较分析。

1. 传统薪酬的特点

在现在大多数企业中，经常见到这样一种现象，即在企业的一个部门内，员工收入水平相差无几。因为其工资水平主要由岗位的职级和在职年限决定，所以出现员工虽然专业水平和工作绩效一般，但由于在职时间较长，收入相对比较高的现象。这种情况下，其他员工若想迅速提高自己的工资，除非调整岗位，如晋升到部门主管或经理之类的职位，否则提高收入水平几乎成为不可能，因而晋升就成为许多企业对员工一种最主要的激励方式。但事实上，企业能够提供的高薪职位非常有限，而期望得到企业认可并获得高薪职位的员工又相对较多，最终就使晋升成为员工提薪的"独木桥"。由于企业的职位分布呈现金字塔形,因此随着职位的升高,"独木桥"会越来越窄。

2. 传统薪酬的局限性

纵观企业传统薪酬管理体系,其激励模式已从"绩效"激励手段变更为"晋升"激励手段,"绩效"仅是"晋升"的一个参考标准。在企业传统薪酬管理体系下,员工提高薪酬主要是通过努力工作,得到企业认可,然后晋升到更高的职级。在这种激励模型中,只有当员工努力程度与员工晋升机会之间的联系、晋升与报酬之间的联系强度足够大时,高薪才可能成为一个有效的激励因素。由于企业的高薪岗位与员工人数是呈反比例趋势变化的,并且企业中每个职级的带宽窄,且每个带宽中所包含的岗位少,因而能够受到企业高薪报酬激励的员工非常有限。

3. 宽带薪酬的特点及优势

(1)推动良好的工作绩效。在宽带薪酬结构中,企业对有突出表现的员工可以在报酬方面进行明显的奖励。而在传统的薪酬体制下,即使管理人员知道哪些员工的能力强、业绩好,也无法给予这些员工更高的薪酬,因为那时的加薪只能通过晋升这一唯一渠道来实现。在实行宽带薪酬后,拓宽了激励面。员工的薪酬与绩效挂钩,不管岗位或职位的高低,只要员工业绩突出,就能获得高薪酬,从而促使员工更加注重自身业绩的提升,同时也有利于企业综合竞争力的提高。

(2)避免了传统薪酬制度下工资向上的刚性。在传统薪酬制度下,工资具有向上的刚性,也就是说,工资在上涨以后,很难再降下来。由于工资刚性的存在,企业容易陷入这样的恶性循环:即企业管理者为了激励员工,选择为员工加薪,但员工一段时间之后习惯了这种较高的薪酬,激励便开始失效,为了再强化激励,企业管理者只有在较高薪酬的基础上再次加薪,周而复始,最终导致企业成本大幅上升。而在宽带薪酬体系下,在每一个宽带之中,工资变化幅度较大,员工所得酬劳按绩效支付,使员工的报酬按其贡献值在其所处宽带之中上下波动。这样的浮动工资既有效地提高了员工的积极性,又避免了员工工资只涨不跌而造成的企业成本过重的问题。

(3)有利于组织结构扁平化的形成。宽带薪酬打破了传统薪酬结构所维护和强化的等级观念,减少了工作间的等级差别,有利于组织结构扁平化的形成,也有利于增强组织的灵活性以及对外部环境的适应能力。在传统的等级薪酬制度下,公司强调更多的是等级观念,信息的传递大部分是层层递进的。因此,来自基层的信息要想向上传递,就必须经过繁琐的汇报、审批。在这个复杂而漫长的过程中,许多信息失去了时效性,更有甚者会出现信息失真、扭曲,严重影响组织对环境变化的敏感度。而宽带薪酬最大的优点就是打破了传统薪酬结构所维护和强化的等级制,营造一种积极向上的企业文化氛围,增强企业的凝聚力和竞争力。

(4)有利于管理层管理和人力资源专业人员的角色转变。在宽带薪酬中,即使是在同一薪酬等级中,区间的薪酬浮动范围也较大,从而为员工薪酬水平的界定留有很大的空间。这种情况下,部门负责人在薪酬决策方面拥有更多的权利和责任,可以对下属薪酬定位提出更多的意见和建议。同时,可以使人力资源管理部门人员从一些附加价值不高的事务性工作中解脱出来,参与到企业的经营决策中,制订相应的人力资源战略以增强企业实力,支持企业战略的实现。

(5)密切配合劳动力市场的变化。宽带薪酬以市场为导向,一方面使员工的成本效益更为有效,有利于企业做好员工成本的控制工作;另一方面使员工从重视内部公平转向更加注重个人发展空间和自身市场价值。在宽带薪酬制度下,企业薪酬水平是由市场薪酬水平和企业薪酬定位来确定的。因此,薪酬水平的定期核对与调整将会使企业更能适应市场瞬息万变的变化。

4. 宽带薪酬的局限性

任何事物都是一把双刃剑,薪酬管理体系也概莫能外。"宽带薪酬"体系通过压缩职级,将每一个薪酬级别所对应的薪酬浮动拉大,充分发挥了绩效的作用,给员工提薪创造了更加灵活的空间。但是由于宽带薪酬体系是通过调节不定额的绩效工资来实现企业为员工提薪的,因此员工的晋升机会会减少,绩效管理压力会增大,获取市场数据的成本也会增大。

相关知识链接

宽带薪酬

1. 含义

宽带薪酬是指对多个薪酬等级以及薪酬变动范围进行重新组合,从而变成只有相对较少的薪酬等级以及相应的较宽薪酬变动范围。宽带型薪酬结构作为一种与企业组织扁平化、流程再造、团队导向、能力导向等新的管理战略相配合的新型薪酬结构设计方式而被广泛应用。宽带薪酬最大的特点是压缩级别,将原来十几甚至二三十个级别压缩成几个级别,并将每个级别对应的薪酬范围拉大,从而形成一个新的薪酬管理系统及操作流程,以便适应当时新的竞争环境和业务发展需要,如图7-1所示。

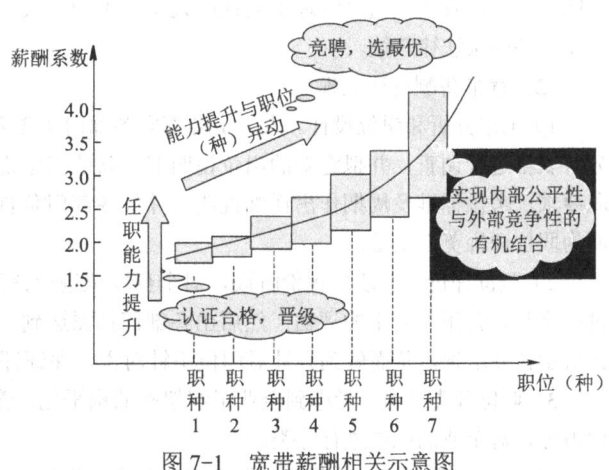

图 7-1 宽带薪酬相关示意图

2. 宽带薪酬的特点

(1)打破传统等级制,提升整体绩效。在传统薪酬制度下,员工的薪资与其职位级别、资历等密切相关,低职位员工唯有通过晋升才能改变现状。宽带薪酬最有利的就是低级别的员工只要工作业绩出色,所对应的薪酬就会超过甚至远超于高级别的员工。这样就打破了传统的等级制,从而充分调动不同层级员工的工作热情,有效避免由于薪酬与能力的不对等产生的磨洋工现象,最终有利于一个公司的整体绩效的提升。

(2)提升员工的能力。在宽带薪酬结构下,一般的工作人员只要他的业绩突出也一定存在着广阔的加薪空间。而在同一个薪酬宽带内,企业为员工所提供的薪酬变动范围要远远大于在原来的好几个薪酬等级中可能获得的薪酬范围,如图 7-2 所示。这样的设计十分有利于提高员工工作的积极性,增强员工的创造性,引导员工将精力集中到个人发展上去。这种价值导向最终可以带来员工综合素质的提升。这是在传统薪酬体系下所不能实现的。

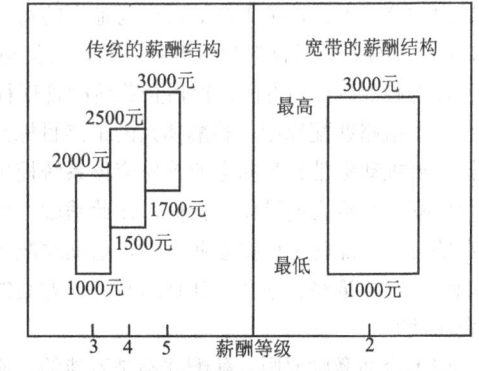

图 7-2 传统薪酬结构与宽带薪酬结构对比

(3)有利于职位轮换。宽带薪酬体系下,薪酬水平的高低是由能力来决定而不是由职位来决定的,员工通常乐意通过相关的职务轮换来提升自己的能力,使自己的付出能获得更大的回报。这就更好地避免了有些人长期霸占一些要职而使一些能力更强的人无法进入的现象。

3．宽带薪酬设计要素及流程

（1）宽带薪酬设计的要素。企业发展阶段因素帮助企业结合发展现状对薪酬策略做出定位：从企业规模上认清企业处于大中小企业的哪个阶段；从发展阶段分析企业处于发展期、成长期还是成熟期；从企业战略分析企业采用成本领先战略还是差异化战略等。根据不同发展现状可采用易操作型、关注激励型、关注公平性等不同策略。

企业文化价值因素配合公司的企业文化的价值理念，从薪酬结构、薪酬增长水平设计方面引导员工提升技能、知识及人格特征的水平，从而提高员工的技能工资、胜任力工资等。

考虑内外部环境影响因素，可调节内外平衡。内部需要考虑人事成本的增长情况及财务盈利状况按比例调整，有效地通过管理手段控制人事成本的增长；外部注重市场薪酬水平、竞争对手的薪酬水平及相关国家法律政策。

（2）宽带薪酬设计流程。

1）工作分析和岗位设计。人力资源部向各部门负责人、任职者本人、该岗位的各接口部门按工作分析表格进行调查，并拟定新的岗位说明书。新的岗位说明书就岗位名称、工作职责、权责范围、任职要求、考核标准及周期作出详细说明。并经各部门负责人确认后形成规范、统一的岗位说明书，从而为职位评价奠定基础。

2）职位评价。在职位评价阶段，对全部职位进行评估。企业就每一职位相对于其他职位的价值，进行客观、公正、公平的评估；然后由各部门抽派达到一定要求的人员组成评价小组进行统一的职位评价示范性培训，从而做到只针对职位不针对人，保证评估的准确性。

3）职位分类分级。考虑到企业组织架构的扁平化、管理权限适当下放等方面的因素，根据职位评价得分，对企业的职位进行分类。

4）薪酬宽带体系。①薪酬等级与职位分类结果保持一致，按照1、2、3、4、5的薪酬等级进行划分；②基层员工薪酬策略与市场持平，中层管理人员薪酬略高于市场，高层员工与国内大型企业水平相当；③薪酬宽带的重叠幅度控制在50%左右，以保持内外部的适应程度。

4．宽带薪酬的应用原则

（1）内部公平原则。宽带薪酬的实施以绩效评估为基础，其公平性主要体现在两个方面：一是结果的公平，指员工对薪酬水平、增薪幅度是否公平的评价。根据美国学者亚当斯（J.Stacy Adams）1965年提出的公平理论，员工会对自己与他人的得失进行比较，判断分配结果是否公平。二是程序的公平性，员工主要根据薪酬制度公开性、管理人员与员工的双向沟通、员工参与薪酬制度设计和管理工作、员工投诉和上诉程序方面，评估企业薪酬管理程序是否具有公平性。

（2）战略匹配原则。薪酬体系的最终目标是推动人力资源管理效能的提高，从而服务于企业战略目标。要推动宽带薪酬的企业首先应该系统梳理企业战略，分析企业的核心竞争能力，明晰企业的核心价值观，并将它们量化为指标，在此基础上建立人力资源战略。只有这样建立起来的薪酬体系才有存在的意义，那就是根据企业战略，借助薪酬激励，强化员工行为，推动企业战略实施。在引入宽带薪酬模式时，策略的选择、计划的制订、方案的设计、薪酬的发放、员工的沟通，都应该紧扣企业人力资源战略。

（3）全面激励原则。薪酬并不是万能的，必须对员工实行全面的激励。企业应该根据民主公正的原则，采用激励手段与企业目标相结合、物质激励与精神激励相结合、外部激励与内在激励相结合、正激励与负激励相结合的方式对员工进行全面激励。

5．宽带薪酬的弊端及克服

任何新事物都是一把双刃剑，宽带薪酬虽有种种优势，但也不能忽视它的缺陷。

（1）由于宽带薪酬对于绩效管理要求很高，所以绩效管理不到位，就会给员工造成心理压力，产生不稳定感。实行宽带薪酬制度，公平、透明的绩效考评程序必不可少。绩效管理要尽量做到避开绩效纯粹化的误区，以人为本，加强员工的归属感；绩效考评者要尽量做到公平、公正、合理，更好地确保企业内部公平性，最终实现员工和企业的双赢。

（2）宽带薪酬会减少晋升机会。工资级别的减少固然可以令部分员工不必为加薪而辛苦地往上爬，但也令那些有志于升职的员工难以晋升，其工作效率自然会大打折扣，最终违背推行宽带薪酬的初衷。要避免这种情况，管理者可根据企业自身实际，采取宽带薪酬模式和传统薪酬模式结合的方式。如有选择地在某些技术性要求较高的部门实施宽带薪酬，但是对于劳动密集型企业就显得没有必要了。

综上所述，企业应用宽带薪酬设计体系时，必须进行慎重考虑。事实上，强调员工个人能力的宽带薪酬设计方法与强调岗位、以岗定薪的传统的薪酬设计方法并不矛盾。两者从不同方面反映并强调薪酬设计中的公平性，是相辅相成的。因此，企业既要考虑到市场的竞争性，也要考虑到内部的公平性，这样才能真正确保薪酬体系的实用性，起到激励的作用。

慧聪的劳动股权制

案例介绍

慧聪公司是我国一家规模较大的民营企业，创立于 1992 年。目前，已发展成为国内最有影响力的 B2B 公司之一。

慧聪公司能在短短几年内发展成为中国信息服务业的领导品牌，最重要的一个原因就是其独具特色的"全员劳动股份制"。这个让慧聪总裁郭凡生最自豪的制度，是类似于乡镇企业的股份合作制的一种"不伦不类"的东西。

慧聪公司章程规定，每年企业利润的 15% 用于分红，其余全部作为发展基金。股东年底分红不按股份进行，股东全体分红不得超过公司分红数总额的 30%，剩下 70% 的红利分给公司内不持股的普通员工。任何一个董事所得不能超过红利总额的 10%。郭凡生个人股份虽然占了公司股份的 50%，但年终分红也不得超过 10%。

慧聪在全国的 30 余家分公司，都是由北京总部全额投资建成，并调配人力物力尽快展开业务。当分公司孵化成熟开始产生利润之后，公司将对分公司的股份进行分配：分公司总经理拥有 20% 的股份，给分公司其他管理人员共 20% 的股份，剩余 60% 由北京总部控股。在年终分红上，慧聪各分公司也是按照全员劳动股份制的分配方式进行。

这种分红制度从教科书上找不到理论依据，在许多经济学家眼中也是一种不规范的股份制。可就是这种从诞生之日起就遭到非议的劳动股份制，已经成为慧聪公司发展历史中的一项最基本的产权制度，并成为慧聪制胜的法宝。

1."全员劳动股份制"的目的在于吸引和激励人才

慧聪公司成立后不久就开始赚钱。当时慧聪主要是在报纸上做 IT 市场最低报价，由于没有竞争对手，慧聪上一条报价就可以收 200 元钱，而且报纸的版面是免费的，甚至还要付给慧聪稿费。这样一个版面就能有好几万元的纯利，这么高的利润很快就让慧聪内部的一些人动了分出去单干的心思。他们觉得反差太大，自己很辛苦一个月才拿几千元，整个公司一个月近百万元的收入岂不是都进了老板的腰包。慧聪当时的企业结构还很不完善，整个业务只是靠几个关键性的人来完成，这种没有制衡的结构也为后来的内部"哗变"埋下了隐患。没过多长时间，这几个人就打着"老板拿钱太多"的旗号，拉一批人出来自己成立了一个与慧聪一样的公司。这件事对郭凡生的震动极大，他觉得很委屈——自己占了50%的股份，可是并没有拿走50%的钱。企业是要长远发展的，赚的钱哪能都变成奖金工资发下去呢？这件事让郭凡生下决心要坚决地实行和完善自己在创业时所制定的分配原则。

后来，"慧聪"的企业章程中明确规定两条：①郭凡生占50%的股份，几个合伙人占20%多的股份，剩下的股份要作为留给员工的奖励。②固定董事每年的分红不得超过红利总额的30%，剩下的70%要给员工。1997年慧聪股份制改造后有不少员工成了股东。郭凡生又规定，假定还是200万元红利，这里面有50%是劳动分红，跟董事没有关系，剩下的50%是董事分红，属于资本分红。在资本分红中还是任何人不得超过10%。

当时很多人不理解郭凡生这种激励制度，他的董事们就曾质疑自己拿钱办的企业凭什么给员工钱，慧聪的几个创始股东就是因为试图改变郭凡生的激励制度未遂而离开的。同样，在员工里也不是每个人都理解和赞同郭凡生的做法。1997年10月，慧聪进行了第一次股份制改造。公司按照净资产2 000万元针对北京慧聪的80多名主管以上管理人员进行配股，实行买一送二。由于员工自己要掏一笔为数不少的钱来买股，有一部分人就大骂郭凡生"有钱不发还让我们往里扔"。

把打工者变成企业的所有者，这一步虽然不好走，但确实还是走对了。由于慧聪采用劳动股份制，离开公司就要交回股权，所以这些骨干在上市之前是不会出现流失的。

2. 知识决定所有制和分配制度

郭凡生的"全员劳动股份制"源于他的这样一种观念：过去，人们是离开钱就挣不了钱。但经济运行到知识经济时代后，人们离开知识就很难挣到钱。知识在人们创造财富的过程中起到了关键的作用。高获利产品不是靠规模扩张，而是靠知识积累和投入来解决的。知识经济时代的特点是多种知识产品的叠加和互动，使进入者进入行业非常困难。知识经济要求企业有更大的规模，要求多学科知识型人才稳定合作，企业最恐惧的就是知识人才大规模的经常性流动。

正因为在知识经济时代，知识在经济运行中起主导地位，所以知识决定了所有制和分配制度。企业员工的知识投入与投资人的资本投入都是企业发展的"资本"。在进行成果分配时，投入知识的员工有权和投入资本的企业所有者即董事共同分享合理的利润。这一理论在"慧聪"的实际操作中体现为，股权占50%的郭凡生在实际分红时将40%的分红权让渡给员工。

对劳动股权通俗一点的理解是：①企业利润的创造者是职工，只有职工真正感觉到他是企业主人的时候，企业才能发展。在慧聪这样的知识型企业里，可以说老板才是打工的，是用资本为知识打工。所以，钱应当分给员工。②规范不规范对郭凡生本人来说不重要，重要的是企业能够生存发展。事实证明，慧聪成立以来，虽然每年几百万元的分红，仅郭凡生名下的钱就分出去了七八百万元，但是他不但没有变穷，反而富得比谁都快。

3. "全员劳动股份制"实施的力量和效果

慧聪成立以来，郭凡生的"劳动股份制"使公司内部高层不断"因为理念不和而发生分裂"，原来创始的股东和董事已经有2/3离开。有几位公司的高级经理和董事出走，办起了自己的公司与慧聪竞争，他们的口号就是要"实现合理分配"。一位副总裁的离去给郭凡生留下了深刻印象。这位由公司出资送到澳大利亚上MBA的副总裁回来后就对郭凡生说，你搞的股份制是假的，没有实行按股分配，我持有5%的股份，你只给我分1%，这是不对的。"我说你那是上个世纪资本的道理，我跟你讲的是知识的道理。"郭凡生坦言曾经有不少股东私底下串联要推翻这套做法，但"劳动股份制"仍然得以推行到现在。郭凡生认为有两个重要原因,"一是我占了 50%的股份,从资本角度我说了算;二是这种制度得到了企业 90%职工的支持——不持股的职工永远支持这种制度。不管反对者如何叫嚷,只要一开职工大会,他们便成了孤家寡人"。

郭凡生认为,在慧聪公司的发展过程中,人员流动的确是事实。但是可以肯定地讲,进来的人比走的人要优秀得多。在慧聪的经营历程中,曾多次碰到过分公司总经理带走一批人,做起跟公司相同的业务。但慧聪有叛将,却无叛军,从来没人能拉走一支队伍。到今天为止,慧聪至少分出去几十家公司,但它们加起来都不及慧聪的 10%。一位原慧聪老员工(现某广告公司总经理)曾感慨,如果现在让他选择,他宁愿待在慧聪。

讨论制度是否合理,实践是唯一的验证标准。慧聪与竞争对手相比,一直占有人才优势,大部分投资人和职工选择留下来。这在人员流动频繁,特别是骨干员工"跳槽"流失严重的信息服务企业中是不多见的。郭凡生在总结慧聪的发展历程时说,如果没有这套激励制度,没有这套所有制和分配关系,慧聪也许早就垮了,至少不会像现在这么成功。慧聪现在已经发展到只要郭凡生不犯大糊涂,不大腐败,按照这种制度做事,他回家睡觉去都无关紧要。因为这个制度使慧聪员工的工资处在行业的最顶端,自然有人愿意干活。郭凡生这样描述他的公司:慧聪 95%的人如果选择离开,靠着他们现在的学历、资历和能力,几乎拿不到在慧聪时工资的一半。这就是说,公司把更多的利益给了员工,而公司从中得到的是员工队伍的稳定、员工对公司的信任和公司自身的发展。

改革开放之后,我国民营企业在市场经济大潮中不断成长,现在已经成为社会主义市场经济的一支重要力量。民营企业有着顺应市场规律、机制灵活等发展优势,但是相对于国有企业、外资企业,在吸引人才、留住人才方面,处于相对劣势地位,这在一定程度上也阻碍了民营企业的发展壮大。如何解决普遍存在于民营企业中的员工激励不足的问题,是理论和实践环节一直努力探讨的重要课题,而企业股权激励往往成为很多民营企业选择的方式之一。

本案例介绍了雇员参与的一种方式——全员劳动股份报酬支付制度。我们通常所讲的雇员持股计划是指雇员所有权的扩展,即在一定程度上,通过使用公司获得的利润来实现雇员对公司所有权的分享。然而本案例中,慧聪公司实行的全员劳动股份制规定,任何股东的年终分红不得超过分红总额的 10%,所有董事的年终分红总额不得超过分红总额的 30%,所剩下的年终分红,将分给公司里所有不持股的正式员工。这种屡遭非议的产权制度,始终贯穿于慧聪的经营活动,激励着慧聪不断创新,成为慧聪制胜的看家法宝。

慧聪公司所谓的分红,缩小了股东与普通员工的距离,虽然让出大部分分红,却换来了更多员工的支持。实践证明,这种看似牺牲股东利益的分配制度实际上取得了很大的成功,并且在一定程度上促进了以知识为主导因素进行分配的分配制度的建立。

慧聪公司的"全员劳动股份制"实际上是将股权作为激励分配给员工。"全员劳动股份制"一方面让更多的员工当老板,掌管公司;另一方面让员工摆脱以前为别人打工,公司生死存亡与自己无关紧要的想法,从而提高员工工作积极性。把打工者变成企业的所有者,这一步的确不好走,但终究慧聪还是走出了这一步,而且走对了。因为慧聪采用劳动股份制,员工离开公司就要交回股权,所以骨干力量不会轻易流失,这在相当程度上保证了公司发展的稳定性和持续性。

股权激励制度确实给慧聪的发展奠定了很好的基础,但也存在一定的风险,因为员工的工作情况直接影响着企业的前途命运,同时当公司发展到一定规模时,全员劳动股权制一定程度上不利于公司的继续前行,需适时改变。

"劳动股份制"的演进方向是"期权制"。慧聪用两个比率解决了初期的红利分配问题,可是随着持股员工的增加,新的比率必然也要增加,此时两个比率内部如何分配,外部如何分配,是一个不能回避的棘手问题,所以可能导致一种深层的矛盾。郭凡生说,中国宪法已经确立了私有经济的法律地位,等于承认了"私有财产神圣不可侵犯",因此这个制度在多大程度上保证它的公平性就十分关键了。慧聪的章程只解决了一个当年分红分配的问题,但是当年分红比率、积累部分的索取权的归属,都没有做明确规定。它的不完善性决定了它的过渡性。可以说,郭凡生一开始就是个聪明商人,换了别的公司,留人的办法无非是加薪。可是聪明的员工也可以把慧聪的制度解释为把当年的一部分薪水留到了年末,这与国有企业的"工效挂钩"其实并无二致!不同的是,早期的慧聪用了创新企业制度的新概念而已。在知识经济里,劳动者尤其是构成核心的管理层和技术人员的人力资源拥有者,必然要求分享企业的权益,而企业的权益就是企业能够产生当期和未来收益的价值。如果劳动者只获得了当期分红的分配权,但不能决定收益中分红的比率,而且劳动者没有当期留存收益和未来收益的分配权,那部分权利在法律上被投资者就永远地保留了。所以,劳动者还远没有获得企业的剩余索取权。事实上,郭凡生也明白"全员劳动股份制"的不规范性和过渡性。其实,他的目标是在慧聪上市前,在"劳动股份制"的基础上建立股票期权制度。

通过案例,我们需要明确以下几点:

(1)知识型企业必须认识到知识的核心地位。随着金融环境的不断改善,资本不再是企业发展中最短缺的物资。在很多领域中,人才已经成为决定企业生死的关键要素。这个转变在客观上要求企业按照知识来进行分配,而不是以拥有资本多少为主来进行分配。在知识型企业中,老板和员工之间的关系其实是一种非常新型的社会关系。过去马克思讲金钱拜物教、商品拜物教,说人类创造了商品又去崇拜商品是一种异化。而现在,被异化和扭曲的关系在知识型企业中正在被扭转过来,人和人所掌握的知识成为企业利润创造的源泉。对慧聪而言,企业的发展少不了资本的力量,但决定企业发展的则是慧聪的人。如何真正善待企业的职工、吸引知识型人才,并且使企业的经营不像工业化社会那样主要是追求利润和资本的增长,是知识型企业经营者必要要考虑的一个问题。

(2)"劳动股份制"不能说是一种制度的解决办法。慧聪总裁郭凡生对股份制早有研究,有自己一套完整的理论,所以他在慧聪一开始就确定了"全员劳动股份制"。"全员劳动股份制"在股权分配上完全合乎《公司法》的原则,慧聪及郭凡生本人遭到非议的原因在于,按照《公司法》规定,这种做法损害了投资者的利益,使资本的权益没有得到保护。

企业对员工的分配可以分成基本工资、绩效工资、年终分红、员工持股和股票期权等。只有结合各种分配制度,才能最有效地实现激励作用,增强企业凝聚力。慧聪巧妙地实施和解释了自己的分配制度,并已经获得若干中关村公司梦寐以求的成果。但随着国内外资本市场的发展,追求更新、更进步的企业制度已经成为一种赢得竞争的必然需要。可以说,郭凡生暂时解决了慧聪的产权制度问题,但同时应该看到,这种制度很大程度上是由人的自觉遵守来维持的。它是不是可以成为长久之计,帮助企业成为百年老店,目前还难以断言。

以下是股权激励的发展现状。

1. 经营者股权激励在国外发展现状

(1)据毕马威会计师事务所的统计资料显示,全球排名前500家的大型工业企业中至少有89%的企业对其经营者实行了股票期权激励。

(2)根据商业周刊对美国250家富有成效的公司所作的调查,经营者通过股票期权方式所获得的收益都超过了他们通过薪金和奖金形式所获得的收入。

(3)据商业周刊对美国200家最大公司的调查,CEO的报酬构成是21%的薪金收入、27%的短期

（年度）奖励、16%的长期激励和36%的以股票期权为基础的酬劳。

2. 经营者股权激励在我国的发展现状

（1）经营者股票期权激励的探索在我国已开始使用。国内采用股票期权对员工进行激励的开拓者是深圳万科，万科在1993年专门聘请专业机构制订了严密规范的职员股份计划规则，计划期为9年（1993～2001年）分三个阶段实施，后来因相关法规不配套第一阶段的购股权于1995年转为职工股后一直未上市，万科因此停止了计划的继续实施。

1999年武汉市国有资产经营公司依据其关于企业法定代表人考核奖惩试行办法，对下属21家控股全资企业兑现1998年度企业法定代表人年薪时，武汉中商、武汉中百和鄂武商三家上市公司董事长分别获得了本公司一定数量的股票奖励，即一定数量延期兑现的期股。

1999年上海市委组织部、上海市国资办、上海市财政局以沪委组（1999）661号文，发布了上海市关于对国有企业经营者实施期股（权）激励的若干意见（试行）。制定了对国有控股企业以及国有独资企业的董事长、总裁、总经理实施期股期权激励的规范意见。

1999年7月，北京市体改委等8个部门联合下发了关于国有企业经营者实施期股试点的指导意见，对已建立了现代企业制度的国有企业或国有资产授权经营公司为主体投资设立的股份有限公司和有限责任公司的董事长和总经理实施期股激励。济南市、深圳市等诸多城市也发布了对国有企业经营者实施股权激励的相应规范意见。财政部于2000年10月也选定了中国联通及联想等8个中关村高新技术企业试行股票期权制。

（2）尽管在我国实施股票期权激励措施的同时，许多配套问题并未解决，但许多先行者已实践了有中国特色的经营者股权激励方案。例如，上海贝岭公司的虚拟股票计划，上海埃通电气股份有限公司的经营者群体持股计划，四通公司的MBO计划，联想集团的员工分红权置换认股权计划等。

员工股权激励模式是现代公司制企业以股权为利益载体，以企业价值追求与员工个人利益互动为模型，激发员工主动性和创造性的一种全新激励方式。它是企业物质激励方式的深刻变革，可以在企业和员工之间建立起一种更加牢固、紧密的战略合作伙伴关系，以弥补传统激励手段的不足。

我国民营企业股权激励存在的问题：

（1）民营企业不稳定、股权流通性不够，导致股份期权激励不足。

（2）民营企业多涉及新兴高科技行业和第三产业，这些行业竞争激烈，企业寿命较短。

（3）民营企业正处于迅速成长阶段，企业的组织形式、经营范围等可能会发生巨大的变化。合并、分立、投资转向等会造成企业中止情况时常发生。

（4）由于我国民营企业规模通常较小，控制权集中，在经营决策上较为随意，这样不可避免地会造成企业政策变动较大，持续性较差。同时，管理层的人才流动性很大，也造成了经营决策上的不连续性。

（5）员工业绩考评困难、行权价格难以确定，实施股份期权激励的程度不易量度。部分民营企业在实际管理过程中还没有建立规范的基础管理和科学的绩效评价体系，因此不能正确地衡量员工的业绩。股份期权制度的激励作用是通过行权价格与转让价格之间的价差实现的。行权价格是指在满足契约条件的情况下，受益人可在约定的期限内购买公司股权的价格。由于我国民营企业多为非上市公司，制定行权价格时缺乏市场价格作为参考，所以股票期权的行权价格难以确定。综上，在对员工实施股权激励时就缺少了科学合理的依据。

（6）股票期权计划产生的道德风险问题。随着我国股权分置改革的稳步进行，流通性逐渐增强的二级市场为股权激励提供了一定的市场基础。上市公司股权激励规范意见征求意见稿的出台,将为上市公司通过股票期权计划建立长效激励机制、完善公司治理结构提供法律基础。虽然有以上良性的市场环境,但是在所有权和经营权相分离的现代公司治理结构中,由于股东与经理人是通过订立契约而建立起来的委托代理关系,双方追求目标的不一致性以及信息的不对称性,所以难以避免地产生管理层道德风险。

我国民营企业股权激励存在问题的对策:

(1)完善股权激励实施的外部环境。股票期权激励措施的实施必须在完善公司治理结构的基础上,加强对管理层的内部监督,防止管理层的短期行为和冒险行为;规范化、程序化的操作将有助于避免暗箱操作,有法律保证的契约将更应和中国人求稳的心态;在实施股票期权激励前,必须先选择合适的公司经理,只有保证了公司经理的素质,才可以继续考虑如何对他进行激励,这就要求建立一个公司和经理人双向选择、经理人和经理候选人竞争上岗的市场——经理人市场。

(2)股权激励与其他激励手段相互配合使用。合理搭配股权激励与其他激励方式,可以避免企业只重视股权激励而忽视其他激励方式的问题。在激励组合上,对企业的主要经营者可采取股权激励为主,精神激励、目标激励为辅的方式,多为他们提供晋升机会,同时订立一个他们想要的、又富有挑战性的目标。这样可以在相当程度上激发其工作积极性,提高工作绩效。

(3)股权激励道德风险的应对策略。首先,完善公司股权激励薪酬信息的披露制度;其次,在股票期权计划中,合理设定管理层的待权期及其行权条件;第三,在股票期权计划中,明确设定合理的期权定价模型及修正方法;第四,针对管理层可能在期权授予期和出售股票前期出现对股票价格采取短期操纵的行为,创新性地提出亚式期权条款设计。

(4)建立完善的业绩考评体系。建立科学的评价机制、合理的业绩评判标准以及合理的绩效评估方法,因为这些都将直接影响被激励对象,从而对公司的经营业绩产生间接影响。事实上激励只是手段,完成企业的经营计划、促进企业不断发展才是目的。所以股权激励制度和实施方法的制定一定要综合考虑到企业的目标、激励对象本人、本部门的业绩指标完成情况等因素。

(5)转让价格的确定问题。转让价格要与企业效益挂钩,随着企业效益好坏而变动。价格确定应看重企业未来收益,并呈上升趋势,这样才能更好地起到激励作用。对于民营上市公司,转让价格可以参照股票市价作一定扣除来确定,但不能完全按市价,否则难以起到"金手铐"作用;对于非上市公司,转让价格可以根据年末每股净资产、员工工龄、员工贡献大小等因素来确定。

(6)股权设计应考虑企业和行业特点。"股权激励"的有效性与企业和行业特点有很大关系,在决定是否实施"股权激励"时,一定要首先考虑企业和行业的特点。成长性高的企业和行业可能更适合搞"股权激励",而那些成长率低的企业和行业就不一定很适合。不要把"股权激励"当做吸引人才、稳定管理层的"万能药",不考虑企业和行业的特点,什么都想一"股"了事的做法是不可取的。

相关知识链接

1. 股权激励定义

股权激励是一种通过经营者获得公司股权形式给予企业经营者一定的经济权利,使他们能够以股东的身份参与企业决策、分享利润、承担风险,从而勤勉尽责地为公司的长期发展服务的一种激励方法。

股权激励是现代公司制企业以公司股权为利益载体,借助于企业的价值追求与企业员工个人利益协调互动的模型,谋求极大地激化员工主动性和创造力的一种全新的激励方式。它的出现是企业物质激励方式的一次深刻变革。相对于以"工资+奖金"为基本特征的传统薪酬激励体系而言,股权激励使企业与员工之间建立起了一种更加牢固、更加紧密的战略发展关系，适应了信息经济环境下人力资源资本化的时代要求，为解决我国企业目前广泛存在的"委托代理连带责任衰减与成本攀升"、"内部人控制"、"经营者伦理风险"问题提供了一种现实选择和有效途径。

2. 股权激励的类型

按照基本权利义务关系的不同，股权激励方式可以分为 3 种类型：现股激励、期股激励、期权激励。

现股激励：通过公司奖励或参照股权当前市场价值向激励对象出售的方式，使激励对象即时地直接获得股权，同时规定激励对象在一定时期内必须持有股票，不得出售。

期股激励：公司和激励对象约定在将来某一时期内以一定价格购买一定数量的股权，股权价格一般参照股权的当前价格确定。同时对激励对象在购股后再出售股票的期限做出规定。

期权激励：公司给予激励对象在将来某一时期内以一定价格购买一定数量股权的权利，激励对象到期可以行使或放弃这个权利，购股价格一般参照股权的当前价格确定。同时对激励对象在购股后再出售股票的期限做出规定。

3. 股权激励的模式

（1）业绩股票。是指在年初确定一个较为合理的业绩目标，如果激励对象到年末时达到预定目标，公司则授予其一定数量的股票或提取一定的奖励基金让其购买公司股票。业绩股票的流通变现通常有时间和数量限制。另一种与业绩股票在操作和作用上相似的长期激励方式是业绩单位，它和业绩股票的区别在于业绩股票是授予股票，但业绩单位是授予现金。

（2）股票期权。是指公司授予激励对象的一种权利，激励对象可以在规定的时期内以事先确定的价格购买一定数量的本公司流通股票，也可以放弃这种权利。股票期权的行权也有时间和数量限制，且需激励对象自行为行权支出现金。目前，在我国一些上市公司中应用的虚拟股票期权是虚拟股票和股票期权的结合，即公司授予激励对象的是一种虚拟的股票认购权，激励对象行权后获得的是虚拟股票。

（3）虚拟股票。是指公司授予激励对象一种虚拟的股票，激励对象可以据此享受一定数量的分红权和股价升值收益，但没有所有权，没有表决权，也不能转让和出售股票，在离开企业时自动失效。

（4）股票增值权。是指公司授予激励对象的一种权利，如果公司股价上升，激励对象可通过行权获得相应数量的股价升值收益，激励对象不用为行权付出现金，行权后可获得现金或等值的公司股票。

（5）限制性股票。是指事先授予激励对象一定数量的公司股票，但对股票的来源、抛售等有一些特殊限制，一般只有当激励对象完成特定目标（如扭亏为盈）后，激励对象才可抛售限制性股票并从中获益。

（6）延期支付。是指公司为激励对象设计一揽子薪酬收入计划，其中有一部分属于股权激励收入。股权激励收入不在当年发放，而是按公司股票公平市价折算成股票数量，在一定期限后，以公司股票形式或根据届时股票市值以现金方式支付给激励对象。

（7）经营者/员工持股。是指让激励对象持有一定数量的本公司股票，这些股票可以是公司无偿赠与激励对象的，也可以是公司补贴激励对象购买的或者是激励对象自行出资购买的。激励对象在股票升值时可以受益，在股票贬值时会受到损失。

（8）管理层/员工收购。是指公司管理层或全体员工利用杠杆融资购买本公司股份，成为公司股东，与其他股东风险共担、利益共享，从而改变公司的股权结构、控制权结构和资产结构，实现持股经营。

（9）账面价值增值权。具体分为购买型和虚拟型两种。购买型是指激励对象在期初按每股净资产值实际购买一定数量的公司股份，在期末再按每股净资产期末值回售给公司。虚拟型是指激励对象在期初不需支出资金，公司授予激励对象一定数量的名义股份，在期末根据公司每股净资产的增量和名义股份的数量来计算激励对象的收益，并据此向激励对象支付现金。

上述前八种股权激励模式都与证券市场相关，在这些激励模式中，激励对象所获收益受公司股票价格的影响。而账面价值增值权是与证券市场无关的股权激励模式，激励对象所获收益仅与公司的一项财务指标——每股净资产值有关，而与股价无关。

4．股权激励的关键要素

股权激励在国外已经发展演变30年了，目前国内这方面尚处于从初期探索向深入推广过渡阶段，对于股权激励的模式分类尚没有统一的标准。参照国际现有模式定义，股权激励的关键要素如下：

（1）持股量。在管理层员工得到不同的持股量时，其激励力度是完全不同的。持股量太少，对管理层员工激励力度太小，起不到激励作用。持股量太大，原有股东的利益会受损，同时管理层员工的支付能力也有限。持股量的确定主要依据实践经验，并按照实施股权激励后管理层员工是否拥有控股权分为两大类型：激励型和产权型。

（2）持股对象。按照国际惯例，带有福利色彩的员工持股计划，其持股对象是包括全体员工的；带有长期激励性的管理层持股，则主要指公司的经营者。在人力资本特征日益明显的知识经济时代，管理层已经拓展到公司技术骨干层面。而在我国的国有企业背景下，在国有企业退出竞争性行业的过程中，普通层员工在"国退民进"过程中也参与了对国有企业的收购，并形成我国的管理层收购和管理层员工收购模式。

（3）价值支付方式。企业实施股权激励时，其支付给受让人的方式是多样的，主要有现金、股权等方式。例如，在国内目前的主流模式业绩股票（增值奖股）中，受让人最后得到的是企业的股票（或股份），而在类似的业绩单位模式中，支付给受让人的就是现金。在一些企业尝试的股票（股份）期权模式中，受让人得到的是企业授予的期权。

（4）价值评价基础。目前国内施行的股权激励模式，主要基于两种价值评价基础：业绩和股价。例如，业绩股票、业绩股份等就是以企业业绩提升作为受让人得到股权性薪酬的条件，而股票期权（股份期权）、股票增值权就是以企业股价或净资产增长作为受让人是否能够获利的基础。

5．股权激励制度

股权激励制度是以员工获得公司股权的形式给予其一定经济权利，使其能够以股东的身份参与企业决策、利润分享，并承担经营风险，使员工自身利益与企业利益更大程度地保持一致，从而勤勉尽责地为公司的长期发展而服务的一种制度。股权激励对改善公司治理结构、降低代理成本、提升管理效率、增强公司凝聚力和市场竞争力起到非常积极的作用。

通常情况下股权激励包括员工持股计划（Employee Stock Ownership Plan，ESOP）、股票期权（Stock Option）和管理层收购（Manager Buyout，MBO）。

6．民营企业员工股权激励的实现方式与前提条件

民营企业员工股权激励的实现方式，是指员工以何种方式获得并持有股权。因实现方式不同，适用企业类型、股权激励对象及其范围、股权持有风险、激励效果等也有所不同。

(1) 员工持股的实现方式。按股份来源不同，可以将民营企业员工持股分为以下几种，见表7-1。

表 7-1 员工持股的方式

员工持股实现形式	适用企业类型	优点	缺点
股权转让模式	大型民营企业和上市公司	实施手续简单，长期激励效果好	会有一定的经营风险
增资扩股模式	中小企业	企业融资的途径，不改变原股东收益	稀释了原有股东的股权
管理层融资收购重组模式	上市公司	有利于公司治理结构的完善	动用大量资金，公司价值评估困难
利润共享模式	非上市公司	在稳定公司的股权结构基础上有效激励	公司发生现金支出

股权转让模式，这主要是国有企业股份制改造的一个途径，通过"国退民进"使国企股权多元化、民营化，以恰当的方法和合理的价格将部分企业股份转让给员工，建立起员工持股制度。目前一些民营企业的大股东为了激励核心管理团队，也采用这种模式，由此改变了民企创始人的"一股独大"状况，形成了创始人和职业经理人共同持股的股权新格局。

增资扩股模式，包括新股发行、配股、增发等形式，由于这种模式并不影响原有股东的收益，仅稀释了原有股东的股权，改变了股权结构，在中小企业中十分常见。它一般是员工在个人出资的基础上，以增量投入的方式逐步获得企业股权。有时，民企员工借款（集资）给企业形成的债权，在增资扩股的过程中，自然转化为股权，从而实现了持股。

管理层融资收购重组模式（MBO），指公司的经理层利用借贷融资所获资本或者股权交易收购本公司股权的行为。通过收购，企业经营管理者变成了企业所有者，在某种程度上实现了所有权和经营权的统一。这种模式在2000年前后的国企改制中较为流行。但需注意的是，我国的管理层收购模式（MBO）与其发源地美国的MBO模式相比，已经发生了变异。在美国，它基本上由管理层主导改进，是企业进行重整或反收购的一种特殊方式，通常以取得公司控制权为目的，通过收购上市公司的全部或大部分所有者权益来实现。而在我国，企业家或者管理层实施MBO的动因，主要在于确认企业家才能和核心员工人力资本的价值和贡献，为其提供根本制度上的激励。至于通过MBO来获取企业的控制权并不占主导地位，因为大多数企业领导者之前已经掌握了实际控制权，只不过不能与他所拥有的剩余控制权相匹配。

利润共享模式，指公司核心员工可以持有一定的虚拟股权，但这种股权没有股份的所有权，仅享受分红的权利，以及享有股票升值带来的收益。这种利润共享机制可以在不授予员工股票的情况下，利用相分离的所有权和收益权，使员工获得激励。由于这种机制不会影响公司的总资本和所有权结构，同时也可以规避法律、政策上对股权持有者转让处分等限制和监管，因此得到广泛运用。但这种机制会使公司产生现金支出，特别是上市公司股票升值幅度较大时，现金支出压力较大。

(2) 股权激励的前提条件。①企业要有相对完善的法人治理结构和监督机制，这有利于规范员工持股行为和保障员工持股权益。②企业经营状况和财务状况良好是企业实行员工股权激励的物质基础。③企业要有相对完善、有效的人力资源管理制度，这是实行员工股权激励的内部机制。④企业文化具有特色优势，企业与员工之间相互信任度高，这是员工股权激励的精神基础。

富士通公司的人事薪酬改革

案例介绍

富士通株式会社（FUJITSU LIMITED，以下简称富士通公司）是世界著名的高科技企业，成立于1935年，主要从事通信系统、信息处理及电子装置的制造与销售业务。截至2001年，全富士通集团营业额是50 070亿日元，职工总数为17万人，集团企业达517家。富士通公司拥有多项世界水平的信息技术，目前在日本信息技术产业排名第一。长期以来，日本大企业采取论资排辈的人事制度，这已是日本企业默认的规矩，没有一个企业敢越"雷池半步"。但是，富士通公司首先越"雷池"，在公司内部实施以业绩为标准的人事制度，在日本国内引起了很大的反响。

1992年，富士通公司的半导体事业遇到了严重危机，年度利润在决算时出现了赤字。这使富士通公司深刻认识到，经营环境已发生了本质变化，唯有改革现有人事制度，才能摆脱赤字经营困境。一方面，经济低速增长的长期化已成定局。在经济低速增长的条件下，开拓新市场对员工的创造力、专业能力提出了更高的要求。但现有人事制度在很多方面对培养员工创造力、专业能力以及激励员工的创造性重视不够。另一方面，国际化竞争在不断激化。欧美企业的白领员工一般具有很强的业绩及竞争意识。与这些欧美企业的白领员工进行竞争，富士通公司必须依靠自己的、能与国际标准抗衡的、以业绩为标准的人事制度。但现有的人事制度以年功为基础，与国际标准差距太大。因此，要从根本上改善公司的收益结构，就必须对现有人事制度进行重大改革，抛弃以年功为标准的做法，彻底推行以业绩为标准的做法。基于这种原因，富士通公司从1993年4月起开始系统地进行人事制度改革。

富士通公司把员工分为管理员工、主任员工和基层员工。管理员工的年龄一般在35岁以上，主任员工的年龄一般在30~40岁，基层员工的年龄一般在27~30岁。对这三类不同员工，富士通公司有计划、分阶段地实施了人事制度改革。改革从管理员工开始，主要包括1993年实施的目标管理评价制度；1994年实施的年薪制；1995年实施的"干部员工制度"；1997年实施的新资格等级制度，同时废除了课长职务。

1. 实施目标管理评价制度

实施目标管理评价制度和年薪制是富士通公司人事制度改革的第一步。改革的目的在于引进和建立一个以业绩为标准来管理工作、衡量报酬、决定待遇的组织文化。目标管理评价制度是一种由员工和其上司事先共同协商制订工作目标，由上司及公司人事部门事后对员工从目标的挑战性、目标实现过程以及目标实现程度等方面进行考核，并根据考核结果决定报酬的管理制度。工作目标每半年设定一次。一般来讲，工作目标都可以量化。目标越具有挑战性，目标实现程度越高，报酬就越高。员工为了获得高收入，就必须挑战高难度的工作，同时还必须开动脑筋来提高工作效率。因此，目标管理评价制度可以使那些具有创新能力的员工脱颖而出，为公司创造更多、更有价值的业绩。

年薪制分为两部分：基本年薪（相当于全部月工资）和业绩年薪（相当于奖金）。基本年薪原则上每年递增，与业绩无关。业绩年薪则要根据当年业绩上下浮动。其结果会引起年收入在增加、减少或持平三个方向变动。在年薪制下，员工要获得高收入，必须取得高业绩。因此，报酬与业绩是紧密相连的。

富士通公司针对管理员工的第二步改革是，实施"干部员工制度"，同时废除课长职务。"干部员工制度"，实际上是一种管理人员专业化、专业人员管理化，或干部员工化、员工干部化的做法。以前，富士通公司认为，管理人员的作用是传达公司命令，管理部下员工，促使他们有效地执行职务。管理人员是做"管理专业"的。只有那些管理能力强、处理事物稳妥的员工才有资格被选拔到管理岗位。但现在富士通公司认为，这种观点不利于把一些专业知识超群、个性突出、创造性强的人才选拔到管理岗位，也容易造成管理人员平庸化、外行化和保守化的局面。实施"干部员工制度"，就是要避免这种局面的出现，要给管理人员进行重新定位。它强调管理人员不仅是管理人员，要执行管理职能，同时他本身还是一名员工，要执行员工所必须执行的职责。他要与部下一起，或者独立地执行专业领域的职务。他不应该仅仅是一个管理者，而应该是一个执行管理者或执行者。

实施"干部员工制度"，主要采取三方面措施。①不仅从管理方面，而且还从专业方面来考核管理人员的业绩。②不仅提拔管理能力强、处理事物稳妥的人才做管理者，而且也提拔专业知识超群、个性突出、创造力强的人才做管理者。③废除课长职务，使组织扁平化，以提高管理决策的效率。组织改革后，权限由部长掌握，所有工作均采取项目制或团队方式进行，并且项目成员或团队成员均根据需要临时组合。

富士通公司针对管理员工的第三步改革是实施新的资格等级制度。以前，富士通公司实施职能资格制度。职能等级由主事技师、副参事、参事、理事四个等级组成。职能等级的晋升主要根据资历而定，具有浓厚的年功主义色彩。此次改革，把资格依据职责分为7~9个等级，并据此来决定目标管理的评价标准、年薪制的年薪标准。

富士通公司在对管理员工实施目标管理评价制度一年后，对主任员工也开始实施了目标管理评价制度。两年后，目标管理评价制度的适用范围扩展到基层员工。从此，目标管理评价制度不仅涵盖非工会会员的管理员工，而且还涵盖工会会员的主任员工及基层员工，成为所有员工都必须执行的一项制度。在该制度的实施过程中也有员工因未达到目标而遭受降薪等惩罚，但大部分员工在目标制订后，一般都能通过努力达到工作目标，最终实现加薪或升职。因此，富士通公司的员工对目标管理评价制度是比较认可的。

2．实施SPIRIT制度

除了目标管理评价制度以外，富士通公司还在主任员工中实施了SPIRIT制度。这个制度是富士通公司人事制度改革中最引人注目的亮点。SPIRIT制度是一种不由上司而由员工来自主决定工作手段、工作进度，报酬不按照劳动时间计算的工作制度。除了不允许在家工作以外，它与日本劳动基准法所规定的自主工作制度在本质上是基本相同的。SPIRIT制度的名字是由Specialty（专业化）、Performance（业绩）、Intelligence（知识）、Responsibility（责任）、International（国际化）、Tomorrow（未来取向）6个英文单词的首位字母组合而成。以这些字母命名，表示富士通公司希望通过这个制度使员工具有专业知识、注重业绩、勤于思考、富有责任心、善于国际竞争和面向未来。

谈到实施SPIRIT制度的初衷，富士通公司人事部长说，"我们在推行目标管理评价制度时遇到了一个矛盾，就是如何处理报酬与劳动时间之间的关系，对主任员工，还要不要进行作息时间管理？主任员工有系统工程师、研究开发人员、营销人员、制造人员、事务辅助人员等不同职务，其中很多人的工作对创造性、专业性要求很高。工作业绩主要取决于员工的专业知识水平和创造能力，而这与劳动时间之间往往没有必然联系，很难用劳动时间来计算。对这些员工，不能按照劳动时间来支付报酬，只能按照工作业绩来支付报酬。如果按照工作业绩支付报酬，就没有必要像过去那样，在作息时间、工作进度以及工作手段上对员工管得太死，而应该把员工从劳动时间中解放出来，让他们自主决定作息时间、工作进度和工作手段。这样有利于出成果。

实施SPIRIT制度，是想通过自主工作制度做法，把主任员工从工作时间约束之中解放出来，以激励他们在目标管理评价制度下取得更多的业绩。目前，日本的劳动基准法允许企业在新商品、新技术的研究开发、信息处理系统的分析与设计、新闻采访与编辑、咨询等11种业务领域实行自主工作制度。法律还规定，实施自主工作制度，需要劳资双方事先签订协议，并将协议送至劳动基准监督署长处备案。

SPIRIT制度包括自主工作制度和定额加班津贴制度两个部分。自主工作制度主要针对系统工程师和研究开发人员，这部分人的业务属于法律允许实行自主工作制度的范围。该制度规定，公司和员工事先需签订一个工作日7.9小时的劳动协议。不论其实际劳动时间多长，一律按照日7.9小时计算劳动时间，并据此支付固定数额的业务津贴。同时，对系统工程师和研究开发人员不进行作息时间管理，他们可以自主决定作息时间，如可以自主决定几点上班、几点下班等。定额加班津贴制度以其他的非系统工程师、非研究开发人员为对象，如营销人员等。这部分人不属于法律允许实施自主工作制度的范围。因此，对这部分人不能直接套用自主工作制度，而需采取其他形式来间接地实施自主工作制度。富士通公司的做法是，业务津贴以加班津贴的名义，但按照固定数额发放，其本质与自主工作制度的业务津贴一样。同时，对员工不进行作息时间管理，劳动时间由员工本人申报。

SPIRIT制度与现有的非自主工作制度之间的最大区别是，报酬不是按照实际劳动时间来决定的。在现有的非自主工作制度下，报酬由月工资与奖金组成。月工资又由基本工资、职责工资和加班津贴组成。在SPIRIT制度下，报酬由月工资、奖金和业绩奖金组成。月工资又由基本工资、职责工资和业务津贴组成。它们之间的第一个区别是，加班津贴按照实际劳动时间计算，而业务津贴不按照实际劳动时间计算，而以固定数额发放。这就是说业务津贴与实际劳动时间之间没有必然关系。工作效率高的员工不需要加班甚至于花比劳动协议时间更少的时间就可以拿到业务津贴。业务津贴每月在9万～10万日元。SPIRIT制度与现有的非自主工作制度的第二个区别是，在SPIRIT制度下，员工除了可根据目标考核得到一份固定数额的奖金以外，还可在由于紧急任务造成业务量增大情况下得到另一份固定数额的业绩奖金。而在现有的非自主工作制度下，员工根据目标考核得到奖金，但在业务量突然增大情况下则只能根据实际加班时间拿到加班津贴。另外，SPIRIT制度下的奖金发放较之现有的非自主工作制度更加向高业绩者倾斜。考核结果分5个等级。如果拿到最高等级考核结果，员工就可拿到比现有的非自主工作制度多1.7倍的奖金，如果加上业绩奖金，可拿到比现有的非自主工作制度多2倍的奖金。

实施SPIRIT制度，并不意味着完全废除现有的非自主工作制度。富士通公司保留了现有的非自主工作制度，并规定员工有权自由选择参加。参加SPIRIT制度，需要满足三个条件：①劳动时间不适合作为决定报酬的标准。②所属部门长推荐。③本人自愿参加，员工个人可以根据自己的就业观来决定是否参加。

在SPIRIT制度下，即使系统工程师、研究开发人员的劳动时间不适合作为决定报酬的标准，也可以选择参加现有的非自主工作制度。同时SPIRIT制度的参加者，每年要更换一次，但员工可自主选择参加时间。当紧急任务造成业务高度集中，出现超出业务津贴范围加班情况时，可由员工个人或所属部门长提出退出SPIRIT制度。对参加SPIRIT制度员工，公司不进行出勤管理，废除打卡，但不允许在家工作。

截至1998年，13 000名主任员工中，有约9 000名员工参加了SPIRIT制度，占主任员工总数的70%。其中，有90.3%的营销人员，70%的系统工程师，67.5%的研究开发人员，54.4%的事业企划人员，50.2%的制造人员，48.2%的基层辅助人员和36.4%的事务辅助人员参加了这项制度。

引进目标管理评价、SPIRIT等业绩型人事制度后，富士通公司于1994年、1996年和1997年分别进行了三次民意调查。调查结果显示，员工认为这些制度有很多优点，如促使员工更加关注成果；有利于员工自由支配时间；有利于提高时间利用效率及工作效率；有利于在公司外开展工作；能促使员工挑战高难工作等。但他们也指出，这些制度存在一些不足。如导致收入不稳定；把工作带到公司外做；出现时间管理混乱，不利于身心健康；业务量增加等。尽管员工对业绩型人事制度感到了一些压力和不安,但总的来讲,他们对这些制度还是比较认可的,对公司人事制度改革的成绩也是肯定的。

富士通公司的人事制度改革在日本国内引起了很大的反响,同时也遭到一些坚持年功型人事制度的大企业的反对。但富士通公司坚持认为,改革至今,虽然有利有弊,但总的结果是成功的,是值得日本其他企业借鉴的。

在实际工作中,由于工作内容、性质及结果形式不同,有些员工的报酬容易按照劳动时间来支付,而有些员工的报酬却很难按照劳动时间来支付,如制造工人、办事人员的报酬容易按照劳动时间来支付,而研究开发、计算机编程、咨询、营销等人员的报酬就很难按照劳动时间支付。第一类人员相对集中在传统工业部门,第二类人员相对集中在信息服务等新型产业以及工业部门中的研究开发、营销部门。目前,大多数企业在第二类人员的报酬支付上采取了与第一类人员相同的管理办法。由于这些人员数量不多,因此未产生较大问题。但随着信息经济的发展,第二类人员的规模越来越大,现有报酬支付方法无法适用于第二类人员,不能促进他们提高工作效率与成果质量的问题越来越突出。这个问题目前不仅在日本等工业发达国家表现突出,在我国的信息产业以及一些高科技企业也越来越突出。从这个意义上讲,富士通公司人事制度改革所要解决的问题,也正是我国信息企业、高科技企业乃至于一些传统企业所要解决的问题。

对于报酬的组成,不同的公司有不同的包含项目。案例中富士通公司员工的报酬组成内容包括:工资、奖金和业绩奖金。这样既保证了员工的基本收入,也更好地激励员工努力工作。

案例中富士通公司在 1994 年、1996 年和 1997 年对新的人事薪酬制度分别进行了三次民意调查,收集了员工对于新的人事薪酬制度的态度、意见和建议。通过薪酬沟通,企业制订了符合企业发展的薪酬体系。

基于案例中富士通公司的人事改革,我国企业可以从以下几个方面借鉴:

(1) 对研究开发、计算机编程、销售等人员,可以不按照通常方法进行作息时间管理,而让他们自主安排作息时间、工作进度以及工作手段。但同时要对他们的工作业绩进行严格考核,并据此支付津贴、奖金等报酬。从公司来讲,赋予员工自由就必须要求员工自律。自由要用自律来交换。从员工来讲,要获得自由就必须对工作成果承担责任。自由与责任是对等的。这是富士通公司 SPIRIT 制度的精髓。

(2) 要提高业绩,需要系统地建立人事制度。人事制度有很多方面,它们之间是密切配合、相辅相成的关系。如富士通公司的 SPIRIT 制度与目标管理评价制度。SPIRIT 制度在理论上可以极大地提高员工业绩,这成为人事制度改革的一个突破点,但它是否能实现预想的目标,还要看其他制度,尤其是业绩评价制度对它的辅助和配合。富士通公司为了推行 SPIRIT 制度,提前实施了目标管理评价制度,为推行 SPIRIT 制度做好了准备。而推行 SPIRIT 制度又为有效实行目标管理评价制度提供了可能性。这是富士通公司进行人事制度改革获得成功的一个重要原因。

(3) 任何一项制度都不可能适用于所有人和所有情况,对于不同员工应该实行不同制度。富士通公司虽然极力推行 SPIRIT 制度,但它并没有采取"一刀切"的办法,强制所有员工参加 SPIRIT 制度,而是尊重员工的意愿,采取员工自愿与上司推荐相结合的办法,来决定 SPIRIT 制度的人选。由于采取了这种较为民主的方法,员工可根据自己意愿选择最适合自己的工作制度,因此工作积极性得到了最大限度的提高。

富士通公司的 SPIRIT 制度虽然对提高业绩具有很强的激励作用,但它存在一些短处,仍需要进行不断的改进。如民意调查所示,员工变得更加关注业绩,但过度关注短期业绩而忽视长期业绩的现象也越来越严重;不进行作息时间管理的好处是,能随时随地工作,但这有可能混淆工作与私生活的界限等。

随着知识经济时代的到来,在未来企业中必将展开一场更为激烈的人才争夺战,而薪酬体系设置科学与否,将对企业发展产生重大影响。如何发挥薪酬的最佳激励作用,使企业能够吸引并留住人才,造就一支高效、稳定的员工队伍,实现企业可持续发展,是企业人力资源管理一项非常重要的工作。

薪酬对激励的影响主要有以下几个方面。

1. 薪酬是激励员工的动力源泉

美国哈佛大学的心理学家威廉·詹姆斯在对职工的激励研究中发现,在缺乏激励的一般岗位上,职工仅能发挥其实际工作能力的 20%~30%,因为员工只要做到这一点,就足以保住饭碗。但是受到充分激励的职工,其潜力可以发挥到 80%~90%。这就是说一个人正常的工作能力水平与通过激励所能达到(发挥)的工作能力水平存在着约 60%的差距。

薪酬对员工而言是极为重要的,它不仅是员工的一种谋生手段,从根本上满足他们的物质需要,而且还能实现他们的自身价值感,满足其精神需要。这在很大程度上影响着员工情绪、积极性和能力的发挥。因而,薪酬对激励员工,提高企业的竞争力,有着不可低估的作用。

2. 薪酬可以激励绩效

员工会根据自己对这个世界的认识,来选择满足自己需要的行为。而解释怎样形成并反映想法的最有效的理论是期望理论,该理论中有 3 个关键的概念:

(1)绩效—结果期望。每个人在心理上都把各个行为和各种结果(奖励或惩罚)相联系,也就是人们认为如果自己的行为符合某种方式并获得相应结果,他们就会得到某种回报。

(2)吸引力。一种结果对不同个体会有不同的吸引力。有的员工认为物质奖励更实在,而有的员工认为晋升机会更重要。

(3)努力—绩效期望。员工也会关注成功的某种可能性。这种期望代表了个体对自己完成这些行为中所遇到的困难程度的知觉。

如果个体认为自己的行为可以带来某种结果(绩效—结果期望),觉得这些结果对自己有足够的吸引力,并且认为可能达到期望的绩效水平(努力—绩效期望),那么他会表现出最强烈的行为动机。

3. 薪酬体系可以激发员工开发技能

部分企业研究和开发中涉及的技术等级可以看成是对技能开发的直接奖励,实质上是薪酬体系的一部分。一般情况下,员工会在工作中为获得相应的技术等级而努力工作。可见薪酬体系可以用来激励技能开发。

有效的薪酬制度所吸引的人才、倡导的行为以及奖励的技能一定是与企业战略发展导向相一致的。企业管理者可以通过确认组织中薪酬最高的那部分员工(相对于市场上的薪酬水平,而不仅是与企业内部相比)所具备的性格特征、表现行为与实现战略目标是否相一致来判断薪酬制度的有效性,结合企业实际,科学制订切实可行的薪酬制度。

(1)首先,清晰准确地把握工资构成。国家法律对工资构成有明文的规定,用人单位要精确把握,以便在工资管理中做到合理合法。其次,做到依法、及时、足额支付劳动者工资,尤其是要注意合理支付特殊情况下的工资,如加班加点工资、病事假工资、年休假工资以及停工期间的工资等,避免引起不必要的争议。

(2)薪酬设计兼顾公平性和竞争性。对于通过劳动获得报酬的员工而言,必须让他们相信付出与回报是对等的。如果企业在薪酬问题上未能建立必要的信度,那么员工对薪酬制度的信任感就会下降,工作积极性和主动性会大打折扣。

富有竞争力的薪酬能够使员工从进入企业的第一天起就懂得珍惜自己的工作岗位,这对于行业内处于领头羊地位的企业尤为重要。一般情况下,较高的薪酬会带来较高的满意度和忠诚度以及较低的离职率。薪酬缺乏市场竞争力,企业就可能流失核心员工,形成企业不断招聘新员工、同时老员工不断离职的恶性循环局面,导致企业资源的巨大浪费。

(3) 合理的福利项目设计有利于激发员工工作积极性。员工的个人福利通常情况下可分为两类,一类是法定福利,是法律规定企业必须按照既定标准为员工支付的各项福利,如基本养老保险、失业保险、生育保险、医疗保险和工伤保险等。第二类是企业根据自身情况自主设置的福利项目,常见的有旅游、健康检查、带薪休假、脱产学习、提供公车交通、提供住房支持或者购房支持计划等。员工在衡量个人薪酬水平时,通常会把这些福利折算成收入,用以比较企业间薪酬的不同吸引力。因此完善的福利系统对于吸引和保留员工具有特殊意义,也是衡量企业人力资源管理系统是否完善的重要标志。福利结构设计的好,不仅能为员工带来方便,增强员工对企业的忠诚度,而且也有利于提升企业的社会声望,能够为企业的运营和发展获取源源不断的优秀员工。

(4) 薪酬与绩效紧密结合能充分调动员工的积极性,起到最佳激励作用。从薪酬结构上看,绩效工资的出现极大地丰富了薪酬的内涵,过去那种单一的无激励作用的薪酬模式已接近绝迹,取而代之的是个人绩效和团队绩效紧密结合的灵活多样的薪酬系统。绩效工资对企业绩效的创造发挥了极大的作用,但是并非实施绩效工资就一定能够达到预期效果,关键在于企业绩效薪酬的设计是否合理,如果绩效薪酬方案设计不当,负面影响可能很大,科学合理的设计绩效评价指标体系是绩效薪酬实施成功的重要保证。在绩效薪酬设计过程中,要注意以下几个方面的问题:绩效薪酬要有具体的兑现日期并及时兑现,不能拖延,否则绩效薪酬对员工的即时刺激作用会大大减弱;绩效薪酬体系设计要覆盖所有员工,不能有的员工有绩效薪酬而有的没有;企业制订绩效工资体系时要吸纳员工参与,参与的过程既是一个沟通和培训的过程,也是让员工和企业发现问题并树立实施信心的过程。

(5) 建立薪酬支付体系透明机制。薪酬是保密还是公开是现代企业处于两难境地的一个课题,这源于员工对薪酬公平性的高度敏感性。企业采用绝对的薪酬公开制度和绝对的薪酬保密制度都是不可取的,企业必须在两者之间进行权衡,把握好保密和公开的"度",因为尺度的把握直接影响到激励效果。实行保密薪酬制的企业可能禁止员工相互了解薪酬水平和薪酬结构,但是这并不影响薪酬信息的沟通。员工总能通过一些途径获取其他员工的不完整的薪酬信息,并对薪酬的公平性做出一个判断,这个判断极有可能是扭曲的,扭曲的判断难免给员工带来负面情绪。同样,完全公开的薪酬制度也不能完全使员工对薪酬的公平性做出客观判断。因此,企业要有选择地传递一些薪酬蕴含的信息,借以表达企业推崇和鼓励的思想。

相关知识链接

一、薪酬沟通

1. 含义

薪酬沟通是指为了实现企业的战略目标,管理者与员工在互动过程中通过某种途径或方式将薪酬信息、思想情感相互传达交流,并获取理解的过程。也就是说,薪酬沟通主要指企业在薪酬战略体系的设计、决策中就各种薪酬信息(主要指企业薪酬战略、薪酬制度、薪酬水平、薪酬结构、薪酬价值取向等内容以及员工满意度调查和员工合理化建议)与员工进行全面沟通,让员工充分参与,并对薪酬体系执行情况予以反馈，再进一步完善体系；同时，员工的情感、思想与企业对员工的期望形成交流互动，相互理解，达成共识，共同努力推动企业战略目标的实现。

2．薪酬沟通的分类

（1）按沟通形式可以分为书面沟通和面谈交流。

1）书面沟通。将薪酬设计的理念导向（如薪酬体系的价值导向、薪酬设计原则、薪酬框架，薪酬套改方案等）以书面方式公布，或者以内部通知的方式告知全体员工。

2）面谈交流。各级管理者在书面通知的基础上，可以通过与下属员工个别谈话的方式进行薪酬交流。交流包括与员工个人密切相关的薪酬调整以及职业发展等内容。针对薪酬发生变化的不同类型员工进行个性化的沟通，以了解员工的思想动态，对有情绪的员工要做到耐心解释，做好思想安抚工作；对涨薪的员工，可以从组织认可和发展期望的角度来进行沟通，以达到激励目的。

（2）按沟通的时机可以分为首次沟通和持续沟通。

1）首次沟通。企业在推行第一个薪酬方案时，需要进行大量的沟通。采用以前未有过的正规体系支付薪酬，员工常会持怀疑态度。他们首先考虑的问题是"为什么"，员工希望了解的问题是"对我有什么好处？"换句话说，在解释采用正规薪酬体系的原因时，必须强调该体系将对每个员工带来的好处。一旦员工认识到他们将从中获得利益，他们就会接受、支持这个体系，从而也使企业最终达到自己的目的。实施首次沟通时，采用"致全体员工一封信"的方式常常会取得良好的效果。如果信件末尾有总裁签名会更好。信中应说明采用新薪酬体系的原因、开始实施的时间，以及其他关键问题。鉴于"一封信"并不能谈及方案的所有方面，因此随后应定期发出一系列的备忘录，以便让员工了解实施的进程。为了了解员工关心的问题，最好在信件或备忘录后面附上一个表格，员工可在表格上填上自己所关心的薪酬问题，交回时不要求填写自己的姓名。对于员工通过这种方式提出的问题，可采用布告形式予以回答。这样做，管理层就可澄清误解、消除疑虑。

2）持续沟通。薪酬方案付诸实施之后，沟通的需求常常被忽略。许多企业常常在不预先通知员工的情况下调整薪酬水平、修订岗位评价程序、更改绩效考核体系等。充分的沟通不仅在薪酬体系实施之初需要，而且在整个实施过程中都需要。在做出修改时，应通知员工，并说明原因。如果沟通不充分，会造成员工的不满，并使他们产生不公平感。每个企业都应尽最大努力向员工提供更多、更好的关于薪酬的信息。为做到这一点，最好定期发布"最新薪酬消息"，告诉员工薪酬方面的变化，解决的有关问题。

二、薪酬结构

1．含义

所谓薪酬结构，即薪酬的组成部分。薪酬结构是对统一组织内部的不同职位或者是技能所得到的薪酬进行的各种安排，是依据公司的经营战略、经济能力、人力资源配置战略和市场薪酬水平等为公司内价值不同的岗位制订不同的薪酬水平和薪酬要素，并且提供确认员工个人贡献的办法。

2．薪酬结构的类别

（1）以职位为基础的薪酬结构类别。以职位为基础的薪酬结构反映了科学管理的思想：每项工作被细分为一系列的步骤，并加以分析，从而确定"最好的方法"。实施这种薪酬结构的关键环节是职位评价。职位评价是一个系统地确定各职位相对价值，从而为组织确定职位结构的过程。职位评价以工作内容、所需的技能、对组织的价值、组织文化以及外部市场为基础。规范的职位管理体系（规范的岗位设置、工作说明书等），是职位评价能够展开的前提。

（2）以技能为基础的薪酬结构。以技能为基础的薪酬结构把员工的薪酬与一个人获得的与工作有关的技能、能力和知识的深度或广度联系了起来。技能方案可以侧重于深度，也可以侧重于广度。侧重于深度的任职者薪酬结构，如一份典型教师合同规定了一系列的层次，每一个层次都与受教育水平相对应，因此，尽管两位老师从事同样的必不可少的工作——教初中生英语，但他们可能拥有不同的薪酬。

侧重于广度的技能薪酬结构中，员工也是通过获得新知识来增加薪酬，但这种知识是有关工作中的某些具体的知识。

（3）以能力为基础的薪酬结构。以能力为基础的任职者薪酬结构是为了保证组织所有的关键需要得到满足：重要的并不是具备顺利开展目前的工作所需要的技能，而是是否有适应不同情况的能力。能力的重要吸引力在于它与组织战略的直接联系。确认能力的过程也是确定组织核心问题的过程：什么能为组织带来成功？对核心问题重新定位的可能性是以能力为基础的方法的最大特色。支持这种薪酬结构的人还认为，能力是与新的劳工合同相一致的，即组织向员工个人提供发展的机会，员工为组织提供劳动，能力就为这种转变提供了方便。

3．薪酬结构的构成要素

一个典型的薪酬结构有四个基本构成要素：①薪酬的等级数量。②薪酬趋势线（最高薪酬线、中位薪酬线和最低薪酬线）。③同一薪酬等级内部的薪酬变动范围（薪酬幅度、最高值、中值以及最低值）。④相邻两个薪酬等级之间的交叉与重叠关系。薪酬的等级数量是通过职位评价或者是技能评价产生的，而同一薪酬等级内部的变动范围以及相邻两个薪酬等级之间的交叉与重叠关系问题则与企业的薪酬政策关系密切。

三、津贴

1．津贴的含义及形式

津贴是指补偿职工在特殊条件下的劳动消耗及生活费额外支出的工资补充形式。常见的包括矿山井下津贴、高温津贴、野外矿工津贴、林区津贴、山区津贴、驻岛津贴、艰苦气象台站津贴、保健津贴、医疗卫生津贴等，此外，生活费补贴、价格补贴也属于津贴。

津贴的主要形式：地区津贴，野外作业津贴，井下津贴，夜班津贴，流动施工津贴，冬季取暖津贴，粮、煤、副食品补贴，高温津贴，职务津贴，放射性或有毒气体津贴。

2．津贴设计步骤

津贴是员工工资结构中一个重要的组成部分，能否科学、合理地设计各种津贴，关系到企业薪酬结构的合理与否。一套完整的津贴制度应明确规定津贴的项目、适用范围、标准以及发放办法等项内容。津贴的设计主要有如下步骤：

（1）确定津贴适用范围。在确定哪些工种、岗位可纳入实行津贴的范围之前，要对其相近岗位或工种的有关因素进行分析，再决定设置哪些津贴项目，否则，就会出现该享受的享受不上、不该享受的却享受了的情况，以致产生新的矛盾。

（2）设置津贴项目。在进行津贴设计时，首先要根据企业的具体情况和国家相关的法律法规要求设置津贴项目。对于要求设立津贴的岗位或工种，必须进行认真的调查研究，全面权衡，再决定是否设置该项津贴。如在论证是否设立保健津贴时，可以采用一定的科学技术手段对存在的有毒有害成分的含量进行测定。另外，在具体的津贴项目设计工作中还应注意以下两点：避免任意设置津贴项目；避免重复设置津贴项目。

（3）确定津贴标准。一般来说，津贴标准的制定方法有以下两种：按照员工本人标准工资的一定比率制定，适用于为保证员工实际工资水平以保障员工生活的保障性津贴；按绝对额制定，适用于除保障性质以外的其他津贴。

企业在确定津贴标准时还应考虑的因素：员工在特殊条件下劳动的繁重程度；在特殊条件下劳动对员工身体的危害程度；员工在特殊条件下劳动生活费用支出增加的程度；劳动保护设施、工作时间的长短等情况。

一般来说，特殊条件下劳动强度大、对身体危害严重、生活费用高以及劳动保护设施差的工种或岗位，津贴标准应适当高一些；反之，则应适当低一些。

（4）明确津贴的发放形式。津贴的发放既有货币形式，又有实物形式，企业应根据自己的特点来确定采用哪种发放形式。一般情况下，与额外劳动补偿有关的采取货币形式发放，并构成辅助工资的一部分；与身体健康补偿有关的津贴采取实物形式发放。

（5）津贴制度的管理。津贴制度是整个工资制度的重要组成部分之一，加强津贴制度的管理，对于搞好企业内部分配、调动员工积极性、提高企业经济效益都有重要意义。企业在津贴制度管理上应做好以下两方面的工作：认真制定并做好津贴的日常管理工作；津贴制度的动态管理。

 实战模拟

企业岗位薪酬体系设计剖析及操作

一般情况下，薪资设计因涉及要素众多而具有一定复杂性，不过，虽然设计过程繁杂，但还是有章可循的。

在人力资源管理专业的相关课程中，我们学习过以岗位分析（职位）为基础的薪酬制度，就是通过岗位评价来判断岗位对企业贡献的大小，从而确定其价值。价值越高的岗位，基本工资就越高，反之则越低。薪酬设计的方式、方法很多，这里所介绍的是最常见的以岗位评价为基础的薪酬设计。在此所说的岗位薪酬设计，主要是针对基本薪酬的底薪（基本工资）而言的，如果再加上岗位津贴、工龄工资、绩效薪酬、激励薪酬、递延薪酬的设计就可以形成岗位薪酬体系。

岗位薪酬设计程序一：薪酬水平的界定

薪酬水平的界定，主要考虑企业的薪酬政策是领先于同类企业的薪酬水平，还是与其持平或者滞后。当然，如何把握薪酬水平的这个"度"，如何确定薪酬水平的政策，不完全是雇主和雇员在劳动力市场上交易的结果，更不是雇主随心所欲界定的，而是要对影响薪酬水平定位的所有因素进行综合分析。

岗位薪酬设计程序二：岗位分类

我们要对岗位薪酬进行设计，就要对岗位进行评价，而要对岗位进行评价，就必须对设置好的企业岗位进行分类。当然，我们只能对同类当中的代表性岗位进行评价，不可能也不必要对所有岗位进行评价。

一般情况下，根据组织规模和实际需要划分岗位系列，然后确定组织岗位评价的对象、层级和类别。一般来讲，组织岗位系列分成2~4类为宜，其中以3类的划分居多。

岗位薪酬设计程序三：岗位评价

岗位分类完成后，就要选取同类岗位当中具有代表性的岗位进行岗位评价，企业很少评价所有岗位，一般只评价重要岗位和具有代表性的岗位，类似的岗位可以套用。

所谓岗位评价，就是以岗位分析和岗位说明书为依据，找出各种岗位的评价要素（即付酬要素），根据一定的评价方法，按每个岗位对企业贡献的大小确定其价值。在进行岗位评价的过程中，一定要引用岗位分析和岗位说明书资料，从这个角度上讲，岗位评价其实也是岗位分析的一个结果和应用。

关于岗位评价的方法，较为常见的有以下四种：

1. 排序法

排序法也称简单排序法，是指根据岗位评价要素对各岗位价值贡献度及重要性进行排序。排序结果可以各项内容排列的平均值为最终结果，也可以将排列的顺序乘以权重得出最终结果。

2. 归类法

归类法也称职级分类法，是指根据岗位说明书将工作内容相似的岗位划为同一类，再把这类岗位按事先设定好的标准进行比较、评价并划分相应等级的方法。

3. 要素比较法

要素比较法也称因素比较法，是指首先确定薪酬评价要素，选定关键职务进行岗位排序并确定工资，然后将其他职务与关键职务进行比较，得出所有职务工资的方法。

4. 要素计点法

要素计点法也称点数法，就是选取若干关键性的评价要素并对每个要素的不同等级进行界定，同时给各个等级赋予一定的分值，这个分值也称为"点数"，然后按照这些关键的评价要素对岗位进行评价，得到每个岗位的点数之和，依次决定岗位的薪酬水平。要素计点法能够量化，避免了主观因素对评价工作的影响，而且可以经常调整，是目前运用最广泛的一种科学化程度较高的岗位评价方法。下面我们就用这种方法进行岗位薪酬的设计，从而确定薪酬结构当中的底薪（基本工资）。

岗位薪酬设计程序四：要素计点法在岗位薪酬设计中的应用

步骤一：选择岗位的评价要素

在程序三里我们谈到，要评价岗位价值必定要了解岗位的职责和任职资格，所以我们在进行岗位评价的过程中一定要引用岗位分析和岗位说明书的资料。根据收集到的岗位信息，筛选出能体现岗位价值的岗位评价要素。不同的组织和不同的岗位有不同的岗位评价要素，通常包括：责任范围、专业技能、任职资格、监督管理、工作强度、环境体能。

步骤二：确定每个评价要素的等级定义

以最通俗、最清楚的文字为每个评价要素下定义，并视各要素的复杂程度和重要程度为其划分等级，一般以4~8级为宜，其中以5级的划分居多。

（1）责任范围。责任范围包括工作独立性和责任广度。独立性是指工作结果的受控程度和等级，责任广度是指工作涉及的氛围和工作性质。责任范围等级定义见表7-2。

表7-2 责任范围等级定义

独立性等级 \ 责任点数	一级	二级	三级	四级	五级
	职责清晰明确，持久受控	职责遵循常规的方法和实践，按检查点受控	职责追随组织目标，按结果受控	职责追随集团战略目标，由组织的总经理控制	职责追随董事会目标，由董事会控制
一级 部门同类执行工作	29	58	87	116	145
二级 部门不同职能执行工作	58	87	116	145	174
三级 部门不同职能管理工作	87	116	145	174	203
四级 不同部门协调管理工作	116	145	174	**_203_**	232
五级 所有部门的领导工作	145	174	203	232	261

（2）专业技能。专业技能包括开拓能力和专业水平。开拓能力是指对工作的规划和设计能力。专业水平是指对本专业的掌握程度和对员工的培养程度。专业技能等级定义见表7-3。

表7-3　专业技能等级定义

专业等级 \ 开拓		一级 无需开拓能力	二级 能独立承担本专业中一般项目的规划、设计工作	三级 有一定的开拓能力，能独立承担较复杂的规划、设计工作	四级 具有较强的开拓能力，能独立主持大型项目的规划、设计和管理工作	五级 具有很强的开拓能力，能独立主持大型重点项目的规划、设计和经营工作
一级	了解本专业的基本要求并能独立完成相关工作	24	48	72	96	120
二级	熟练掌握本专业相关技能并能帮助其他同事	48	72	96	120	144
三级	具有良好的本专业实践理论基础，能引导同事	72	96	120	144	168
四级	具有较高的本专业理论实践水平，能够培训同事	96	120	144	___168___	192
五级	精通本专业，能培养一批专业水平的骨干人员	120	144	168	192	216

（3）任职资格。任职资格包括工作经验和学历。工作经验是指获得并熟练掌握本岗位的技巧，能够达到胜任本岗位工作的要求。学历是指顺利履行工作职责所要求的最低文化水平。任职资格等级定义见表7-4。

表7-4　任职资格等级定义

学历等级 \ 经验		一级 具有2年以下的工作经历	二级 必须有工作范围内所需要的深度和广度的工作经验2~5年	三级 具有本职业务的丰富经验和一些其他职能的工作经验5（含）~8年	四级 具有本职业务的丰富经验和广泛的其他职能工作经验8（含）~15年	五级 具有极深度和极广度的业务经验和大量跨职能管理经验15年以上
一级	相关工作	24	48	72	96	120
二级	熟练掌握本专业相关技能并能帮助其他同事	48	72	96	120	144
三级	具有良好的本专业的实践理论基础，能引导同事	72	96	120	___144___	168
四级	具有较高的本专业的理论实践水平，能够培训同事	96	120	144	168	192
五级	精通本专业，能培养一批专业水平的骨干人员	120	144	168	192	216

（4）监督管理。监督管理包括监督管理下属种类和下属人数。下属种类是指下属员工的级别类型。下属人数是指直接下属和间接下属的总人数。监督管理等级定义见表 7-5。

表 7-5 监督管理等级定义

人数等级 \ 种类点数	一级 下属为担任同类或重复工作的员工	二级 下属中包括技术人员，但不包括管理人员	三级 下属中既包括技术人员，又包括基层管理人员	四级 下属中包括基层管理人员和中层管理人员	五级 下属中包括中层管理人员和高层管理人员
一级 0~10	14	28	42	56	70
二级 11~100	28	42	56	**70**	84
三级 101~800	42	56	70	84	98
四级 801~1200	56	70	84	98	112
五级 1201~2000	70	84	98	112	126

（5）工作强度。工作强度包括心理压力和劳动强度。心理压力是指在完成本岗位所承担的任务的过程中，对岗位人所造成的心理紧张程度和心理压力。工作强度等级定义见表 7-6。

表 7-6 工作强度等级定义

强度等级 \ 压力点数	一级 不需要作出决定，无工作节奏，很小的心理压力	二级 很少作出决定，有一定工作节奏，较小的心理压力	三级 需要做出一些决定，有较快工作节奏，中等程度的心理压力	四级 经常做出决定，上下班难以正常实现，中上等程度的心理压力	五级 经常迅速地作出决定，业余时间仍要考虑某些深层次的问题，很大的心理压力
一级 负荷率 60%以下，纯劳动时间在 5 小时以上	10	20	30	40	50
二级 负荷率61%~70%，纯劳动时间 5~5.5 小时	20	30	40	50	60
三级 负荷率71%~80%，纯劳动时间 5.6~6.4 小时	30	40	50	60	70
四级 具有较高的本专业的理论实践水平，能够培训同事	40	50	60	70	80
五级 精通本专业，能培养一批专业水平的骨干人员	50	60	70	**80**	90

（6）环境体能。环境技能包括工作环境和体质要求。工作环境是指员工工作区域的环境状况以及工作流动性。体质要求是指身体状况对正常工作的影响程度。环境体能等级定义见表 7-7。

表 7-7　环境体能等级定义

体质等级＼环境点数	一级 工作场所固定，工作环境舒适	二级 工作场所相对固定，工作环境一般	三级 工作场所不固定，经常出差	四级 工作场所环境较差，给人某种不适感	五级 工作场所环境很差，发生潜在的危险性较大
一级 能正常出勤	4	8	12	16	20
二级 能适应环境	8	12	16	20	24
三级 能经常出差	*12*	16	20	24	28
四级 能吃苦耐劳	16	20	24	28	32
五级 超负荷工作	20	24	28	32	36

步骤三：确定评价要素的权重和点数

评价要素比重的确定通常要采用如下方法：以本文的评价要素为例，对于人力资源部经理岗位来讲，可以认为其"责任范围"最重要，所以首先确定权重最高的要素"责任范围"，赋值为100，然后根据各要素在组织中的重要性依次排序并赋值：专业技能85、任职资格65、监督管理50、工作强度35、环境体能15，然后将各赋值相加得到350，再将以上各要素的赋值分别除以350，最后得出组织各评价要素的权重依次为29%、24%、19%、4%。

组织各评价要素的总点数及其分配遵循的原则，以容易转换为货币工资为宜，要素总点数以400～1 000为宜，其中以500点居多。这里总点数采用900，总点数在各评价要素之间的分配方法如下：总点数900分别乘以各评价要素的权重，得出各评价要素点数的最高值分别是261、216、171、126、90、36。

由上得知，每个评价要素由两个子要素组成，5级要素可拓展为9（10–1）级。我们可以用各评价要素点数的最高值除以9，得出各要素最低的点数分别为29、24、19、14、10、4。也就是各级的级差，最后制成"各评价要素的等级定义和点数表"。

步骤四：确定每一岗位各评价要素的点数之和

设计"各评价要素的等级定义和点数表"的目的是想得出组织中每一岗位评价要素的点数之和，以便计算出该岗位在组织中的价值，从而确定该岗位的底薪（基本工资）。

下面以某公司人力资源部经理岗位为例，根据表7-7所示的等级定义和点数方法，得出该岗位的点数之和，见表7-8。

表 7-8　岗位各评价要素的点数之和

评价要素	评价子要素	定义等级	点数	评价要素	评价子要素	等级定义	点数
责任范围	工作独立性	四级	203	监督管理	下属种类	四级	70
	责任广度	四级			下属人数	二级	
专业技能	开拓能力	四级	168	工作强度	心理压力	四级	80
	专业水平	四级			劳动强度	五级	
任职资格	工作经验	四级	114	环境体能	工作环境	一级	12
	学历	三级			体质要求	三级	

说明：①等级定义详见以上各表，点数来源于以上各表中粗斜下划线数字。②点数合计647。

步骤五：根据岗位点数计算底薪（基本工资）

根据以上步骤中的方法，由评价小组得出组织中每一个岗位评价要素的点数之和，按企业实际经济效益确定点值并在可行范围内上下浮动，职工的工资用"岗位点数"和"点值"乘积来确定。

工资=岗位点数×点值

点值=月度工资总额/组织中所有岗位的点数之和

岗位薪酬设计程序五：薪酬调查

程序四中得出人力资源部经理的当月底薪并不能作为人力资源部经理的底薪，一般来说企业在确定工资水平时，需要参考劳动力市场的工资水平，企业可以委托比较专业的咨询公司进行这方面的调查。调查步骤如下：

1．确定调查目的

寻找薪酬设计的参考依据：①比较组织现行薪酬结构与市场结构的差异，进而对本组织薪酬结构进行调查，以保证本组织薪酬的竞争力，避免人才流失。②显示不同职级之间的薪酬差异，为本组织制定薪酬政策提供必要的依据，为组织确定合理的人工费用提供必要的参考资料。

2．选择调查对象

薪酬调查对象最好是选择与自己有竞争关系的公司或同行业的类似公司，重点考虑员工的流失方向和招聘来源。

3．确定调查内容

被列入调查范围内的公司资料一般包括公司的名称、地址、员工人数、规模、营业额、公司财产等；相关薪酬资料包括基本工资、福利、调资措施、薪酬结构、工作时数、假期等；相关职位与员工类别资料包括工作类别、员工类别、员工的实际薪酬率、总收入、最近一次的加薪、奖金及津贴等。

4．选择调查方法

在薪酬调查过程中，可以利用招聘面试、人员跳槽的机会了解竞争者的薪酬水平，但要防止以偏概全；也可以通过打电话或者发邮件询问熟悉的人，了解他们所在公司的薪酬情况；必要时还可以采用上网查询或者在网上讨论的方法，但是这些数据的可信度不大，可以作为参考。

5．编写调查报告

调查结果要以调查报告形式提供，报告内容应包括资料概述，个别职位薪酬资料统计（包括所调查单位的编号、员工规模、基本薪酬及范围、平均薪酬额），全部调查职位的薪酬总表与各单位薪酬总额统计。

岗位薪酬设计程序六：底薪（基本工资）的薪酬等级

如果在程序四中得出人力资源部经理的当月底薪（基本工资）为 2 588 元，再结合薪酬调查的数据和公司的承受能力，就能较客观地确定人力资源部经理的月底薪为 2 550 元。同理我们也可以就此确定其他岗位的月底薪。

岗位薪酬设计程序七：设计薪酬结构

在程序六中我们确定了人力资源部经理的底薪（基本工资）是 2 550 元，但是薪酬其他部分计算还没有涉及。也就是说，基本工资只是整个薪酬结构的一部分。

岗位薪酬设计程序八：薪酬调整

1．调整的原因

由于劳动力市场价格、组织结构、新员工的加盟、竞争对手薪酬结构等方面的调整，会出现原薪酬结构失去合理性，不被多数员工所认可的现象，因而起不到应有的激励作用，此时必须对薪酬结构作适当的调整，使之与变化了的情况相适应。

2．调整的方法

调整方法包括工作导向法、技能导向法和市场导向法。其中，工作导向强调工作方面的特征；技能导向强调员工技能方面的特征；市场导向则需根据市场上竞争对手的薪酬水平来调整本组织的内部薪酬结构。

第八篇

劳动关系与法律篇

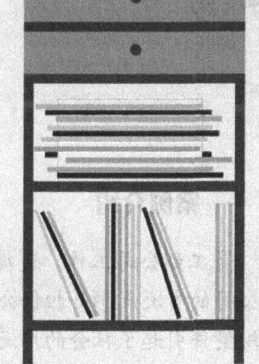

→ 除了心存感激还不够，还必须双手合十，以拜佛般的虔诚之心来领导员工。

——松下幸之助

→ 自始至终把人放在第一位，尊重员工是成功的关键。

——托马斯·沃森

现　象

　　劳动关系是劳动者在劳动过程中同劳动组织之间所产生的一种社会关系,是劳动者与劳动组织之间因劳动而产生的主体双方的权利和义务关系。在诸多的社会经济关系中,劳动关系是一种最基本的经济关系,它对社会和谐、有序发展起着直接、重大的影响。劳动关系不仅反映了一个社会的劳动性质、劳动者的利益和社会地位,还关系着劳动的效率和质量。

　　我国目前的劳动力市场长期维持着买方市场,劳动者在劳动关系中处于相对不利的地位,其合法权益经常遭到侵害;在一定程度上还存在着政府职能缺位和定位不准确等问题,相关立法的滞后和执法不严的现状,导致对劳动关系主体双方的权利和义务缺乏有效的制约机制,在一定程度上影响了劳动关系的和谐。

电信公司的劳资纠纷

 **案例介绍**

　　员工到公司工作,遵循公司的规章制度,享受公司的福利待遇,完成公司的目标计划,甚至得到了公司的多次表彰并担任公司的管理职务,最后却被告知与公司不存在劳动关系。2007年的一起劳动纠纷案件引起了社会的广泛争议:业务代办员与电信公司到底是劳务合同还是劳动合同呢?

　　原告刘先生等10人于1994年至2000年先后进入被告某电信有限公司工作,其间,刘先生等3人还分别担任了被告下属电信所所长职务。原告进入被告单位后,被告即为原告制作了工作牌,并为原告配发了工资存折。

　　1997年9月1日至2002年4月1日,被告先后与原告刘先生等10人签订了业务代办员合同,合同约定,被告聘用原告的报酬一般按省局有关规定的分类业务量实绩计酬,但不低于当地最低工资水平,未实行计件计酬的岗位,每月酬金为300元至350元。合同还对聘用期限、考核办法、劳保福利、劳动纪律、安全生产等方面作了约定。

　　2001年6月7日,被告分别与原告刘某等6人签订了话费收欠买断承包协议,协议对原告方收取不同时段话费的酬金比例作了约定,协议还约定,话费收欠买断后,其他电信业务照常办理。原告在实际工作中，应接受被告的工作安排，必须遵守被告的安全生产、劳动纪律、作息时间等规章制度。刘先生等2人因工作出色多次受到被告单位和省市电信部门表彰。

2007年9月，因原告与被告发生劳动争议向劳动仲裁机构申请劳动仲裁，劳动仲裁机构以原、被告之间不存在劳动关系为由通知原告不予受理，原告不服向县法院起诉，要求确认原告与被告的劳动关系成立。

对电信业务代办员与电信公司之间的法律关系如何定性有两种不同意见。第一种意见认为，原、被告之间是一种劳务关系。其理由为，双方签订的是业务代办员合同和话费收欠买断承包合同，并非劳动合同。第二种意见认为，虽然双方签订的是业务代办员合同，但从考核内容、内部管理等方面均具有劳动关系的法律特征，原、被告之间应属于劳动关系。

1. 从合同内容上看，原、被告之间订立的合同符合劳动合同的特征

劳动合同是劳动者与用人单位确立劳动关系、明确双方权利和义务的协议。劳务合同是平等主体的公民之间、法人之间、公民与法人之间，以提供劳务为内容而签订的协议。

劳动合同和劳务合同有着本质的区别：

一是对合同主体要求不同。劳动合同的主体要求一方是劳动者，另一方是用人单位；劳务合同双方的主体既可以都是公民，也可以都是法人，或者是公民与法人。

二是合同主体地位不同。在劳动合同中存在从属关系，所强调的是一方有偿劳动的给付是在高度服从另一方的情形下进行的，为此，在劳动合同中会约定劳动者必须遵守用人单位的各种规章制度，接受用人单位的管理、指挥、监督等；劳务合同的主体之间则不存在这种从属关系，而是平等主体之间的合同关系，因此，在合同中没有这些约定。

三是合同约定的劳动保护不同。在劳动合同中，应规定用人单位要为劳动者提供符合国家规定的劳动条件和劳动保护用品，以保护劳动者在劳动过程中的安全与健康，防止劳动过程中出现伤亡事故和职业危害；在劳务合同中，无须规定这方面的内容。

四是约定报酬的原则不同。在劳动合同中，除约定用人单位按照劳动的数量和质量以及国家的有关规定给付劳动报酬外，还有劳动福利待遇等约定；劳务合同中只有等价有偿的报酬约定。

本案中，被告为劳动法规定的用人单位，刘先生等10名原告与被告之间所签订的合同虽然是电信业务代办员合同，但从所签订的合同内容看，对聘用期限、劳动报酬、劳保福利、考核办法、劳动纪律、安全生产等方面都作了明确规定，如规定原告除获得酬金外，还享受劳保福利待遇，每月与其他正式职工一样拿出部分工资（酬金）参与被告生产经营考核奖惩；原告在合同期限内必须遵守被告的安全生产和各项规章制度；原告不得违反计划生育政策、不准酒后驾车骑车、不准参与赌博、打架等。这些约定，完全符合劳动合同的特征，因此，原、被告之间所签订的合同名为电信业务代办员合同，实属劳动合同。

而2001年6月，被告分别与原告所签订的话费收欠买断承包协议，只是对其工资报酬形式的改变，即实行计件计酬，并不影响双方的劳动合同关系，且在该协议中明确了其他电信业务照常办理的条款，与双方的劳动合同关系并不冲突。因此，原、被告之间是劳动合同关系。

2. 从合同实际履行上看，原、被告之间符合劳动关系的法律特征

从合同实际履行看，本案原告自1994年开始先后一直被被告聘用，除2人因本案纠纷于2007年

11月离开了之外,其余仍在被告处工作,这符合劳动关系中"当事人之间关系一般持续时间较长、较稳定"的特征,而在劳务关系中当事人之间的关系往往具有"临时性、短暂性、一次性"的特征。

劳动关系与劳务关系的一个根本区别在于:在劳动关系中,用人单位与劳动者之间存在管理与被管理、支配与被支配的社会关系,劳动者必须接受用人单位的领导、管理,成为用人单位的成员,用人单位依法制订的各项规章制度劳动者都必须遵守;而在劳务关系中,劳动者虽然是在雇请人的指示范围内从事劳务活动,并接受其监督和管理等,但是,雇请单位与劳动者之间是一种平等主体关系,不存在从属关系,劳动者不是雇请单位的成员,也不必遵守该单位的各项规章制度。

本案10名原告在工作中按合同规定接受了被告的工作安排、监督和管理,遵守了被告的安全生产、劳动纪律、作息时间、考核考评和其他各项规章制度,获得了被告的工资、劳保和福利待遇,刘先生等3人自1998年和1999年以来,担任被告下属电信所所长职务近10年,还有2名原告因工作出色多次受到被告和省、市电信部门的表彰。由此可见,原告不仅接受了被告的管理,而且还参与了被告的管理和各种活动,成为被告单位的成员。

综上分析,原、被告之间,无论是在签订的合同内容上,还是在合同的实际履行中,都是一种劳动法律关系。

在组织中,劳动关系是否融洽直接关系到人力资源潜力的发挥,特别是在国企中,因为其劳动者相对较高的地位,这一点体现得尤为突出。外部市场的竞争,公司管理的不断升级,对于国有企业劳动合同的管理提出了新的要求。

1. 企业应当积极主动预防劳动争议

劳动争议是指劳动双方当事人因实现劳动权利和履行劳动义务而发生的纠纷,又称为劳动纠纷。解决劳动纠纷必须具体问题具体分析,对症下药,但其所坚持的基本原则是相同的,必须在解决劳动纠纷中时刻体现出来。这些原则包括以下几个方面:

(1) 预防为主的原则。企业劳动关系的各个环节、各个部门以及劳动争议的处理机构要坚持"预防为主",采取一切切实可靠的措施,尽可能地将企业劳动争议的事后处理转变为事前预防。

(2) 化解矛盾的原则。只要企业劳动关系的双方主体之间出现了利益矛盾和利益分歧,就要尽快解决或化解,避免矛盾的升级和激化,尽可能将劳动争议消火在萌芽状态。

(3) 保障劳动者权益的原则。劳动者在劳动关系中处于相对弱势的地位,大多数企业劳动争议的发生都是建立在劳动者权益受到侵害或忽视的前提下的。因此,要预防劳动争议的发生,保护劳动者的各种利益十分重要。"保障劳动者权益"的原则就是要求企业要保证劳动者工资和各种福利待遇等的如期兑现,并能得到不断改善;要保证劳动者正常的工作时间和正常的休息休假时间;要保障劳动者参与企业管理的权利;要尊重劳动者参与工会的自由权;要保障劳动者自主选择职业的权利等。

2. 解决劳动争议应当有效利用劳动仲裁手段

劳动争议仲裁,是劳动争议仲裁委员会依据法律规定和劳动争议当事人的申请,以第三者的身份就争议事实与责任居中进行调解和作出裁决。在劳动仲裁中,还是要坚持保障劳动者权益的原则。

3. 应规范劳动合同管理,避免劳动争议

在人才市场日益健全、企业对人才的争夺日益激烈的今天,员工的流失已经不可避免。企业应及时为离职的员工开具退工单,办理解除劳动合同的手续。退工单是劳动者与用人单位终止劳动关系的证明,是其再次就业、与新单位建立劳动关系的必要手续。企业不管在处理劳动关系的哪个环节,都应规范劳动合同的管理。

4. 企业在劳动关系管理中充分尊重劳动者的权利

劳动者是企业生产经营活动的主体,是企业财富的创造者,也是社会财富的创造者。任何一个企业失去了劳动者的积极性,是无法达到企业目标、实现其经济效益和社会效益的。因此,企业在人力资源管理中必须充分尊重劳动者的权利,这些权利包括平等就业和选择职业的权利、取得劳动报酬的权利、享有休假的权利、获得劳动安全保护的权利、接受职业技能培训的权利、享受社会保障和福利的权利、提请劳动争议处理的权利等。

相关知识链接

一、劳动关系概述

1. 劳动关系的概念

《中华人民共和国劳动法》对劳动关系作了明确的界定:劳动关系不是泛指一切劳动者在社会劳动时形成的所有的劳动关系,而仅指劳动者与其所在单位之间在劳动过程中发生的关系。劳动关系是否融洽对于组织的发展非常重要。

2. 劳动关系的性质和特征

(1)劳动关系的平等性。在市场经济条件下,为构建劳动关系和谐企业,劳资双方必须坚持平等性原则。这种平等性主要体现在两个方面:一方面,劳动者和雇主都是劳动力市场上的平等主体,双方遵循自愿的原则平等地签订劳动契约,形成劳动关系,当然也可以在法律许可的范围内自愿地解除劳动关系。另一方面,在劳动关系的存续期间,双方的付出和所得方式是平等的,劳动者向雇主提供符合要求的劳动数量和劳动质量,雇主应按照合同约定支付给劳动者工资福利等形式的劳动报酬。

实际上,在劳动关系平等性的内部,仍然具有某种不平等的性质。劳动关系双方在力量上的不均衡、实际权利的不对等,已经是普遍的事实,雇主一方往往在劳动力市场上占有更多的优势,双方的地位难以实现完全平等。

(2)劳动关系的隶属性。劳动者与企业方也有隶属性,通常表现为劳动者对雇主的隶属,且隶属性往往大于平等性。劳动关系具有人身让渡的特殊性,而劳动者的劳动力与劳动者的人身是不可分离的,雇主要成为劳动力的调度者和支配者,天然地就成为了劳动者人身的调度者和支配者。因此,劳动关系双方签订劳动合同、建立劳动关系之后,劳动者就要接受雇主的管理,要按照雇主制订的规章制度付出劳动,接受其监督和控制,这种关系的特征就是支配和服从的隶属性。

(3)劳动关系的经济性。劳动关系的核心是经济利益关系。"提供劳动——给付收入"是劳动关系存续过程中最根本的表现:一方面,劳动者提供劳动、生产产品或服务,从雇主和全社会的角度来看,都实现了财富的增值;另一方面,雇主向劳动者支付劳动报酬和福利,形成劳动者的主要收入来源。经济利益也是雇主与劳动者合作和冲突的最主要原因。

(4)劳动关系的社会性。人具有社会性,是社会关系网络中的组成成员。劳动关系由于有人的参与就不仅仅具有经济性,还兼有社会性。而人每天大约有1/3的时间是花费在工作场所的,所以,劳动关系是社会人面临的重要社会关系。在劳动关系双方的互动过程中,劳动者除了追求经济利益外,还追求其他多方面的利益,如归属感、荣誉、与人交往中受到尊敬、成就感等。

劳动关系的这些特征可以用图 8-1 来清晰地表示。

3．劳动关系的法律特征

《劳动法》中所规范的劳动关系，主要包括以下三个法律特征：

（1）劳动关系是在现实劳动过程中所发生的关系，与劳动者直接相关。

（2）劳动关系的双方当事人，一方是劳动者，另一方是提供生产资料的劳动者所在组织，如企业、事业单位、政府部门。

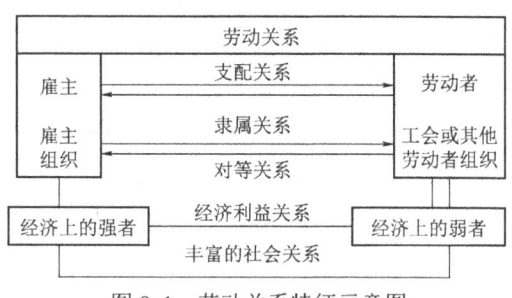

图 8-1　劳动关系特征示意图

（3）劳动关系的一方劳动者，要成为另一方所在单位的成员，要遵守组织的内部劳动规则以及有关制度。

二、劳动关系与雇佣关系的区别

1．用工主体不同

劳动关系的主体具有固定性，有偿提供劳动力的劳动者只能是公民个人，用工主体只能是《劳动合同法》规定的用人单位，即我国境内的企业、个体经济组织、事业单位、民办非企业单位、国家机关与社会团体；而在雇佣关系中，法律没有这种限制，有偿提供劳动力的受雇人是自然人，公民、法人与其他组织均可以成为用工主体，即雇佣人。

2．当事人双方法律地位不同

在劳动关系中，当事人双方存在人身隶属关系，劳动者从属于用人单位，成为用人单位的职工，应服从用人单位的指挥和领导，双方形成管理与被管理关系，法律地位不平等；而雇佣关系中双方为两个独立的主体，受雇人与雇佣人之间不存在严格意义上的人身隶属关系，在受雇人提供劳务的过程中，尽管也在一定程度上接受雇佣人的监督与管理，但人身从属性不像劳动关系中那样强烈，双方当事人是相对平等独立的。

3．风险责任负担不同

在对内责任上，劳动关系中的劳动者因工伤遭受人身损害的，既可以依《工伤保险条例》享有工伤保险待遇，同时也可依《最高人民法院关于审理人身损害赔偿案件适用法律若干问题的解释》（以下简称《人身损害赔偿司法解释》）向侵权的第三人请求人身损害赔偿，在理论上来说能获得双份赔偿；而在雇佣关系中，受雇人在从事雇佣活动中遭受人身损害的，不能认定为工伤，只能依《人身损害赔偿司法解释》及相关法律规定向雇佣人或造成损害的第三人请求赔偿。

在对外责任上，劳动关系中的劳动者在执行职务中致人损害的，依照《民法通则》与《人身损害赔偿司法解释》规定，应由用人单位承担民事责任，至于劳动者本人是否承担、如何承担责任，法律并没有规定；而在雇佣关系中受雇人在从事雇佣活动中致人损害的，依照《人身损害赔偿司法解释》的规定，雇主应当承担赔偿责任，如受雇人因故意或者重大过失致人损害的，应当与雇佣人承担连带责任，雇佣人承担连带赔偿责任的，可以向受雇人追偿。

4．体现的意志不同

劳动关系体现了国家较强的干预性。劳动合同除了体现双方当事人的意志外，还必须符合国家对劳动者的工资、保险、劳动安全卫生等方面的强制性规定，以体现国家意志；而在雇佣关系中，一般不受国家干预，受雇人一般没有社会保险、福利待遇，也不受最低工资保护，只要受雇人与雇佣人双方意思表示达成一致，雇佣合同即告成立，形成的雇佣关系体现了受雇人与雇佣人的共同意志。

5．适用法律规范不同

劳动关系的调整适用于《劳动法》及相关的法律法规；雇佣关系的调整适用于《民法通则》、《合同法》和与民事相关的司法解释等。正由于二者适用的法律不同，所以其取得报酬的原则和保护的标准不同、所承担的法律责任不同、争议的解决方式也不同。例如，受雇人与雇佣人产生纠纷，无须像劳动纠纷程序必须先经过劳动仲裁方能到法院起诉那样，可直接进入诉讼程序。

三、劳动合同的解除情形

1．劳动合同解除的含义

劳动合同的解除是指劳动合同签订以后、尚未全部履行之前，由于一定事由的出现，提前终止劳动合同的法律行为。

2．劳动合同解除的条件及赔偿金核算

依据《劳动法》的规定，经当事人协商一致，劳动合同可以解除。双方协议解除劳动合同时，应提前书面通知对方。

为了保护劳动者的权益，用人单位提出解除劳动合同要给予劳动者经济补偿，在《劳动合同法》中专门编写了相关的规定。依据第三十六条、第三十八条、第四十条、第四十一条第一款、第四十四条第一款、第四款和第五款的规定而协议解除劳动合同的，用人单位须按照《劳动合同法》第四十七条的规定向劳动者进行赔偿。第八十七条还规定，若用人单位违反《劳动合同法》的规定而解除或者终止劳动合同，必须依照《劳动合同法》第四十七条规定的经济补偿标准的二倍向劳动者支付赔偿金。

《劳动合同法》第四十七条规定：经济补偿按劳动者在本单位工作的年限，每满一年支付一个月工资的标准向劳动者支付。六个月以上不满一年的，按一年计算；不满六个月的，向劳动者支付半个月工资的经济补偿。劳动者月工资高于用人单位所在直辖市、设区的市级人民政府公布的本地区上年度职工月平均工资三倍的，向其支付经济补偿的标准按职工月平均工资三倍的数额支付，向其支付经济补偿的年限最高不超过十二年。本条所称月工资是指劳动者在劳动合同解除或者终止前十二个月的平均工资。

3．用人单位单方提出解除劳动合同且不承担经济补偿的条件

《劳动合同法》第三十九条明确规定，劳动者有下列情形之一的，用人单位才可以不承担经济补偿的解除劳动合同：

（1）在试用期间被证明不符合录用条件的。

（2）严重违反用人单位的规章制度的。

（3）严重失职，营私舞弊，给用人单位造成重大损害的。

（4）劳动者同时与其他用人单位建立劳动关系，对完成本单位的工作任务造成严重影响，或者经用人单位提出，拒不改正的。

（5）因本法第二十六条第一款第一项规定的情形致使劳动合同无效的。

（6）被依法追究刑事责任的。

4．用人单位不得解除劳动合同的情况

《劳动合同法》第四十二条规定，劳动者有下列情形之一的，用人单位不得依照本法第四十条、第四十一条的规定解除劳动合同：

（1）从事接触职业病危害作业的劳动者未进行离岗前职业健康检查，或者疑似职业病病人在诊断或者医学观察期间的。

（2）在本单位患职业病或者因工负伤并被确认丧失或者部分丧失劳动能力的。

（3）患病或者非因工负伤，在规定的医疗期内的。

（4）女职工在孕期、产期、哺乳期的。

（5）在本单位连续工作满十五年，且距法定退休年龄不足五年的。

（6）法律、行政法规规定的其他情形。

5．劳动者单方解除劳动合同的情况

《劳动合同法》第三十七条规定：劳动者提前三十日以书面形式通知用人单位，可以解除劳动合同。劳动者在试用期内提前三日通知用人单位，可以解除劳动合同。

该法第三十八条明确规定，用人单位有下列情形之一的，劳动者可以解除劳动合同：

（1）未按照劳动合同约定提供劳动保护或者劳动条件的。

（2）未及时足额支付劳动报酬的。

（3）未依法为劳动者缴纳社会保险费的。

（4）用人单位的规章制度违反法律、法规的规定，损害劳动者权益的。

（5）因本法第二十六条第一款规定的情形致使劳动合同无效的。

（6）法律、行政法规规定劳动者可以解除劳动合同的其他情形。

用人单位以暴力、威胁或者非法限制人身自由的手段强迫劳动者劳动的，或用人单位违章指挥、强令冒险作业危及劳动者人身安全，劳动者可以立即解除劳动合同，不需事先告知用人单位。

四、劳动争议及处理

1．劳动争议的概念

劳动争议也叫劳动纠纷，在西方叫"劳资争议"，是指劳动关系当事人之间因对劳动权利、义务发生分歧而引起的争议，包括在雇佣劳动状态下出现的以劳动关系为中心而发生的一切摩擦、矛盾与争议。其主要表现是用人单位与员工之间所发生的冲突。无论在任何劳动形态中，以任何方式出现的劳动争议，都会造成劳动过程中人际关系紧张，从而导致劳动效率降低。

劳动争议按其性质和影响范围分为个体争议和集体争议。个体争议是指个体雇员与其雇主之间在劳动合同上所发生的争议，其焦点往往集中在个体劳动者的具体利益上。集体争议是指用人单位和员工团体之间发生的在集体合同上的争议。这种争议通常发生在某一行业或某一部门，甚至波及全国，其争议焦点往往涉及劳动者大多数或劳动者集体利益。

一般劳动争议，按其内容或产生的原因，有以下几类：

（1）在劳动合同签订前，雇主与受雇者双方关于工资、工时以及其他劳动条件的争议。

（2）在劳动合同签订以后、在执行过程中，由于合同发生异义而引起的争议。

（3）对待维护工人阶级利益的组织——工会的态度，以及是否承认工会在劳资双方签订合同时的代表权或部分决定权问题上的争议。

（4）由于技术进步和社会进步的影响，需要在劳资双方协议上重新增加有关规定，或对原规定进

行修改所发生的争议。

2. 劳动争议的类型

现阶段我国发生的劳动争议主要有以下 7 类：

（1）录用争议。劳动者认为企业在招工中营私舞弊，使自己受到不公正待遇。尤其在工作条件好、报酬较高的企事业单位，往往因为竞争激烈而更容易发生这类争议。

（2）调动争议。员工申请调动或离职，企业不准许，甚至提出退房、赔偿培训费等要求，或采取扣压其档案等办法"强留"员工而引起争议；有的员工则在找到更有吸引力的工作单位后不辞而别，甚至带走了工业技术和商业机密，给企业带来较大损失而引起争议。

（3）劳动合同争议。关于劳动合同是否延续，尤其是员工被企业解除合同的争议，被解职者认为用人单位不合法（不符合劳动合同）或不合理（不公正），提出申诉。

（4）劳动报酬争议。员工对于工资标准的确定、工资的调整、工资的支付等方面有异议。例如，一些员工没有与其他人一起提薪从而受到不公平待遇；有的企业拖欠工资，引起员工不满等。

（5）劳动保护争议。在有害作业场所，员工就改善工作条件、发放劳动保护用品及有害作业津贴方面与管理人员意见相左；女工拒绝从事有害身体健康的工作，如在怀孕、哺乳期拒绝上夜班等，引起的争议。

（6）社会保险争议。如关于享受退休还是"离休"待遇的争议；因工还是非因工患病、负伤、致残、死亡的争议；关于如何计算工龄确定养老金的争议等。

（7）处罚争议。管理人员采用惩罚手段整顿劳动纪律，被罚员工不服引起的争议，包括：处罚的合理性和规范性、处罚的公平性和一致性、处罚的客观性和公正性等。

3. 解决劳动争议的基本原则

根据劳动法的规定，劳动争议处理应当遵循下述原则：

（1）调解和及时处理原则。用人单位与劳动者发生劳动争议，当事人可以与用人单位协商解决，也可以依法申请调解、仲裁、提起诉讼。调解原则适用于仲裁和诉讼程序。调解是指在双方当事人自愿的前提下，由劳动争议处理机构在双方之间进行协调和疏通，目的在于促使争议双方相互谅解，达成协议，从而结束争议的活动。

处理劳动争议还应遵循及时处理的原则，防止久调不决。劳动法规定，提出仲裁要求的一方应当自知道或应当知道其权利被侵害之日起 60 日内向劳动争议仲裁委员会提出书面申请。仲裁裁决一般应在收到仲裁申请的 60 日内做出。

（2）查清事实、依法处理原则。劳动争议处理机构应当对争议的起因、发展和现状进行深入细致的调查，在查清事实、明辨是非的基础上，依据劳动法规和政策做出公正处理。达成的调解协议、做出的裁决和判决不得违反劳动法规和政策规定，不得损害国家利益、社会公共利益和他人合法权益。

（3）当事人在适用法律上一律平等原则。这一原则包含两层含义：一是劳动争议双方当事人在处理劳动争议过程中法律地位平等，平等享有权利和履行义务，任何一方都不得把自己的意志强加于另一方；二是劳动争议处理机构应当公正执法，保障双方当事人的权利，对当事人在法律适用上一律平等，不得偏袒或歧视任何一方。

4. 解决劳动争议的途径和方法

根据劳动法的规定，我国目前的劳动争议处理机构为劳动争议调解委员会、劳动争议仲裁委员会和人民法院，这是解决劳动争议的三条渠道。

（1）通过劳动争议调解委员会进行调解。劳动法规定，在用人单位内部可以设立劳动争议调解委员会。它由职工代表、用人单位代表、工会代表三方组成。

劳动争议调解委员会所进行的调解活动是群众自我管理、自我教育的活动，具有群众性和非诉性的特点。劳动争议调解委员会调解劳动争议的步骤如下：

1）申请。劳动争议当事人以口头或书面方式向本单位劳动争议调解委员会提出调解的请求。

2）受理。劳动争议调解委员会接到当事人的调解申请后，经过审查，决定接受申请的过程。三个环节：第一，审查发生争议的事项是否属于劳动争议，只有属于劳动争议的纠纷事项才能受理；第二，通知并询问另一方当事人是否愿意接受调解，只有双方当事人都同意调解，调解委员会才能受理；第三，决定受理后，应及时通知当事人做好准备，并告知调解时间、地点等事宜。

3）调查。经过深入调查研究，了解情况，掌握证据材料，弄清争议的原委以及调解争议的法律政策依据等。

4）调解。调解委员会召开准备会议，统一认识，提出调解意见；分别就调解意见与双方当事人谈话；召开调解会议。

5）制作调解文书。调解成功即制作调解协议书，作为双方当事人执行和解协议的书面依据。调解不成功即制作调解意见书，反映调解人的意见，供仲裁机构或人民法院参考。

（2）通过劳动争议仲裁委员会进行裁决。劳动争议仲裁委员会是依法成立的、独立行使劳动争议仲裁权的劳动争议处理机构。劳动争议仲裁委员会由劳动行政主管部门、同级工会、用人单位三方代表组成，劳动争议仲裁委员会主任由劳动行政主管部门的负责人担任。劳动行政主管部门的劳动争议处理机构为仲裁委员会的办事机构，负责办理仲裁委员会的日常事务。

劳动争议仲裁委员会是一个带有司法性质的行政执行机关，其生效的仲裁决定书和调解书具有法律强制力。

劳动争议仲裁应遵循以下三个原则：

1）调解原则。调解简便易行，能灵活、迅速地缓解矛盾。因此，应先行调解，调解不成再实施仲裁。但在调解过程中，要贯彻当事人双方自愿的原则。

2）及时、迅速原则。劳动争议仲裁委员会必须严格依照法律规定的期限结案，即"仲裁裁决一般应在收到仲裁申请的60日内做出"。

3）一次裁决原则。劳动争议仲裁委员会对每一起劳动争议案件实行一次裁决即行终结的法律制度。当事人不服裁决，可在收到裁决书之日起15日内，向有管辖权的人民法院起诉；期满不起诉，裁决书即发生法律效力。

劳动争议仲裁一般分为5个步骤：

1）申请与受理案件阶段，即当事人申请和仲裁委员会受理阶段。当事人应当从知道或者应当知道其权利被侵害之日起60日内，向仲裁委员会递交书面申请。当事人因不可抗力或者有其他正当理由超过规定的申请仲裁时效的，仲裁委员会应当受理。仲裁委员会应当自收到申请书之日起7日内做出受理或不予受理的决定。

2）调查取证阶段。此阶段工作分三个步骤：拟定调查提纲；有针对性地进行调查取证工作；审查证据，去伪求真。

3）调解阶段。调解必须遵循自愿、合法的原则。"调解书"具有法律效力。

4）裁决阶段。调解无效即实行裁决。

5）执行阶段。

（3）通过法院处理劳动争议。法院并不处理所有的劳动争议，只处理如下范围内的劳动争议案件。

1）争议事项范围：因履行和解除劳动合同发生的争议；因执行国家有关工资、保险、福利、培训、劳动保护的规定发生的争议；法律规定由法院处理的其他劳动争议。

2）企业范围：国有企业；县（区）属以上城镇集体所有制企业；乡镇企业；私营企业；"三

资"企业。

3）职工范围：与上述企业形成劳动关系的劳动者；经劳动行政机关批准录用并已签订劳动合同的临时工、季节工、农民工；依据有关法律、法规的规定，可以参照本法处理的其他职工。

法院受理劳动争议案件的条件是：

1）劳动关系当事人间的劳动争议，必须先经过劳动争议仲裁委员会仲裁。

2）必须是自接到仲裁决定书之日起15日内向人民法院提起诉讼的，超过15日，法院不予受理。

3）有利于改善企业内部劳动关系。

SQ汽车股份有限公司工会的作用分析

案例介绍

SQ汽车股份有限公司是一家合资企业。公司现有冲压、装焊、涂装、车架、货厢、总装配等生产车间和产品研发中心，采用先进的计算机辅助设计、PDM产品数据管理和ERP生产、采购、物流、营销、成本管理系统，具有自主研发、试制、试验、检测能力和手段。生产能力为年产整车8万辆，目前年产销突破6万辆。

在这家合资企业里面，并没有人们想象中的劳资关系紧张，原因就是它有一支精明强干的工会队伍，在公司的发展中发挥了重要的、积极的作用，对于稳定职工队伍、紧密公司管理层和职工的关系、创造良好的工作和生活氛围做出了重要贡献。

多年来，工会一直致力于以下工作。

1. 履行好"双维护"职能

"双维护"是指既维护好企业和员工双方的权益，又维护好企业的稳定，为企业发展创造良好的环境。这是工会维护工作的重点，也是代表先进生产力和代表最广大员工的根本利益的集中体现。

员工利益与公司的发展息息相关，只有公司发展了，员工的利益才能得到保障。工会维护企业的总体利益，就是依法行使职能，做好民主管理和监理工作，使公司得到健康、稳步、快速的发展，在市场竞争中立于不败之地。通过动员、组织和带领员工积极参与公司的各项管理，使得员工全身心地投身于公司的生产经营、改革和发展工作，完成公司的生产经营目标，促进公司的经济效益提高。

工会还积极主动地与公司行政部门进行沟通，反映员工的意见和要求，兼顾好公司与员工的利益，主动参与公司有关规章制度制定的讨论，尤其是涉及员工切身利益的重大事项，为公司的正确决策收集信息，使员工的利益在决策的过程中就得到维护。

2. 履行好建设职能

工会围绕公司各个时期的发展目标和经营活动的重点、难点，积极组织员工开展以业务技术创新为主要内容、形式多样的劳动竞赛，如员工合理化建议、技术革新、发明创造、流程再造等活动，不断推进公司的技术创新，提高经济效益，促进公司发展。同时，也提高了员工学习的积极性和创新精神，增强了员工的归属感和忠诚度。

3. 履行好参与职能

加强工会自身建设，提高参与的水平。健全和完善各级工会组织，要筹备建立基层分会组织。工段、班组建立工会小组，从而健全和完善公司三级工会组织网络，为履行参与职能提供组织保证。

4. 履行好教育职能

帮助员工不断提高思想道德素质和科学文化素质是工会的基本职责，也是工会的重要任务。工会要通过不断引导和教育，使员工树立强烈的市场意识和观念，正确看待劳动价值、劳动关系和利益分配等问题，尤其要加强员工对企业忠诚度的教育。

工会要配合做好员工的培训工作，维护员工的学习权利，支持和鼓励员工参加各种形式的技能培训和学习深造，开展丰富多彩的群众性文化体育活动，提高员工的积极性，寓教于乐。

5. 加强企业精神文明建设

加强精神文明建设是建设适应公司发展的高素质员工队伍的重要手段。工会要努力配合，积极探索开展精神文明建设的新路子，积极引导广大员工认真推行公民道德建设规范纲要，开展职业道德、社会公德和家庭伦理道德教育，充分利用典型事例、先进事迹来教育和激励员工，努力提高员工队伍的整体素质。

我们常说，工会实际上就是职工的"娘家"，它通过组织化形式担负起为职工维权谋福利的角色。企业建立工会，实质就是为职工建立一个不断提高自身职业素质和维权意识的平台，这也就让企业职工有了维权的"娘家"。但令人遗憾的是，当前绝大多数的民营或私营企业都未建立工会。

随着社会和经济的发展，民营企业建立健全自身的科学管理变得尤为重要。其中一个重要的方面，就是通过工会和经营者共同合作，把职工和企业经营者的积极性都引导到企业生产中来，促使企业健康发展。

本案例中，SQ汽车股份有限公司就很好地发挥了工会的作用。在公司里，工会维护了企业和员工双方的权益，从而维护了企业的稳定；工会积极发挥建设作用，组织多项活动；工会加强自身建设，提高参与的水平；工会还履行了教育职责，积极配合加强企业精神文明建设。

SQ汽车股份有限公司成立工会，一方面有利于提高职工本身的维权意识，有效利用工会这种组织职能进行依法维权；另一方面，加大了工会对企业在劳动安全、卫生等方面的监督力度。SQ工会的建立，为企业和职工建立起双边甚至是多边的维护机制。同时，企业也借助工会这一组织力量，来维持社会的公平和市场的秩序。

SQ工会的成功，主要体现在工会组织在这个企业中发挥了它应有的作用：

（1）工会不是给企业找麻烦，制造员工与企业矛盾的。恰恰相反，工会能帮助企业很好地化解矛盾，使矛盾消化在萌芽状态。工会是企业与员工间最好的润滑油，使企业与员工之间的关系亲密相连，做到上下一心。

（2）如果工会的作用被发挥出来，就能非常有效地促进企业的健康发展，使民主管理、民主监督真正落在实处。

在现代社会，劳动关系的和谐有赖于政府、雇员、雇主三方相互间关系的和谐统一。这种和谐统一，包括在企业层面建立工会和雇主之间的社会伙伴关系，以及在国家层面建立和发展雇主、工会和政府三方之间的合作关系。

在新型劳动关系的建立和运作过程中，工会作为一个重要的促进者和参与者，发挥着不可替代的重要作用。工会作为一个职工组织，通过劳资双方的集体谈判达成集体协议，将企业发展和雇员本身的利益密切联系起来，根据各雇主的不同情况具体确定劳动法无法规制的内容，最终实现劳动关系的和谐统一。

工会对于国内企业的意义和作用，从企业有工会这个组织以来，就已经得到了广泛的验证。不过，这只是对国有和集体企业而言。如今，市场经济在我国拉开序幕，民营企业在我国遍地开花，如何在民营企业中建立行之有效的工会，成为企业和专家共同关注的问题。

1．法律条文里明确规定了工会的权利及义务

《劳动合同法》第七十八条指出：工会依法维护劳动者的合法权益，对用人单位履行劳动合同、集体合同的情况进行监督。用人单位违反劳动法律、法规和劳动合同、集体合同的，工会有权提出意见或者要求纠正；劳动者申请仲裁、提出诉讼的，工会依法给予支持和帮助。

企业、事业单位工会委员会是职工代表大会的工作机构，负责职工代表大会的日常工作。包括：检查、监督职工代表大会决议的执行；参与协调劳动关系和调解劳动争议；与企业、事业单位行政方面建立协商制度，协商解决涉及职工切身利益问题；帮助和指导职工与企业、事业单位行政方面签订劳动合同，代表职工与企业、事业单位行政方面签订集体合同或其他协议，并监督执行；监督有关法律、法规的贯彻执行；协助和督促行政方面做好劳动保险、劳动保护工作，办好职工集体福利事业，改善职工生活。

2．民营企业中工会的地位和作用

工会是党的政策和政府举措的宣讲传播者。与国有企业、集体企业不同的是，民营企业大多埋头于自身的发展，与党和政府存在着一定的距离，不能及时感知和接收党和政府的关爱和温暖。工会组织的建立，正好弥补了这一缺陷，及时接收、及时领会、及时理解党的政策和政府的举措，成为企业与党和政府之间的一座桥梁，成为党的政策和政府举措的宣讲者、传播者甚至实施者。

工会是工人权益的捍卫者和靠山。由于个人利益与企业利益的矛盾冲突，企业与工人往往站在对立面，各自打各自的算盘。企业的发展必须依靠工人，又不愿让其分享过多的利益；工人的生存和发展必须借助企业这个平台，同时又不愿做无私的、过多的奉献。有没有可以称量的度？如何把握好这个度？什么样的度才是合适的？一切只有依靠法律来规范，法律是准绳、是标杆、是尺度。在企业强势、工人弱势的情况下，工会必须肩负起工人权益的捍卫者和靠山的责任，为工人说话，为工人撑腰，同时也是为企业更健康、更好的可持续发展做"医生"和"监督者"。

工会是企业发展和建设的参谋及助手。由于民营企业的民营性质，独裁和专制是较为普遍的现象，导致了民主氛围的稀薄和民心的受压制、受约束，智与力的发挥自然也受到限制。工会组织作为工人集体的代言人，借助所处位置和拥有的话语权，恰好充当起参与企业建设和发展的参谋及助手角色。同时，也是促进民主建设的契机和开始。

工会是民心的汇集处和凝聚力的集合点。现代企业的工作属性导致员工各自分散和各在岗位，彼此缺少沟通和交流的时间及场所，难以形成统一的思想和意见。但企业的发展，需要所有成员达成共识和合力，需要民心凝聚和汇集，工会组织的使命或者说职责所在，正好担当起这样一个职能，集中民心，汇集民意，使之紧紧凝聚在组织的目标建设上。就像磁铁，吸聚所有的力量和智慧，从而共谋发展大计，共赴前程。

最后，工会应积极开展丰富多彩的文体活动。企业应该联合工会组织多种形式的文化体育活动和劳动竞赛，丰富职工的文化娱乐生活，提高职工文化素质和职业技能，同时提高职工的积极性和工作兴趣。

相关知识链接

一、工会的概述

1. 工会的概念

作为维护劳动者权益的组织,工会在发达市场经济国家的发展已有 200 多年的历史。从工会发展的历史和现状来说,其涉及的领域和范围并不仅仅局限于企业内部,而是有更宽泛的概念。最经常被引用的工会定义,是西德尼·韦布(Sidney Webb)与比阿特丽斯·韦布(Beatrice Webb)在《工会史》一书中指出的:"工会是由工人组成的旨在维护并改善其工作条件的连续性组织。"詹姆斯·坎尼森(James Cunnison)认为工会是"工人的垄断性组织,它使个体劳动者能够相互补充。由于劳动者不得不出卖自己的劳动力从而依附于雇主,因此,工会的目标就是要增强工人在与雇主谈判时的力量。"程延园从工会的性质、组织目标及其实现方式三个角度出发,将工会定义为"工会是由雇员组成的组织,主要通过集体谈判方式代表雇员在工作场所以及整个社会中的利益"。

2. 工会组织的目标

工会的共同目标是:
(1)保证不改变,并在可能的条件下提高其成员的生活水平和经济地位。
(2)对社会上的权威关系施加影响,以利于实现工会的利益和目的。
(3)提高所有为生存而工作的人的福利,不管他是不是工会成员。
(4)建立一种对雇主使用反复无常的专横政策的防范机制,并向工作场所推广。
(5)针对市场波动、技术变化或资方决策导致的威胁或意外事件,提高并尽可能保证个人的安全保障水平。

3. 工会的职能

关于工会的基本职能,很多学派都形成了一套自己独特的看法。美国学者帕尔曼(Mark Perman)将不同学派对于工会职能的看法分为伦理调节理论观点、经济福利理论观点、心理环境理论观点、社会制度理论观点以及社会革命理论观点等。程延园从新古典主义、正统多元主义、管理主义、自由改革主义和激进主义出发,依次分析了工会的经济职能、民主职能、整合职能、社会民主职能和阶级革命职能。

(1)经济职能。寻求工资与就业人数的最优结合。新古典经济学家认为,工会通过优化组合工资水平与就业人数,实现效用最大化。但是,工会不可能无限制地提高会员的工资水平,因为在劳动力需求不变的条件下,工资水平越高,企业雇用的人数将越少。也就是说,工会在谋求提高会员工资水平的同时,应该考虑由此而产生的伴随失业效应,在两者之间寻求平衡点。

确保就业公平。工会领导的目标是使会员的经济收入最大化,这取决于会员就业公平感的实现与否。因此,工会的一个重要职能是努力实现会员的公平待遇要求,包括工作负担、晋升与裁员制度等方面。

(2)民主职能。正统多元主义特别强调工会的民主职能,认为工会的一个重要职能应该是将民主原则引入劳动关系,为雇员提供各种形式的代表制度。

工会的民主职能具体体现为:第一,当管理方违反集体协议确立的就业条件或滥用职权的时候,工会可以为会员提供法律代表。第二,工会代表雇员与雇主进行集体谈判,就像民选议员代表其选区的选民利益一样。第三,工会有助于确保雇员在工作过程中获得自由,工会与管理方协商并制定有关工作进度、小组人数、技能要求、职务分类等的规则与程序,限制管理方的职权,维护雇员的权利。

(3)整合职能。管理主义强调雇员与雇主之间的整合是工会的首要职能。工会有助于员工发挥其才能,它鼓励雇员参与组织的各项决策。另外,工会的整合职能还体现在它是实现高绩效管理的重要渠道,工会的内部申诉和协商机制有助于化解劳资矛盾,克服雇员在与雇主融合的过程中可能产生的各种障碍,同时作为雇主与雇员之间的沟通渠道,有助于管理方实施人力资源管理计划。

(4) 社会民主职能。工会的社会民主职能主要体现在三个方面:第一,工会主张集体谈判不应只是为了提高会员的工资水平,而应该通过集体谈判提高工人阶级的整体工资水平,并改善他们的就业条件。第二,工会积极参与政治活动,通过修改法律来加强集体谈判的力量,通过经济与社会改革减少社会不公正现象,保护弱势群体。第三,工会积极参与社会公益事业。

(5) 阶级革命职能。工会的阶级革命职能强调工会是推翻资本主义制度的最重要力量,只有依靠工会发动有组织的群众政治运动,资本主义制度才能被推翻。

二、工会在新型劳动关系中的角色定位

1. 工会是劳动者合法权益的维护者

维护劳动者的合法权益是工会的天职。根据《劳动法》规定,劳动者享有平等就业和选择职业的权利、领取劳动报酬的权利、休息休假的权利、获得劳动安全和卫生保护的权利、接受职业技能培训的权利、享受社会保险和福利的权利、提请劳动争议处理的权利以及法律规定的其他权利。广大职工参加和组织工会的目的,就是要工会代表和维护他们的合法权益。为了保障劳动者这些权利的实现,除了用人单位应当依法履职外,作为劳方代表的工会,更应当积极争取劳动者各项权利的实现。

2. 工会是职工参与管理的组织者

在社会主义市场经济条件下,劳动者与用人单位之间形成的劳动关系不同于资本主义条件下的雇佣劳动关系,劳动者作为劳动关系的主体,是国家的主人。劳动者对用人单位的重大决策、生产经营管理和与劳动者切身利益相关的事项,依法享有民主管理、民主参与、民主监督的权利。《劳动法》对这一权利作了明确规定:"劳动者依照法律规定,通过职工大会、职工代表大会或其他形式,参与民主管理或者就保护劳动者合法权益和用人单位进行协商。"而工会组织的群众性、民主性的特点,决定了劳动者民主管理、民主参与和民主监督的大量活动需要工会来具体组织和落实。

3. 工会是劳动争议处理的参与者

劳动争议如果不能及时妥善解决,不但会损害当事人的合法权益,还可能导致矛盾激化。工会的性质和职能决定了其在劳动争议处理过程中有着非常重要的作用。工会不仅参与劳动争议的处理、维护职工的合法权益,更主要的是协调好劳动关系,化解劳动关系中的矛盾。

4. 工会是劳动法律执行情况的监督者

工会对劳动法律监督是我国劳动法律监督体系的重要组成部分。工会与职工群众保持着最密切的联系,最了解情况,最有发言权,也最富有同一切侵权现象作斗争的实践经验。在市场经济条件下,工会的监督作用越来越重要。

工会应按照《工会法》、《劳动法》所赋予的职权,加强对劳动法律法规执行的监督。用人单位违反劳动法律法规,工会应当与用人单位交涉,要求用人单位采取措施改正;用人单位拒不改正,还可以请求当地人民政府依法作出处理。

三、工会在调整劳动关系中的作用

充分发挥工会在协调劳动关系中的作用,既是工会履行自身职责的应有之义,也是化解企业与职

工双方矛盾的关键举措,更是促进劳动关系和谐,促进稳定发展的有效手段。从劳动关系的性质、特点和新时期调整劳动关系的要求看,工会组织应充分发挥好以下五个方面的作用。

1. 发挥工会是职工代表者的作用

劳动关系的特定主体,一方是企业(用人单位),另一方是职工(劳动者)。针对企业处于强势、职工处于弱势地位的现实状况,工会必须依据《工会法》《劳动法》规定,以强烈的责任心和使命感,以对职工群众的深厚感情,义无反顾、责无旁贷地当好职工代表,站在职工一方,植根于职工之中,了解职工的心愿,反映群众的呼声,立足有所作为,履行好职工方代表的职能。做到思为职工所想,事为职工所成,利为职工所谋,真正成为职工的知情人、代言人、知己人。

2. 发挥工会是职工合法权益维护者的作用

维护职工的合法权益是工会的天职。发挥职工合法权益维护者的作用,最关键的就是要按照《劳动法》规定,保障职工应享有的平等就业和选择职业的权利、领取劳动报酬的权利、休息休假的权利、获得劳动安全和卫生保护的权利、接受职业技能培训的权利、享受社会保险和福利的权利、提请劳动争议处理的权利以及法律规定的其他权利。

要保证职工这些权利的实现,光靠嘴上说说或者仅靠一般的按部就班的简单方法是不能奏效的。

一是要克服围绕企业行政转的倾向,依据职工应享有的权利,督促和协助企业建立完善的规章制度,以此来规范企业行为。

二是要克服"体谅"倾向,督促企业为落实制度提供种种必要的物质条件,如资金保障,保证职工工资按期足额发放;安全生产投入,保证机械设施安全可靠等。

三是克服无所作为的倾向,注重在做好自身工作上下工夫,按照职责,积极主动地做好职工教育培训、安全生产的监督管理、劳动争议调解及困难职工帮扶工作,以此来保证职工合法权益的实现,力求有所作为,有其地位。

3. 发挥工会是集体协商、谈判当事者的作用

集体协商与集体谈判是市场经济条件下协调劳动关系、维护职工劳动权益的重要途径和主要手段。工会应着重做好三个方面的工作。

第一,协商谈判前的准备。工会应充分听取广大职工群众的意见和要求,分门别类地进行梳理归纳,确定好协商谈判的重点内容,并提前向行政方递交书面要约。

第二,协商谈判的实施。协商谈判必须本着平等、公平、公正的原则,围绕双方事先确定的主题展开。对所谈问题,既要心平气和,又要坚持原则,尽可能为职工多争取一些利益。对个别条款出现异议,允许争议,但不要相互斗牛,一次形不成决议可以二次再议。对已形成的结果,应以书面形式形成决议或纪要。同时要以集体合同或专项合同的形式固定下来。对过去已订合同,可根据这次协商谈判形成的结果结合原合同进行修改或补充。

第三,事后的督促检查。对已形成协商(谈判)决议或合同固定下来的内容,工会应实行定期检查,对没有落实或落实不到位的,应通过与企业行政的沟通,督促加以落实到位,以保证集体合同的正常履行,并在下次职代会上报告。

4. 发挥工会是劳动争议处理参与者的作用

劳动争议是劳动关系发生矛盾的表现,反映了劳动关系双方当事人之间的利益冲突。企业中发生劳动关系争议不可避免,关键在于如何防止矛盾激化或可能引发的突发性事件,工会在这里是劳动关系处理的参与者。

首先,要注重预防工作,在可能发生矛盾之前,及时了解民情民意,掌握好信息动态,在做好对

职工疏导工作的同时，及时与企业行政沟通信息，进行协商，实事求是地解决职工的实际问题，把矛盾消化在萌芽状态。

其次，当已经发生劳动争议时，工会应立即召集矛盾双方的代表进行协商，主持劳动争议的调解。调解中应本着"依法监督、实事求是、密切合作"的原则，依法、依情、依理说服对方，以达到吃透政策、辨清是非、统一认识、消除矛盾的目的。

最后，当企业内部劳动关系调解不成、职工权益受到侵害、职工要求提请上级仲裁或诉讼时，工会应积极地为其提供法律咨询、支持诉讼，并为仲裁机构和法院提供事实材料。

5. 发挥工会是企业发展支持者的作用

工会既是职工合法权益的维护者，同时又是企业的支持者，两者既相互制约，又辩证统一。工会在成为职工合法权益维护者的同时，也应该顺理成章地成为企业的支持者。

其一，工会应在职工教育、培训上成为企业的支持者。企业经营者的绝大部分精力集中在生产经营上，对职工的教育可能相对淡化，这就需要工会来加以弥补、充实和提升。

其二，工会应在思想政治工作上成为企业的支持者。在企业经营者的工作方法中，相对而言，行政命令大于互相商讨，暴风骤雨大于和风细雨。这就要求身在职工之中的工会，不失时机地、有针对性地做好耐心细致、情理相融的思想政治工作，化解矛盾，缩小双方的情感距离，保持企业的团结安定。

其三，工会应在企业决策、发展战略上成为企业的支持者。企业的兴旺发达，生死存亡，直接关系到广大职工的切身利益，也关系到工会生存与消亡，所以工会必须为企业的重大决策当好参谋，进言献策，积极组织职工参加民主管理，提出合理化建议。

其四，工会应在安全生产、劳动保护上成为企业的支持者。企业的安全生产、劳动保护，不仅涉及职工的人身安危，同时也涉及企业财产的安危。在此情况下，工会就应该责无旁贷地承担起参与、监督责任。通过扎实细致的安全教育，安全检查和现场监督整改，为企业的安全、稳定、健康发展，发挥工会应有的作用。在促进企业发展的前提下，赢得企业对工会工作的支持。

四、工会工作要处理好"四个关系"

1. 与党组织的关系

工会要始终把党的领导作为工会工作的根本保证。以党委的工作为中心，在思想上、政治上、行动上与党保持高度一致。各级党委与工会是领导与被领导的关系，工会工作要全面、完整、准确、统一地贯彻党委工作的思路，积极开展工作，不能有丝毫偏移。同时，工会开展工作要积极谋求党委的支持和帮助。

2. 与行政班子的关系

工会工作要紧紧围绕单位中心即行政班子来开展工作，组织职工开展劳动竞赛、合理化建议、技术创新、技术协作等活动，组织职工为企业的发展献计献策，谋求企业最大经济效益，配合好企业行政班子的工作。

3. 与其他群众组织的关系

工、青、妇都是党委领导的，它们的工作目标是一致的，只是工作范围和对象不同。因此，三个部门工作中要相互支持、信任、配合，坐在一起研究工作，把群众工作开展得有声有色，不断扩大群众组织的作用。

4. 与职工群众的关系

始终把保持职工群众的密切联系作为工会工作的生命线。想问题，办事情，做决策，都要心里装着群众，凡事想着群众。工会干部要到群众中间去，听取他们意见，反映他们的呼声，与他们同甘共苦。切实让职工感受到工会组织的关心与帮助,用实际行动响应工会组织的号召,为企业的发展献计献策贡献力量。

微软公司员工流失解析

案例介绍

微软(Microsoft)公司是世界 PC(Personal Computer,个人计算机)软件开发的先导,由比尔·盖茨与保罗·艾伦创始于 1975 年,总部设在华盛顿州的雷德蒙市。目前是全球最大的计算机软件提供商。其主要产品为 Windows 操作系统、Internet Explorer 网页浏览器及 Microsoft Office 办公软件套件等。

1998 年,微软从 Silicon Graphics Inc.(SGI)公司挖走了计算机专家李开复。此举在当时充分体现了微软在计算机产业中的优势地位。除了在操作系统和浏览器业务中一家独大之外,微软当时还希望将最引人注目的科技专家们尽收囊中。李开复在语音识别技术上有很深的造诣,该技术被业界视为计算机技术的下一个发展方向。随着像李开复这样的技术专家先后进入微软,似乎微软已提前紧紧握住了未来的金牌。

然而事情并没有按照微软的意愿发展下去。2005 年 7 月,李开复从微软跳槽到 Google,而他的跳槽再次成了计算机产业力量转移的象征。换句话说,如今看起来已是 Google 而不是微软最具备产业开发动力。李开复跳槽后,随即引发了微软与 Google 之间的官司。但 9 月 13 日法院裁定,李开复有条件地为 Google 工作。在走出法庭后,李开复说:"我非常高兴,我想尽快开始工作。"

与此形成对比的是,李开复对微软已没有好感。在听证会上,李开复称微软在很多业务上一错再错,并表示该公司已失去竞争力。相反,李开复称 Google 协作、创新及管理水平都很高。在过去 30 年中,尽管微软曾多次遭到猛烈批评,但这些指责都是来自外部公司,而这次批评之声却来自内部。很多微软现任及前员工纷纷通过各种方式(接受采访、法庭作证及个人博客等)表示对该公司的不满,不少现任员工也表达了离职想法。

当然,微软的员工流失规模并不大,大多数员工对自己的工作及企业文化表示满意,目前微软已有 6 万名员工。尽管如此,微软却正在失去一些最有创造力的主管、市场营销人员及软件开发者,其中一大批有能力者已流向 Google。

导致员工流失的原因可谓多种多样。不少员工认为:在公司利润上升时,公司却砍掉了相应补偿金和福利;因微软股价表现平平,导致自己无法从股票期权中获利;公司办事效率低下,打击创新能力。上述种种因素,使得许多员工觉得在微软工作已缺乏热情。

微软 CEO 史蒂文·巴尔默(Steven A. Ballmer)表示,目前公司整体状况表现良好,并认为微软一直奉行自我批评的文化模式。他表示,与以往唯一不同的是,公司的一些内部争论会通过博客或电子邮件泄露出去,但从总体上看,微软员工仍热爱各自职位,且具备应有的工作热情。

不可否认,微软 MSN 部门及 Xbox 游戏机部门目前都很有活力。除此之外,微软还计划在未来 18 个月对核心产品进行重大升级,其中就包括下一代操作系统。但从长远看,微软仍面临着巨大挑战:Linux 开放源代码操作系统的流行、针对微软产品病毒的增加、Google 在消费者领域发起竞争、IBM 在企业领域提出挑战等。所有这些因素,都有可能引发微软的内部问题。

不少微软员工认为,Windows Vista 本身就证明了公司正处于挣扎状态。微软五年前就提出了 Vista 开发框架,并在当时认为该产品推出后,将取得突破性进展:改变用户存取信息的方式。但随着开发工作的一再推迟，各项革命性功能却在 Vista 中被逐渐取消掉。更为糟糕的是，Vista 的功能落后及发布日期的延迟，却没有人能站出来为此负责并做出解释。一位匿名员工甚至在博客上发言称："比尔·盖茨应让巴尔默下台"。

业界人士认为，微软要想打败来自 Google、雅虎、Salesforce.com 及苹果等公司的挑战，唯一的途径就是加强微软的技术创新能力，并充分调动员工的工作热情。但不少前员工表示，很多员工只是习惯性地早9晚5地上下班，对工作本身已没有了热情。有业界人士认为，正是 Windows 操作系统的垄断性导致了微软在技术创新上停止不前。微软软件开发部门为了维持 Windows 的垄断性，也难以在技术上取得突破性进展。

对于微软步入"中年危机"问题，巴尔默表示，部分员工出现抱怨情绪当属正常现象，这也正好可借此了解到微软所处的真实位置。他说："我们对自己的期望值很高，并希望能在所有领域内都取得成功。这就很好，我们就是需要这种高期望值。"不可否认，目前微软仍拥有大量优秀员工，他们希望微软能做得更好。不少员工已表示，盖茨及巴尔默必须在提高工作效率、鼓舞士气、加强创新能力上拿出有效措施。但问题是会有人来听取这些建议吗？

现代市场经济的竞争是产品和服务的竞争，而产品和服务的竞争归根到底又是人才的竞争。企业要想在激烈的市场竞争中立于不败之地，就要吸引人才、用好人才和留住人才。由于人才竞争的加剧以及各种流动障碍的逐步解除，员工高流失率已成为目前大多数高新技术企业所面临的严重问题。

微软在业界的霸主地位成了它被众人围攻的主要原因。微软公司拥有全世界最优秀的 IT 人才，但正由于顶尖的人才都到了微软，这必然会导致一部分人才进了微软之后难以找准自己的位置，发挥自己的能力，实现自己当初的理想，因此一旦有其他 IT 公司伸出橄榄枝，就会有人跳槽。

微软 IE 浏览器在全球的市场份额处于绝对的垄断地位，虽然有火狐等多种浏览器的冲击，但其实力太弱，完全不能与之抗衡。此次两位高管分别被自己的竞争对手"撬"走，也正是由于微软在搜索和杀毒软件领域分别是 Google 和趋势科技的强劲竞争对手。由于微软在业界的垄断地位以及其强大的资金和人才实力，Google 和趋势科技要想在市场上打败对方是存在很大困难的，而把微软负责某方面的高管直接"挖"过来也许是另辟蹊径的一种竞争手段。

本案例中，微软公司的员工流失，特别是一些最有创造力的主管、市场营销人员及软件开发者离开的主要原因有：

（1）高层管理认识不足。高管与精英沟通协调不足，微软的高管没有从根本上重视人本管理思想，没有充分地从员工的角度思考问题，把员工视为达到目的的工具，没有切身为员工着想，没有认识到沟通的重要性，更没有及时化解内部的"批评之声"。这是导致员工忠诚度下降的根本原因。

不可否认，微软作为软件业的霸主在管理上有它的独到之处，也拥有大量优秀的员工，但正是由于公司处在这种垄断地位，使其容易忽视一些员工的想法。尽管微软的人员流动率一直是计算机产业里数一数二低的，但是损失了在组织各个层级的关键性人物，仍然可能威胁微软继续维持其在计算机世界的顶尖位置。

（2）员工对薪酬分配不满。公司在利润上升时，却砍掉了员工相应补偿金和福利；因当时微软股价表现平平，导致微软员工无法从股票期权中获利。由此，部分员工出现抱怨情绪，当行业中其他公司提供更好的福利和发展机会时，就会产生人才流失。

（3）外部环境的影响。一些离职员工看来，微软已经失去当初明确的目标感，因为没有足够强大的竞争对手，某些关键产品的推出时间也是一拖再拖，员工在其中自然缺少了工作热情，公司办事效率变得低下，打击创新能力的态度也直接影响了员工的积极性。

在许多员工眼里，随着员工人数以及产品服务的增多，微软已经不再是当年那个让他们热爱到无法自拔的新企业了，一件事情的完成往往不得不经过繁复的过程。Windows 操作系统的垄断性导致了微软在技术创新上停滞不前。微软软件开发部门为了维持 Windows 的垄断性，也难以在技术上取得突破性进展。

人才流失已经成为不可回避和亟待解决的现实问题。人才流失会给企业带来巨大的经济损失，包括直接损失和间接损失。如何解决因人才流失而带来的被动局面呢？

1．改变传统意识，重视人才流失管理

21 世纪最宝贵的是什么？人才！人才兴则企业兴。人力资源是企业的最宝贵的第一资源。事实上，在很大程度上企业缺乏的不是人才，而是促使人才脱颖而出的环境和制度。面对人才流失对企业的严峻挑战，如何优化环境、完善制度以吸引稳定高层次人才显得迫在眉睫。微软公司的人才环境应该是比较好的，但李开复之所以愿意离开微软，至少在李开复看来微软的人才环境还有一些不尽如人意之处，否则李开复断然不会心起跳槽之念。

国外企业可能有的自以为公司的人才环境已经不错了，但人才的需求是无止境的，改善人才环境的过程也是无止境的，"强中更有强中手"，稍不注意就有可能被竞争对手挖走你的骨干人才。因此，树立人才安全的危机感，设法从激励机制、评价机制等方面入手切实留住人才已经不能再停留在理论上了，而要落实到活生生的现实中来。

2．加强企业自身人力资源制度建设

人才问题是关系到企业生存和发展的大问题。市场经济的发展，导致制约企业人才流动的坚冰解封，市场在人才配置中发挥着基础性作用已逐步显现，企业的人才流动越来越频繁，一些企业成功地实施了有效的人力资源管理战略，把企业需要的人才留下，让不适应企业的人才流出，并及时补充企业空缺的人才岗位，实现了企业与人才的良性互动。但更多的企业却常常因为没有处理好人才的管理工作而不能给企业的发展提供人才支持，最终影响到企业的生存和发展。作为希望做大做强的企业，首先必须正确处理好人才的流动问题，以企业发展为核心，对人才实行动态管理。

3．利用法律手段有效弥补因人才流失而带来的损失

人才的异常流动常常会带给企业巨大的损失，因此未雨绸缪、利用法律手段尽量降低此类风险就显得尤为重要。在经济市场化的今天，很多企业拥有的商业秘密，就像开启阿里巴巴宝藏的钥匙一样重要，如何在一定程度上较好地控制职工现职或离职后商业秘密的保护工作，引起越来越多的企业老总的重视，最终提出了竞业禁止的概念。竞业禁止也称为竞业限制，它的主要内容是指企业的职工（尤其是高级职工）在其任职期间不得兼职于竞争公司或兼营竞争性业务，在其离职后的特定时期或地区内也不得从业于竞争公司或进行竞争性营业活动。竞业禁止制度的一个重要目的是为了保护雇主或企业的商业秘密不为雇员所侵犯。

相关知识链接

一、人力资源流动的条件

1．**人力资源流动的外在条件**

（1）地区经济与社会发展差异形成的福利差异。不同地区的经济规模、经济水平、发展态势不尽

相同，地区人力资源市场的供求情况不同，地区及行业的特点与惯例以及当地生活水平和相关法令法规等不同，这些差异使得对社会公共生活拥有不同偏好的员工有了选择的余地。各种差异的存在是人力资源区域流动的前提。

（2）劳动法律关系的主体明确、具体并不断规范提供的便利。人事制度改革后，社会对劳动人员就业给予充分的自主权。劳动人员在社会单位、部门之间是可以自主流动的，用人单位和部门与劳动人员之间是双向选择的雇佣过程。劳动人员的就业自主权受国家政策和法律的保护，劳动合同制使企业成为独立用工主体，劳动者可以自主地依法与企业建立、变更和解除或终止劳动法律关系，这也是人力资源流动的前提条件之一。

2．人力资源流动的内在条件

（1）个人利益的最大化和自我价值的实现。根据"经济人"的假设，个人总是追求个人利益的最大化。个人利益最大化所包含的内容很多，所涉及的因素也很多，如通常的概念为以最少的投入得到最大的收益。自我价值即对自身所拥有的能力、知识在一个组织及社会中的体现，体现为获得的物质回报多少和组织、社会认可程度。在劳动力市场上，劳动者总是追求以个人劳动换取最大的价值。人力资源流动之所以产生，一般是因为个人有流动的意愿，离开原来的岗位到另一个岗位，结果可以实现个人预期的增长或使个人的自我价值更好地实现。

（2）专业发展前景和职业环境的改善。专业发展前景是指人类在生活、生产实践中，用来描述职业生涯某一阶段、某一人群，长时期从事的具体业务作业规范。专业发展前景受到国内外经济、社会环境和科技发展程度的影响。在一定的职业环境中只有专业发展前景和个人发展目标相吻合，才能让员工获得事业上的成功与满足，从而安心工作。但是个人的发展目标会改变，当职业环境得不到改善的时候，就会不可避免地产生人才流动。因为虽然不同职业的特点和需求，形成具备不同劳动技能和工作能力的人力资源，但是这些人力资源是可以在特定条件下进行流动、转化的。

二、人力资源流动的影响因素

影响人力资源流动的因素有很多，如社会、文化、政策与体制因素，员工个人因素，这里我们主要归为三个方面，即环境、职业、员工个人的因素。

1．环境因素

工作环境包括工作场所、设备、工具的配置等硬环境，也包括企业的管理制度、人际关系等软环境，这些微观环境因素直接影响员工的去留。宏观环境因素，如市场竞争环境，就业环境，社会、文化、政策与体制等，也影响着企业人力资源的流动。

2．职业因素

职业因素包括职业特征、职业评价、职业技术水平要求（与国家职业许可制度有关）、员工对职业投入程度、国家和地方政策对职业的影响等。职业因素的差异造成不同职业人力资源流动率的不同。技术水平要求低的行业人力资源流动率相对于技术水平要求高的行业流动率要大。技术水平要求差异大的行业间人力资源流动率相对较小。

3．员工个人因素

员工个人因素主要指年龄（投资回报，人力资本成本）、教育、家庭、个性等方面的因素。年龄较大的员工在职业生涯上收回投资的年限越短，拥有较多的人力资本，流动成本高于年轻人，流动期望和可能性都比较小。教育程度是指员工的知识背景和受教育程度，教育程度越高，流动的形式越灵活。

家庭情况产生的角色冲突和时间冲突会对员工个人流动产生影响,总体来看,单身员工的流动概率大。员工的个性直接影响着员工对工作的兴趣、投入程度以及对职业流动的需求。企业在招聘的时候要注意对应聘者的个性进行科学客观的测试,并作为录用的参考依据。

三、员工流失对组织的影响

人员在组织间的流动对组织既有积极的促进作用,也有负面的影响。

1. 消极影响

从企业微观层面看,人才流失意味着企业人力资本投资的丧失,甚至是企业核心技术与机密的外泄,进而导致产品市场的缩减,这无疑给企业发展带来极大的负面影响。人才流失直接引发企业的人才危机,若不引起重视,会发生连锁反应,导致企业发生信誉危机、信息危机、财务危机和经营危机等,具体表现在:

(1)人才危机。企业成败的关键是人才,如果人才得不到企业的尊重,人的才能受到压抑,积极性得不到发挥,价值得不到肯定,那么伴随而来的必然是人的消极怠工、自由散漫、个人主义等不良现象;如果企业对人才缺乏吸引力、影响力、凝聚力和感召力,人才流失就不可避免。企业人才危机还会带来深层次的人才结构不合理、人才缺口、高层次治理人员匮乏等。人才流失是企业人才危机的警示器。

(2)信誉危机。企业信誉是企业在长期的服务过程中形成的。企业从业人员的服务态度、文化素质与稳定状况直接给社会公众及顾客带来整体印象和评价,员工的高流动率和大量人才流失,会给企业的整体形象和名声带来损害,使企业信誉降低,假如处理不当,会轻易形成"墙倒众人推"的危机局面。

(3)信息危机。人才的流失给企业带来的损失是不言而喻的,尤其是要害员工和核心员工,他们把握着某种其他员工不可替代的技术与机密,以及日积月累而成的工作技巧与客户关系,他们是企业重要信息的载体,他们的流动必定引起信息的流失,甚至可能导致企业信息资源落入竞争对手手中,对企业生存形成威胁。

(4)财务危机。在市场经济条件下,企业员工流动是绝对的。据调查统计,企业保持 8%左右的员工流动率,对增强企业活力、调动员工的工作积极性具有积极作用。但人才的过度流动,无疑会给企业增加过多的人工成本(如新员工的招聘成本、培训成本以及适应期成本等),从而给企业带来沉重的经济负担,导致企业财务费用增加,投资收益减少,资金偿还能力不足,企业财务紧张,无法维持正常运转。

(5)经营危机。人才流失造成的岗位空缺,直接影响企业业绩。在很多实例中,员工在辞职之前已有些征兆,像工作积极性不高、心不在焉、工作绩效下降、服务态度差等,这些都会导致企业经营每况愈下;人才流失之后,在替补人员能充分胜任该职位之前,经营岗位的空缺也导致企业的经营危机。

2. 积极影响

员工流失的影响是双面的,既能够控制员工的流动,也可以对组织产生积极的影响。这些影响没办法进行明确的计量,但作用确实客观存在。

(1)更替低素质的员工。企业主动淘汰不能胜任本职工作的员工,吸纳新员工,这种员工流动能提高员工素质和企业运行效率,从而满足企业空岗、新设岗或急需补充的岗位对劳动力资源的需要,保证企业生产经营正常顺利和效益最大化。

(2)调动员工积极性和创造性,激发组织活力。员工企业内流动可以激发员工的热情、兴趣和敏感,避免员工产生职业疲顿,发挥其创新精神和提高工作效率。适当的员工流动,还可以避免组织老化产生的恶劣人际矛盾。组织人员的重新配置,可以带来新的知识、观念、工作技能,激发组织活力。

(3) 促进组织机构的合理化设计。企业内部人力资源流动的形式，一般通过撤并员工流失产生的空岗，对工作进行重新设计来实现，也可能通过新设备的引进，重新设计工作方式来实现。这样，可以促进企业合理设置机构，最大限度地挖掘企业内的人员潜力，使员工成为少而精的高效运作队伍。合理的组织人员结构既可以节约成本，也可以促进企业人力资源核心竞争力。

(4) 减少人际冲突和员工的消极行为。调离可以作为调解或仲裁的补充，成为有效解决员工矛盾冲突的办法。对于消极怠工、情感淡漠或工作时搞破坏活动以及发泄不满情绪的员工，企业采取内部分流或劝退措施是必要的。流动可以使员工找到与个人目标、价值观念一致的组织，个人潜能得到充分发挥，职业发展顺利，找到适合自己的生活方式等。

四、合理控制员工流失的建议

通过对企业员工流失主要原因的分析，为提高企业整体效益，提高企业人事风险规避能力，充分发挥员工主观能动性，提升员工和企业的经济价值，应采取对员工生涯设计、以事业留人、提高员工福利和以企业文化感染人等有效方法，以期达到降低员工流失率的目的。

1．采用多样化的职业发展模式，强调员工的个人发展

良好的职业生涯计划会促进企业和员工的共同发展，实现企业与员工的良性互动，采用多样化的职业发展模式，增强员工的自我能力，提高企业内在动力，如为专业技术人员和管理人员提供两类不同的职业发展阶梯；创造互动式的内部劳动力市场，以便员工调整自己的职业发展道路。

采取员工参与管理、丰富员工工作内容的工作岗位设计等方式，调动员工的创业积极性。将员工自己的个人目标、个人成长、个人价值实现、个人社会认同期望与企业经营目标有机地结合起来，实现人才和企业的共同发展，形成个人与企业远景追求的良性互动，给员工以自我人生价值的体现，给予他们展示才华的足够空间，帮助他们实现自己的目标，使其能够和企业长期的合作，达到个人与企业双赢的目的。

2．加强企业发展，用事业凝聚员工

突出表现是企业制定有明确的发展战略目标，并使员工切身感受到他们的工作与实现企业的发展目标是息息相关。主要是在企业内部建立健全各种必要的规章制度，努力促进公平竞争，使优秀人才脱颖而出。海尔集团在内部员工中实行"赛马"制，让每个员工都有工作动力和压力，在"赛马"过程中增长才干，经受锻炼，员工有了发展企业才有希望，企业有了发展个人才有更多施展机会，所以企业的发展牵系着个人的发展，用发展前景吸引员工，着力用事业凝聚人才。

3．建立个性化的薪酬福利制度，增强企业凝聚力

个性化薪酬福利制度是指薪酬福利制度按照各岗位特点、员工管理层次的不同，以企业经营业绩、员工承担工作责任的轻重、业绩的好坏、素质的高低为考核因素确定企业员工薪酬福利的一种制度。

对高层管理者采取年薪制和期权奖励相结合的办法，合理确定期权的行权期限，做到既有激励又有约束，对技术创新者施以一次性重奖，或者按技术含量折股。对一般员工在不断提高工资及生活待遇的基础上，可将其工资中的一部分拿出来变为活工资，与奖金捆在一起浮动考核。

要开展好个性化薪酬福利制度，必须制订一套完善而切实可行的绩效考核方案，通过设立能够反映员工实际工作绩效的评价标准和考核指标，尽可能把员工的日常表现以量化的考核指标体现出来，以使绩效得到公正的评价，使薪酬福利发挥应有的激励作用，真正调动员工积极性，吸引和留住员工，降低企业员工流失率，增强企业凝聚力。另外，企业高薪留人掌握的水准是，在企业外部，员工的薪资高于或大致相当于同行业平均水平，在企业内部适当拉开薪资分配的差距。

4. 创建良好的企业文化，营造良好的组织气氛

企业文化是企业全体员工在长期的生产经营活动中培育形成的共同遵循的最高目标、价值标准、基本信念和行为规范，它影响和决定着全体员工的思维方式和行为模范。良好的企业文化可以带动企业的各项管理工作，使员工真正感受到身处的是一个充满活力、公平竞争、严谨自律的工作环境。企业应通过提高员工的公平感，建立"共识式"领导方式，推行"知识管理"，确立鲜明的企业宗旨等方式，来营造良好的组织气氛、创建良好的企业文化，从而留住员工。

5. 健全其他非物质激励，增强员工对企业的使命感

按马斯洛的需要层次论，现代员工已不再满足于生理、安全等较低层次的需要，他们更看重企业、社会对他们的尊重、认可程度，期望自我价值的现实，而这些很大程度上是从企业给予他们的待遇中体现出来的，当他们觉得自己没有受到应有的重视，此时即使他们的收入水平高于外界同行，但其所产生的内心不公平感依然会令他们难以接受，因此对其非物质激励机制显得尤为重要。企业可结合发展状况，以最大限度和全方位来实施非物质激励，来满足员工对尊重、成就、自我实现等高水平的心愿和要求，激发员工的工作热情，增强员工对企业的使命感，达到降低员工流失率的目的。

 实战模拟

劳动合同的中止、变更、解除、续订与终止

一、实训目的

通过本次实训，理解劳动合同中止、变更、解除、续订与终止的程序及有关规定，掌握其中应注意的问题，避免产生导致劳动纠纷的因素。

二、理论知识点

1. 劳动合同中止

劳动合同中止是指在劳动合同履行的过程中，出现法定或者约定的状况，致使没有劳动过程但是劳动合同关系仍继续保持的状态。劳动合同中止，即劳动合同约定的权利和义务暂停履行（但是法律、法规、规章另有规定的除外），待到法定或约定的原因消除后，劳动合同仍继续履行。中止履行劳动合同期间用人单位一般办理社会保险账户暂停结算（封存）手续。中止期间如若劳动合同期满的，劳动合同终止。

2. 劳动合同的变更

劳动合同的变更是指劳动合同双方当事人就已经订立的合同条款达成修改、补充或者废除协定的法律行为。

3. 劳动合同的解除

劳动合同的解除是指劳动合同签订以后、尚未全部履行之前，由于一定事由的出现，提前终止劳动合同的法律行为。

4. 劳动合同的续订

劳动合同续订是指有固定期限的劳动合同到期，双方当事人就劳动合同的有效期进行商谈，经平

等协商一致而续延劳动合同期限的法律行为。

提出劳动合同续订要求的一方应在合同到期前三十日书面通知对方。

5. 劳动合同的终止

劳动合同的终止，是指劳动合同依法生效后，因出现法定情形和当事人约定的情形而导致劳动合同的效力消灭，当事人之间的权利、义务关系终止。劳动合同关系是当事人依法自行设定的权利、义务关系。劳动合同当事人之间可以根据一定的法律事实设立权利、义务关系，也可以因一定的法律事实而消灭相互之间的权利、义务关系，终止劳动合同。

三、实训所需条件

1. 实训时间

本实训周期为 1 周，课堂展示时间为 2 课时/30 人。

2. 实训地点

多媒体教室。

3. 实训所需设备材料

教师或学生课前准备大量的相关案例以备分析讨论之用。注意案例涉及的知识点必须全面，有关每个知识点的案例最好不要超过 2 个。

四、实训内容与要求

1. 实训内容

通过对课前准备的案例进行分析讨论，掌握劳动合同的应用及注意事项。

这里需要搜集的案例应该为劳动合同中止、变更、解除、续订与终止的有关内容。搜集案例的方式包括：查阅有关书籍等资料，使案例全面、系统；老师带领学生到有关企业或者律师事务所进行实地采访，增强学生对知识的理解和掌握。

2. 实训要求

（1）学习《劳动法》以及《劳动合同法》，研究有关劳动合同中止、变更、解除、续订与终止的法律规定。

（2）学习当地的劳动法规，研究当地政府有关劳动合同中止、变更、解除、续订与终止的法律规定。

（3）了解劳动合同中止、变更、解除、续订与终止的程序以及在此过程中应注意的事项，避免在劳动合同中止、变更、解除、续订与终止过程中可能导致劳动纠纷的因素。

（4）对于因劳动合同中止、变更、解除、续订与终止过程而导致的纠纷能够理清头绪，进行深入分析。

五、实训组织方法与步骤

第一步，教师首先说明实训内容、要求以及评分标准。

第二步，教师组织进行分组，以 5～6 名学生为一组，并设组长 1 名对组员进行组织管理。

第三步，由教师或者组长带领学生在课下进行案例的搜集、整理工作。

第四步，课堂上，教师号召组长组织组员对搜集的案例进行讨论分析，集思广益，提出解决问题的办法以及避免以后类似问题再次发生的制度修改建议，并形成 PowerPoint 文件和文字报告。

第五步，教师组织各小组通过抽签按顺序在课堂上公示报告结果。每组 PowerPoint 文件展示时间为 15 分钟。

第六步，公开展示后，各小组根据考核标准进行自我评价，评价结果不作为评分参考。

第七步，教师讲评。

六、实训考核方法

首先，各组内部成员依据评分标准匿名给其他组员打分，加总得分并计算平均值，得出每一个组员的分数。其次，教师根据考核标准，对各组的整体表现进行简短的评价，并给出分数。最后，把每位同学的个人分数与其所在小组的分数加总平均，得出每位学生的实训成绩。具体的评分标准如下：

1) 实训前的准备工作是否完善，满分为 5 分。
2) 模拟是否真实，是否突出主题，满分为 10 分。
3) 小组成员分工是否合理，合作是否融洽，满分为 5 分。
4) 小组是否开展了正式的讨论，是否得出了一致的方案，满分为 10 分。
5) 报告的结构是否完整，内容是否条理清晰，满分为 20 分。
6) 小组是否提出了建设性的观点，满分为 10 分。
7) 小组得出的结论与理论知识点的结合情况如何，满分为 10 分。
8) PowerPoint 文件和报告的制作水平如何，满分为 20 分。
9) 小组在公开展示中的表现如何，满分为 10 分。

七、实训拓展与提高

经典案例：劳动合同中止

李某是上海某企业新招的大学生。双方在劳动合同中约定：李某担任企业产品的工艺设计工作，合同期二年，试用期为三个月。合同签订后，李某在担任辅助工作期间努力学习，积极创新，受到了企业的嘉奖。三个月试用期过后，李某被安排到正式设计岗位工作。

半年后的一天，李某收到来电，称其父亲患病，希望李某能去看望。李某为尽孝心，决定请假前往。他向企业请三个月探亲假，并表示请假期间不享受工资待遇。企业同意了李某的请假要求，并希望其按时返回。三个月后，李某致电企业，称其亲属尚未痊愈，希望续假三个月。企业希望李某尽快回来。一个月后，李某结束探亲回到企业上班，但却被告知企业为正常经营已另用他人顶替李某工作，请李某另谋高就，同时交给李某一张终止劳动合同的通知。李某认为双方合同期未满，企业不能终止合同，双方于是发生争议。

思考：如果这个案例发生在 2008 年 1 月 1 日之后，该如何处理？

参考文献

[1] 付亚和，孙健敏．企业人力资源管理[M]．北京：企业管理出版社，1995．

[2] 孙健敏．人力资源管理[M]．北京：科学出版社，2009．

[3] 里凤．原来生活可以更美——记美的集团董事长何享建[J]．经济视角，2008（12）：21-26．

[4] 张宁．美的的人力资源管理[J]．人才资源开发，2005（11）：53．

[5] 杨雷．民营企业管理机制运作实效研究——对美的集团管理机制的s调查案例[J]．南开管理评论，2005（8）：93-98．

[6] 侯光明．人力资源战略与规划[M]．北京：科学出版社，2009（07）．

[7] 李浇，支海宇．人力资源管理实训教程[M]．大连：东北财经大学出版社，2009．

[8] 赵国良．内外结合的国有企业战略人力资源管理研究[J]．企业经济，2010（07）：71-73．

[9] 蒋正明．中小企业人力资源战略管理的研究[J]．改革与战略，2009（10）：55-56．

[10] 范秀仁．国有企业战略人力资源管理的内外结合策略[J]．企业经济，2009（12）：71-73．

[11] 赵曙明．人力资源战略规划[M]．北京：中国人民大学出版社，2008．

[12] 董克用．人力资源管理概论[M]．北京：中国人民大学出版社，2007．

[13] 孙健敏．人力资源管理[M]．北京：科学出版社，2009．

[14] 张岩松，李健等．人力资源管理案例精选精析[M]．北京：经济管理出版社，2005．

[15] 安鸿章．现代组织人力资源管理[M]．北京：中国劳动出版社，1995．

[16] 凌文轾．基于战略柔性的人力资源规划[J]．商业时代，2007（05）．

[17] 魏江茹，杨东涛，王庆燕．中国企业人力资源规划现状与剖析——基于战略导向的调查[J]．生产力研究，2007（19）．

[18] 胡丽红．战略导向的人力资源规划[J]．人力资源，2006（03）．

[19] 杨和清．人力资源管理[M]．大连：东北财经大学出版社，2010．

[20] 刘虹．岗位责任制存在的问题及对策[J]．辽宁经济，2004（03）：49．

[21] 陈军民．企业岗位责任制管理研究[J]．科学管理，2005（06）：12．

[22] 朱勇国．人力资源管理案例教程[M]．北京：首都经济贸易大学出版社，2006．

[23] 赵曼，陈全明．人力资源开发与管理[M]．北京：中国劳动社会保障出版社，2007．

[24] 余琛．人力资源选聘与测评[M]．哈尔滨：哈尔滨地图出版社，2006．

[25] 周占文．人力资源管理[M]．北京：电子工业出版社，2002．

[26] 李剑，张勉．员工招聘与人事测评操作实务[M]．郑州：河南人民出版社，2002．

[27] 曹亚克，王博，白晓鸽．最新人力资源规划、招聘及测评实务[M]．北京：中国纺织出版社，2004．

[28] 李浇，支海宇．人力资源管理实训教程[M]．大连：东北财经大学出版社，2009．

[29] 孙健敏．人力资源管理[M]．北京：科学出版社，2009．

[30] 高佩华．员工培训与职业生涯发展[J]．财贸研究，2005（4）．

[31] 梁美华．开展与员工职业发展相关的培训[J]．中国人力资源开发，2003（12）．

[32] 谢成．国有企业员工职业生涯规划与管理研究[D]．武汉科技大学，2008（4）．

[33] 薛忠．正确引导企业员工做好职业生涯管理规划[J]．科技情报开发与经济，2008（29）．

[34] 姚裕群，李宝元，张琪．人力资源开发与管理案例[M]．长沙：湖南师范大学出版社，2007．

[35] 薛军．浅谈企业员工的培训管理[J]．内蒙古科技与经济，2009（2）．

[36] 潘泽泉．企业员工职业培训管理存在的问题及对策[J]．职业时空，2005（6）．
[37] 李强．新员工培训迈好第一步[J]．人才资源开发，2009（2）．
[38] 徐剑．企业如何做培训规划[J]．HR管理世界，2004（9）．
[39] 吴国华，崔霞．人力资源管理实验实训教程[M]．南京：东南大学出版社，2008．
[40] 谢康．企业如何做培训规划[J]．HR管理世界，2004（9）．
[41] 姚晓燕．浅谈企业内部的人才培育[J]．泰州职业技术学院学报，2007（10）．
[42] 李亚．民营企业应注重人才培养[J]．管理学家，2007（4）．
[43] 旭东．IBM：通透的绩效管理文化[J]．首席财务官．2005（07）：73-76．
[44] 韩静雯．解读企业年金[J]．经营与管理．2005（09）：31-32．
[45] 冉丽敏．企业宽带薪酬与传统薪酬比较[J]．经济管理者．2010（10）：95．
[46] 范晓峰，翟丽丽．企业薪酬管理存在的误区与对策[J]．经营管理．2007（04）：68-69．
[47] 李科，王凯．宽带动态薪酬研究综述[J]．焦作大学学报，2010（07）：60-62．
[48] 高晓红．浅谈宽带薪酬的设计与应用[J]．中小企业管理与科技（下旬刊）．2010（01）：33．
[49] 范可可，马超君．浅析宽带薪酬利弊[J]．现代商业．2009（06）：184．
[50] 蒋小林．我国企业实施经营者股权激励的探讨[D]．西南财经大学，2001．
[51] 罗俊伟．我国民营企业的股权激励中存在的问题及对策[J]．经营管理者．2009（1）：145．
[52] 童德芳，商厚礼，崔会保．论民营企业股权激励[J]．中国民营科技与经济．2005（11）：23-25．
[53] 刘爱军．薪酬管理理论与实务[M]．北京：机械工业出版社，2008．
[54] 王瑮，赵忻．我国民营企业员工股权激励问题探析[J]．经济问题探索．2010（05）：52-55．
[55] 方源利．浅议如何制定薪酬制度拴心留人[J]．企业管理．2009（09）：23．
[56] 齐义山．一种必要且有效的激励机制：薪酬沟通[J]．华东经济管理．2005（12）：98-101．
[57] 王长城，姚裕群．薪酬制度与管理[M]．高等教育出版社，2006（01）：196-201．
[58] 孙宗虎，宗立娟．薪酬体系设计实务手册[M]．人民邮电出版社，2009．
[59] 杨河清，张琪．人力资源管理[M]．大连：东北财经大学出版社，2010．
[60] 杨兴坤．劳动关系与劳务关系、雇佣关系法律辨析[J]．企业家天地下半月刊（理论版）．2009（1）．
[61] 耿曹均．浅谈工会在调整劳动关系中的作用[J]．人民网．2006（2）．
[62] 蔚红．浅谈当前企业工会工作面临的问题及对策[J]．魅力中国．2010（01）．
[63] 郭巧云．人力资源管理[M]．长沙：中南大学出版社，2009．
[64] 魏晓妮，白小宁．企业员工流失的成因分析及对策[J]．技术与创新管理．2008（1）．
[65] 丁迎新．民营企业工会价值浅谈[J]．金华日报．2010（1）．